Diogenes Taschenbuch 22623

Ludwig Marcuse

Amerikanisches Philosophieren

Pragmatisten, Polytheisten,
Tragiker
Mit einem Nachwort von
Dieter Lamping

Diogenes

Die Erstausgabe erschien 1959 im
Rowohlt Taschenbuch Verlag GmbH, Hamburg
Das Personen- und Sachregister wurde von
Eva Schafferus erstellt
Die erweiterten und aktualisierten Literaturhinweise
zur Neuausgabe wurden von Frank Zipfel zusammengestellt
Umschlagillustration:
Erastus Salisbury Field, ›Historical Monument
of the American Republic‹, 1867–1888, (Ausschnitt)

Veröffentlicht als Diogenes Taschenbuch, 1994
Alle Rechte vorbehalten
Copyright © 1994
Diogenes Verlag AG Zürich
30/94/24/1
ISBN 3 257 22623 3

INHALT

Enzyklopädisches Stichwort
Früh-Geschichte des amerikanischen Denkens
(Zur vorherigen Lektüre empfohlene Einführung in den
Problemkreis, dem das Thema entstammt) 153

I. *Gibt es eine amerikanische Philosophie?*
1. Was ist amerikanisch? 7
2. Die europäischen Mönche und die amerikanischen Freiluft-Denker 14
3. Die Sieben amerikanischen Thesen 20

II. *Porträt eines Philosophie-Stifters*
1. Charles S. Peirce 29
2. Stifter des Pragmatismus 34
3. ‹Das Logische Tier› und der Paulinische Christ 45

III. *Vom Kalvinismus zum Polytheismus*
1. Einer aus der Emerson-Generation 52
2. Das Williamsche (William James) 55
3. Bildnis des Moral-Philosophen: Vor-Bild und Gegen-Bild 66
4. Gestaltwandel der Gottlosigkeit 78

IV. *Amerikanische Zweifel am Fortschritt*
1. Geschichtsphilosophische Zuversicht: Auf theologisch, metaphysisch und wissenschaftlich 100
2. Der Hanno Buddenbrook der Familie Adams: Henry Adams 106
3. Geschichtstheorie zwischen Wissenschaftsreligion und Resignation 113

V. *Die Philosophie des ‹Radikalen Liberalismus›*
1. Der denkende Menschenfreund John Dewey 121
2. Der Alte und der Neue Glaube 126
3. Sturmzentrum Dewey 140

Über den Verfasser 165
Chronologische Übersicht 167
Literaturhinweise 168
Nachwort 177
Personen- und Sachregister 182

I.

GIBT ES EINE AMERIKANISCHE PHILOSOPHIE?

1. Was ist amerikanisch?

Es scheint so klar zu sein, was ‹amerikanisch› ist — wenn es nur auch wahr wäre. Eine Wendung wie ‹Der Mann ist eine Million wert› wird von allen gelernten und ungelernten Völker-Psychologen heute ohne Besinnen und mit höchster Sicherheit als charakteristisch amerikanisch diagnostiziert werden. Doch ist sie im achtzehnten Jahrhundert von KANT, im neunzehnten von HEINE als charakteristisch britisch bezeichnet worden. KANTS ‹Anthropologie in pragmatischer Hinsicht› enthält den Satz: ‹Der kaufmännische Geist zeigt auch gewisse Modifikationen seines Stolzes in der Verschiedenheit des Tuns und Großtuns. Der Engländer sagt: ‚Der Mann ist eine Million wert', der Franzose: ‚Er besitzt eine Million'.› Zwei Generationen später schrieb HEINE (in der ‹Lutetia›) ähnlich: in England werde ‹das Verdienst eines Mannes nur nach seinem Einkommen abgeschätzt, und *how much is he worth* heißt buchstäblich: ‚wieviel Geld besitzt er'›. Das Festland sah also im achtzehnten und neunzehnten Jahrhundert auf England, wie Europa im zwanzigsten auf Amerika sieht.

Das lehrt zweierlei. Einmal, daß dieses berüchtigte ‹Der Mann ist eine Million wert› weder eine englische noch eine amerikanische Eigenschaft verrät, sondern nur das Erstaunen der Anderen über diesen Satz, die Reaktion auf ein Anderssein; erst auf England, dann auf Amerika. Die unglückliche Neigung zur Verfestigung zeitlich begrenzter Reaktionen in Volks-Charaktere schuf zu einem guten Teil die Völker-Psychologie. Sie hat eine lange Tradition, die in den Theorien vom Volks-Geist (HEGEL) und der Kultur-Seele (SPENGLER) einen pseudo-wissenschaftlichen Ausdruck fand. Der Satz ‹Der Mann ist eine Million wert› zeigt dann aber noch mehr als die Verwandlung der Reaktion auf die Fremdheit in einen nationalen Zug des Fremden. England war im neunzehnten Jahrhundert dem europäischen Kontinent, Amerika im zwanzigsten dem ganzen Europa als industrielle Gesellschaft voraus — auch in der Entwicklung vieler Symptome in ihrem Gefolge. Man erkannte aber damals nicht und erkennt auch heute noch nicht, daß, was einst ‹britisch› genannt wurde und später ‹amerikanisch›, keine nationale Qualität anzeigt, sondern den Charakter einer bestimmten Entwicklungs-Stufe in einem übernationalen gemeinsamen Prozeß.

Die Psychologie ist dabei, die auf ein Subjekt aufgehefteten ewigen Eigenschaften aufzugeben. Die Völker-Psychologie ist resistenter. Sie ist nicht nur ein Produkt von Irrtümern, vor allem von Affekten; bisweilen ist gar nicht mehr aufzuklären, ob das Verkennen einen Haß oder der Haß ein Verkennen in die Welt gesetzt hat. Die Dogmen der Völker-Psychologie sind auch deshalb so zäh, weil sie das große Reservoir der Kriegs-Propaganda sind, wie sie zu einem guten Teil als Geschöpfe von Kriegs-Psychosen in die Welt kamen.

Die europäischen Deuter Amerikas haben es nun in dreihundert Jahren nicht immer nur mit einem Land zu tun gehabt, das industriell entwickelter war und außerdem behaftet mit allen Übeln, welche diese Entwicklung mit sich brachte. Es war davor, im siebzehnten, achtzehnten und neunzehnten Jahrhundert, weniger entwickelt, materiell und kulturell. So gewann dasselbe Wort ‹Barbarei› in der Anwendung auf Amerika eine zwiefache Bedeutung: erst koloniale, dann überzivilisierte Barbarei. Zuerst legte man dem Lande Amerika als barbarisch aus, was nur die Reaktion des entwickelten Mutterlandes auf die (abhängige, dann unabhängige) Kolonie war. Amerika war damals, von London und Paris aus gesehen, hinterwäldlerisch. Und man nannte, ahnungslos, das Hinterwäldlerische: amerikanisch.

Die Idee vom völligen Anderssein der Neuen Welt hielt sich dann mehr als anderthalb Jahrhunderte — auch bei denen, welche diese Vorstellung nicht zum Kriegsdienst einzogen. Der französische Staatsmann TARDIEU, ein Freund CLEMENCEAUS, erfaßte das unfaßbare Amerika in einem Zitat. 1805 hatte ein Berichterstatter über ‹die wilden Stämme am Missouri› die Sentenz geprägt: ‹Es scheint das herrschende Prinzip der Amerikaner zu sein, nichts so zu machen wie wir.› Das fand TARDIEU noch im Jahre 1927 bestätigt.

In der kriegerischen Völker-Psychologie wurde das Anderssein — zur Unkultur. Obwohl die Rückständigkeit im Beginn und das heutige technische Vorneweg-auf-dem-Weg-zur-Hölle einander entgegengesetzt sind, war die Anklage, die gegen das eine wie das andere erhoben wurde, fast die gleiche. Amerika war im Beginn das Chaos vor dem ersten Tag — und später so geplant, daß die Natur (die nicht-menschliche und die menschliche) aus der Welt heraus-geplant war. Zuerst und zuletzt: dieses Amerika ist unmenschlich.

Die Gehässigkeit, die neben dem Mißverständnis an diesen Verzeichnungen mitgewirkt hat, trieb die giftigsten völker-psychologischen Blüten. Den grellsten Ausdruck fand der Psychologe C. G. JUNG. Nach ihm sind die Amerikaner Europäer mit den Manieren von Negern und den Seelen von Indianern — kurz: keine Europäer, sondern undefinierbare Exoten. In unserer Zeit ging es immer weiter mit dem Willen zur Verfremdung. Der Amerika-Mythos des zwanzigsten Jahrhunderts lebte sich aus in Sätzen wie: ‹Die Vereinigten Staaten sind die Heimat des Zwanges, so wie die Büchse der *Pandora* die Heimat aller Übel ist.›

Die Motive, die mehr als zwei Jahrhunderte hindurch Europäer getrieben haben, das Bild vom völlig anderen Menschen, Amerikaner genannt, zu zeichnen, sind zahllos. Es lassen sich aber vier stets wiederkehrende Triebfedern aufzeigen: Amerika diente (erstens) als Sündenbock, (zweitens) als Projektion nationalen Selbst-Hasses; und manche Amerika-Karikatur war eine Reaktion auf (drittens) einen grotesken amerikanischen Narzißmus, (viertens) auf einen ahnungslos-verstiegenen europäischen Amerika-Enthusiasmus.

Als Sündenbock ist jeder Mitmensch, jedes Mit-Volk brauchbar — am brauchbarsten aber der Schwächste und der Stärkste: der, welcher sich nicht wehren kann; und der, gegen den man sich nicht wehren kann.

Amerika, das mächtige, glänzende, beneidete, ist als Sündenbock erst seit dem Ende des Ersten Weltkrieges so recht zu verwenden; und wurde um so verwendbarer, je größer die Macht-Differenz zwischen ihm und der übrigen Welt geworden ist. Der Sündenbock-Charakter zeigt sich vor allem in der Fratze, die das Wort ‹Amerikanismus› geworden ist; alle großen europäischen Übel werden auf die Infektion mit dem furchtbaren Bazillus Americanus zurückgeführt.

Verborgener ist ein zweiter seelischer Mechanismus, der das Amerika-Bild geschaffen hat: ein europäischer Selbst-Haß, der sich nach außen gegen das Nicht-Selbst Amerika richtet. Selbst-Haß ist nicht immer ein pathologisches Phänomen; wer in sich selbst Hassenswertes haßt, ist gerade besonders gesund. Man kann aber auch, im Haß gegen sich oder das eigene Volk, Entscheidendes verfehlen. Vielleicht haben die Deutschen den nationalen Selbst-Haß weiter getrieben als irgendeine Nation: zum Beispiel in HÖLDERLIN und NIETZSCHE. Wenn HÖLDERLIN am Ende des ‹Hyperion› den Deutschen vorwirft, sie seien keine Menschen, nur Fragmente — Tischler oder Professoren oder Soldaten —, so traf er damit nicht die Deutschen, sondern den Menschen im Beginn des Zeitalters der Spezialisierung... ein übernationales Schicksal.

Dieser patriotische Selbst-Haß wird ein falsches Bild vom eigenen Volk schaffen; aber es gibt nur wenige HÖLDERLINS und NIETZSCHES, die es aushalten, gegen die Heimat zu leben. Häufiger wird dem gehaßten Selbst ein gehaßter Fremder untergeschoben; der nationale Selbst-Haß pervertiert zum Haß gegen irgendein ‹verworfenes› Volk. ‹Amerika› ist so auch ein Angriff, ein sehr verhüllter, gegen die eigenen Sünden; eine feige — Selbstbezichtigung. Der Anti-Amerikanismus ist auch eine geheime europäische Anklage gegen sich — eine Ich-Spaltung, die vorgibt, der Richter und der Verurteilte seien zwei... und der Verurteilte wird ‹Amerika› genannt. Sie sind eins.

Es ist das schlechte Gewissen Europas, das sich im sogenannten amerikanischen Materialismus üppig auslebt. Nicht, als wäre es nicht wahr, daß die Amerikaner hinter dem Dollar herjagen. Nur soll diese Unterstreichung verdecken, daß die Europäer ebenso hinter dem Pfund, dem Franc und der Mark her sind.

Nicht weniger stark als die Suche nach dem Sündenbock und die Verwandlung des europäischen Selbst-Hasses in Amerika-Haß haben zwei Amerika-Idole das Anti-Amerika-Bild hervorgerufen. Die amerikanische Selbst-Stilisierung als das Erwählte Volk Gottes und eine europäische Ahnungslosigkeit, ja: ein europäischer Masochismus haben Amerika als Erlöser propagiert. Die Propaganda rief dann jene Reaktionen hervor, die nichts dagegenzusetzen wußten als Verteufelungen.

Die Europa-Müdigkeit kleidete sich immer wieder in Amerika-Begeisterung. Und wie die Hasser nicht sahen, daß die Kolonie selbstverständlich viele Errungenschaften noch nicht hat, die das Mutterland besitzt, so sahen die Amerika-Verliebten nicht, daß die Kolonie selbstverständlich viele angenehme Dinge noch hat, welche die entwickeltere Zivilisation bereits zerstören mußte; zum Beispiel die lockere Regierung eines Landes, das keine gefährlichen Feinde hatte und keine drückenden Steuern benötigte.

Die deutsche Romantik feierte Amerika, weil es da drüben noch kein Unbehagen in der Kultur gab; übrigens hat man bis heute noch keinen philosophischen Ausdruck dafür in Amerika gefunden. Und NIETZSCHES Preis auf das amerikanische Lachen war eine heimliche Attacke auf das SCHOPENHAUERsche und RICHARD WAGNERsche Weinen. Amerika war für die HEINES und NIETZSCHES, BYRONS und SHELLEYS die Anti-Dekadenz *per se*; Symbol für die Überwindung der heimatlichen Malaise.

Und schließlich war Amerika für alle politischen Liberalen das glückliche Land, das keinen Feudalismus erlitten hatte. Der deutsche Fortschrittler CARL SCHURZ, der nach Amerika ausgewandert war, einer der erfolgreichsten Emigranten, schrieb für alle seine Amerika-besessenen Mit-Streiter den Satz: ‹Ich war entschlossen, in allem Amerikanischen das Beste zu finden.› Sobald aber die Wirklichkeit mit einem Ideal verschmolzen wird, verdeckt es sie. Amerika wurde die Inkarnation der ‹*Declaration of Independence*›. Wen interessierte das wirkliche Amerika? Alle interessierte die Vorstellung von der realisierten Utopie. Im neunzehnten Jahrhundert war Amerika die Rolle zugefallen, die in unserem dann Rußland spielen sollte.

An diesen Poetisierungen und libidinösen Besetzungen setzte der Amerika-Haß ein. Er zeigte immer wieder: ‹Amerika ohne Maske›. Unter dieser Parole wurde ihm die ebenso alte Maske aufgesetzt, die vom Haß modellierte. Amerika ist aber ebensowenig die

Erfüllung des Satzes: ‹daß alle Menschen als Gleiche geschaffen sind› — wie das Land Barnums, des Neger-Lynchens, der Atom-Bombe und McCarthys. Es erscheint am unverfälschtesten in den Beschreibungen jener Männer, die ambivalent (nicht neutral) waren — in ihrer Haltung sowohl zum einen wie zum andern Kontinent. Sie kannten beide gleich gut und brachten sie deshalb nicht auf ärmliche Formeln, sondern zeichneten sie in vielen guten Beobachtungen. Man kann über beide Welten, die Alte und die Neue, viel erfahren, wenn man William und Henry James und Henry Adams liest, die nirgends zu Hause waren (oder hier und dort) und deshalb keine armselige Propaganda schufen. Sie malten das eine vor dem Hintergrund des andern, priesen beide und tadelten beide; und entgingen so in einem ungewöhnlichen Maße den stereotypen Klischees. William James schrieb von sich, er entwickle ‹ein besonderes Organ für die Erfahrung von nationalen Differenzen›. Er war auch so ‹deutsch›, daß sein Werk übersät ist mit deutschen Wendungen. Und bis zu diesem Tage sind die hellsten Stimmen im europäisch-amerikanischen Gespräch diejenigen, die es (wie die Mitglieder der Familie James) immer zum andern Erdteil trieb... zu dem, an den sie sehnsüchtig zurückdachten. —

Was ist amerikanisch? wird auf verschiedenen Ebenen beantwortet. Vor allem in den zwei polemischen Sprachen, die jedes Volk besitzt: der unfeinen des unzubereiteten und der feineren des ‹wissenschaftlich› aufgeputzten Schimpfens. ‹Amerikanismus› wird in einem deutschen ‹Philosophischen Wörterbuch› also definiert: ‹Oberflächlichkeit, hastiges Tempo, Überschätzung der materiellen Güter, hemmungsloses Streben nach Rekordleistungen, Neigung zum Sensationellen, Mechanisierung der Arbeit und des Lebens, rücksichtslose Ausbeutung der Natur und Menschenkraft.› Es ist dies eine List vieler Adjektiva, denen eins gemeinsam ist: daß sie tadeln. Was aber der Terminus ‹Amerikanismus› wirklich meint, sagte der Philosoph Josiah Royce einmal in der Sprache seines Meisters Hegel: ‹der selbstentfremdete Geist› — ein Zustand also, der mit dem Nationalen nichts zu tun hat. ‹Amerikanismus› hat gleich Ausdrücken wie ‹Atheismus› und ‹Materialismus› längst alles Spezifische verloren; ist nichts als ein klobiges Zeichen der Ablehnung.

Denkende Amerikaner leugnen ihren ‹Materialismus› nicht, verwandeln aber die plumpe Schießbuden-Figur in ein sehr differenziertes Gesicht. Amerikanischer ‹Materialismus› ist (wie der Amerikaner Joseph Wood Krutch definiert) ‹der Glaube, daß man alles Begehrenswerte haben kann, wenn man genug bezahlt›. Dieser materialistische Glaube ist übrigens bekannter als die spezifischere amerikanische Praxis, die in der Wendung ‹Generöser Materialismus› recht gut wiedergegeben ist. Der Engländer GORER und der Amerikaner KRUTCH stimmen darin überein, daß diesem Materialismus das Element des Geizes fehlt. Man ist hinter dem Dollar her, um ihn auszugeben – für sich, für andere, für die sogenannten materiellen Dinge, für Schulen, Bibliotheken und Studenten-Stipendien. Wenn man eines Tages die Vokabel ‹Materialismus› endlich verbraucht haben wird, wird man entdecken, daß das Kommerzielle ebenso im Dienste der Kultur stehen kann, wie sie ein schimmerndes Gewebe sein mag über der nackten Selbstsucht.

Die erlesene Variante des ‹Amerikanismus› ist der ‹Pragmatismus›. Auch diese vier Silben wurden zum Schimpfwort – unter Leuten, die sich den Anschein geben, daß sie sich nicht herablassen zu schimpfen. ‹Pragmatismus› wurde eine akademische Pöbelei, ein Wort der Verachtung (zum Beispiel innerhalb der deutschen Philosophie vor dem Ersten Weltkrieg). Ein deutscher Freund von WILLIAM JAMES, WILHELM JERUSALEM, klagte: ‹Der Pragmatismus verdient nicht die Verachtung, mit der man ihn in Deutschland so vielfach behandelt.› Und ein anderer deutscher Denker, MÜLLER-FREIENFELS, schrieb sarkastisch: die deutsche Philosophie stelle bewußt oder unbewußt ein häßliches Strohbild auf, das sie als Pragmatismus zeichne und unter großem Aufwand von Logik und Gepolter umwerfe. Pragmatismus und Amerikanismus wurden identisch, zwei beliebte Pfeile im literarischen Köcher – nicht nur von Europäern, sondern auch von Amerikanern.

Selbst BERTRAND RUSSELL, so gewappnet gegen viele gefräßige Gespenster der Zeit, konnte sich der primitiven Gleichung des Tages: Pragmatismus ist die Philosophie der Händler, nicht entziehen. Seine Theorien haben manches gemein mit der amerikanischen Lehre, er selbst betonte die Gemeinsamkeit – und schrieb dennoch: ‹Die Liebe zur Wahrheit ist in Amerika verdunkelt vom Geist des Kommerzes, dessen philosophischer Ausdruck der Pragmatismus ist.› JOHN DEWEY antwortete auf diese unwahrscheinlich simple Redensart mit einer völkerpsychologischen Satire: der britische Neo-Realismus sei ein ideologischer Überbau über dem aristokratischen Snobismus der Engländer; die Tendenz der französischen Philosophie zum Dualismus sei ein Ausdruck der gallischen Neigung, neben der Gattin noch eine Maitresse zu haben; der deutsche Idealismus sei eine Manifestation der Fähigkeit, Bier und Wurst mit BEETHOVEN und WAGNER zu synthetisieren...

Allerdings könnte RUSSELL erwidern, daß WILLIAM JAMES selbst in dem programmatischen Buch ‹Pragmatismus› seine Lehre einer ökonomisch-politischen Wirklichkeit, wenn auch freundlicher, zugeordnet hatte, nämlich der amerikanischen Demokratie. JAMES hatte argumentiert: wie der Höfling keine Existenzberechtigung mehr in der Republik habe oder der katholische Priester in protestantischen Landen, so sei auch der rationalistische Idealist ein Fossil in unserer Gesellschaft. Ihn nannte er ‹autoritär›, den theistischen Gott eine Art ‹Über-Monarch› — den Pragmatismus aber ‹demokratisch›. Ist Russells Gleichung: Pragmatismus gleich amerikanischer Kommerzialismus... nicht methodisch auf derselben Ebene?

Ja, das ganze Vokabular dieses Pragmatismus scheint die These zu rechtfertigen, daß hier ‹Wahrheit› nichts als ein Handelsartikel ist. William James redet von ihrem ‹*cash value*›, ihrem Wert in bar. Er sagt: die Wahrheit lebe vor allem vom ‹Kredit-System›. Er schreibt: alle Wahrheiten hätten eins gemein: ‹*that they pay*›, daß sie sich auszahlen. Ist das nicht deutlich genug, um die Behauptung zu stützen, daß der Pragmatismus der philosophische Ausdruck des Kommerzialismus sei? Darüber hinaus: es scheint nicht einmal schwer, diese Behauptung noch zu verallgemeinern und den rechnerischen Zug an der gesamten Geschichte der amerikanischen Philosophie wiederzufinden. Um die Mitte des neunzehnten Jahrhunderts blühte in Amerika jenes Denken, das von Kant und Goethe und Fichte und der Romantik tief beeinflußt war und sich ‹Transzendentalismus› nannte. Der Namengeber dieser Richtung, Theodore Parker, bekannte einmal: ‹Ich mache mir nicht viel aus schönen Künsten, die verlangen, daß man sich in Häusern steckt. Sie interessieren mich überhaupt nicht soviel wie die unschönen Künste, die kleiden, behausen, bequemen. Ich möchte lieber ein Mann wie Franklin sein als ein Michelangelo... lieber einen Sohn haben, der Nützlichkeit organisiert, als einen großen Maler wie Rubens, der Schönheit nur nachahmt. Kurz, mir sagt eine Viehschau mehr als eine Bilderschau.› Aber jener plumpe Verächter Michelangelos und Rubens' hinterließ eine Bibliothek von dreißigtausend Bänden; las Hebräisch, Griechisch, Lateinisch, Deutsch, Skandinavisch, Französisch, Italienisch und Spanisch. Und James, der die Kaufmanns-Sprache in die Philosophie brachte, war einer der kultiviertesten Gelehrten um die Jahrhundert-Wende. Die Amerikaner gebrauchten die Alltags-Sprache — auch aus Protest gegen den Ästhetizismus des philosophischen Fach-Jargons. Er enthielt keine Synonyma für ‹auszahlen› — und viele für den ‹Weltgeist›. Vor allem die Deutschen sublimierten ihren Alltag so sehr, daß er nicht mehr zu erkennen war. Hegels ‹alles, was ist, ist vernünftig›... ist die dezentere Variante vom amerikanischen: alles, was sich auszahlt, ist vernünftig; beides Rechtfertigungen des Erfolgs.

An ihrem Wortschatz sollt Ihr sie erkennen! ist eine gute Methode, wenn man sie nicht zu primitiv handhabt. Es könnte sich dann zeigen, daß Hegels ‹Dialektik› und seine sehr subtile Analyse des Gegensatzes von Herr und Knecht mehr vom europäischen Klassenkampf erzählen als JAMES' *cash* von der amerikanischen Wirtschaft. Alle Philosophen berichten auch — offener oder verborgener — von dem Schicksal der Gesellschaft, der sie angehören. Deshalb hat man ein Recht, von einer amerikanischen, deutschen, französischen Philosophie zu reden. Man kann also, wenn man will, die nationale Färbung zum Thema nehmen, neben der Beachtung des Beitrags zu den Jahrtausend-Themen. Aber dann erzählt der amerikanische ‹Transzendentalismus› viel mehr als vom ‹typischen› amerikanischen Interesse für Nützlichkeit... zum Beispiel vom ebenso ‹typischen› amerikanischen Interesse an der Materialisierung des Ideals. Und dann erzählt der ‹Pragmatismus› viel mehr als vom ‹typischen› amerikanischen Interesse daran, daß sich alles auszahle; zum Beispiel auch von dem ‹typischen› amerikanischen Interesse an der Befreiung der Welt aus den Klauen der geistreich erdachten metaphysischen Gespenster. Die feindliche Propaganda arbeitete immer mit einer unbeschreiblich plumpen Interpretation der subtilsten Philosophie-Sätze. Selbst der scharfe Denker BERTRAND RUSSELL fand in PLATONS Philosophen-Königen eine Vorwegnahme der Ideen des englischen Faschisten-Führers SIR OSWALD MOSLEY. Was aber NOVALIS und FICHTE und HEGEL oder gar NIETZSCHE in allen Ländern angetan wurde, ist unreparierbar. Dieselbe Behandlung wurde amerikanischen Philosophen zuteil, die man am liebsten unter der eingeführten Marke ‹Pragmatismus› zusammenbündelte... und zum Übrigen legte.

Es ist aber notwendig gewesen, diese Kampf-Interpretation, exekutiert an der amerikanischen Philosophie, ins Licht zu rücken, bevor man ernsthaft an die Frage geht: gibt es eine amerikanische Philosophie? und welches ist, von Europa aus gesehen, ihr wesentlicher Zug?

2. DIE EUROPÄISCHEN MÖNCHE UND DIE AMERIKANISCHEN FREILUFT-DENKER

1835 begann ein Werk zu erscheinen, das sich in den vergangenen mehr als hundert Jahren als das unsterblichste Amerika-Buch erwiesen hat: ALEXIS DE TOCQUEVILLES ‹Demokratie in Amerika›. Der Engländer HAROLD LASKI hielt es, wahrscheinlich, für das Beste, was je über ein Land von dem Bürger eines anderen Landes geschrieben worden ist; der große Amerikaner HENRY ADAMS nahm es sich zum ‹Vorbild›.

Der zweite Band, der 1840 herauskam, beginnt mit einem Kapitel, das überschrieben ist: ‹Die philosophische Methode der Amerikaner›. Als es noch keine amerikanische Philosophie gab, charakterisierte sie TOCQUEVILLE schon treffend, in großartiger Vorwegnahme.

Der Augenblick, in dem er diesen Abschnitt schrieb, war allerdings für solch ein Unternehmen denkbar ungünstig. Der erste Satz lautet: ‹Ich glaube, daß man in keinem anderen Land der Philosophie weniger Beachtung schenkt als in den Vereinigten Staaten.› Dies Urteil war gerade schon nicht mehr richtig. Am Ende jener dreißiger Jahre waren der deutsche philosophische Idealismus, der französische St. Simonismus und die romantische Spekulation Europas bereits im Abblühen. Die amerikanische Generation aber, die später als Kreis um EMERSON, als Gruppe der ‹Transzendentalisten›, berühmt werden sollte, war schon auf dem Weg; TOCQUEVILLE konnte es nicht wissen.

Auch der beste Beobachter — erst recht, wenn er ein Ausländer ist — überhört leicht das Wachsen des Grases. TOCQUEVILLE hatte ungewöhnliches Pech. Während er das Kapitel über die philosophische Methode der Amerikaner verfaßte, wuchs dies Gras besonders üppig. Er kannte nur die Älteren, die, noch tief eingebettet in kalvinistischer und unitaristischer Theologie, in KANT nichts sahen als ‹eine Masse von handfesten Absurditäten›; sie können, meinte man, nur zur Skepsis führen. Hingegen wußte er wohl nichts von der Geburtsstunde des ‹Klubs der Transzendentalisten›, der aus einer Zusammenkunft im Jahre 1836 entstand. Die Teilnehmer gehörten zu jener Generation, die, im ersten Jahrzehnt des Jahrhunderts geboren, jetzt um die Dreißig war. Sie hatten sich zusammengetan, den Katzenjammer nach der Zweihundertjahr-Feier der Harvard Universität zu überwinden. Ihnen schien ‹der gegenwärtige Geisteszustand recht unbefriedigend›. Einer von ihnen, EMERSON, erklärte in der zweiten Sitzung: ‹Schrecklich, daß auf diesem gewaltigen Kontinent, wo die Natur so gigantisch ist, das Genie so zahm vegetiert.› Der ‹Transzendentalismus› war auch eine Rebellion in Richtung auf das Genie — die größte Annäherung an die deutsche Früh-Romantik, die hier erreicht wurde; vor allem aber der Eintritt Amerikas in jenen philosophischen Orden, der zuerst in der Sprache KANTS, dann in der Sprache HEGELS dachte und schrieb.

Auch TOCQUEVILLES zweiter Satz wurde gerade falsch. Er hieß: ‹Sie haben keine philosophische Schule und kümmern sich nicht viel um die Richtungen, die in Europa miteinander in Zwist liegen.› Der ‹Transzendentalismus›, in Boston und Cambridge beheimatet, machte in jenen Tagen Neu-England für Jahrzehnte zum Vorort deutschen Spekulierens. Man erhielt die philosophischen Idealisten in der Interpretation von COLERIDGE und VICTOR COUSIN, CARLYLE vermittelte GOETHE und SCHILLER. Bald lehnten die Amerikaner es ab, ‹literarische Vasallen Englands› zu bleiben; übersetzten und interpretierten auf eigene Faust. KANT führte sie ‹zur Ablehnung der alten sensualistischen Ideen›, die sie von England erhalten hatten; ebenso aber zur Zurückweisung des Supranaturalismus der Kalvinisten und des Rationalismus der Unitarier. Die vorbildlichen Theologen wurden Herder und Schleiermacher. Man hatte nun denselben Kampf zu führen, der eine Generation früher in der Anklage gegen Fichte auf Atheismus und gegen Kant auf Irreligiosität — nicht durchgeführt worden war. Die Frommen richteten vor Emerson und den Seinen die Alternative auf: ‹Es gibt einen persönlichen Gott oder es gibt ihn nicht.› Und selbst der milde, tolerante Bischof Channing, Nährvater der christlichen Pantheisten um Emerson, erklärte: ‹Diese Spiritualisten sind in Gefahr, ihre private Intuition als Christentum auszugeben.› ‹Der hartgesottene, unitarische Papst›, Andrews Norton, sagte es bösartiger: ist der Mensch eine ‹Eintagsfliege› oder (wie Emerson denkt) ‹ein neuentstandener Barde des Heiligen Geistes?› Der Streit war nicht spezifisch amerikanisch. Es wurde hier die Säkularisierung der Theologie nachgeholt.

Tocqueville kontrapunktierte seine negativen Feststellungen: daß man der Philosophie keine Beachtung schenke und sich für die europäischen philosophischen Kämpfe nicht interessiere... mit einer Beschreibung der besonderen ‹philosophischen Methode Amerikas›, welche die europäische Schul-Philosophie ersetze. Man sei frei von der ‹Gebundenheit durch das System›, frei von Familien-, Klassen- und nationalen Vorurteilen; man sei offen für Entdeckungen, die anderswo von einer Dogmatik verhindert würden. Er hätte auch sagen können: die Wurzeln, die in die Vergangenheit zurückreichen, sind hier so kurz, daß keine bis zu einer Scholastik führt, wie sie schwer auf dem europäischen Denken lastete. So pries er das ungefesselte amerikanische Philosophieren und spendete ihm das höchste Lob, das ein Franzose zu vergeben hat: diese Amerikaner seien zwar die letzten, die Descartes studierten, wendeten ihn aber doch sehr wirkungsvoll an in ihrem frischen, von keiner Denkgewohnheit gehemmten Zupacken. Als hätte er schon den Emerson-Kreis gekannt, den er nicht erwähnt, die Transzendentalisten mit ihrer ‹extrovertierten› Philosophie – ja, als hätte er schon den Pragmatismus vorausgeahnt!

Das Bild, welches der schärfste Amerika-Porträtist Europas vom Denken in der Neuen Welt gab — noch bevor dieses Denken der theologischen Phase so recht entwachsen war, entspricht sehr genau dem Bild, in dem sich noch heute die Philosophen Amerikas abmalen. In einem Sammelband, der den Titel ‹Amerikanische Philosophie› trägt und sich auf die Gegenwart bezieht [1], ist auf dem Schutzumschlag folgendes zu lesen: ‹Die europäische Philosophie ist zum guten Teil Schreibtisch-, ja: Kloster-Philosophie. Die amerikanische

---

[1] Ralph B. Winn, *American Philosophy*. 1955.

ist ganz offensichtlich im Freien entstanden; das vielfältige Leben in den verschiedenen Bezirken hat sie zur Entfaltung gebracht.› Das ist haargenau, was Tocqueville bereits in der prähistorischen Zeit gespürt hatte. Man könnte es übersetzen, falls keine Parteinahme herausgehört wird: die europäische Philosophie ist das Gewächs eines Treibhauses, die amerikanische Naturwuchs. Tatsächlich gab es in den Staaten kein Port-Royal und kein klösterliches Tübinger Stift und keine Philosophie-Novizen wie Hegel, Hölderlin und Schelling, welche die Gedanken und inneren Erfahrungen der großen Denker in sehr frühen Jahren erbten und von Kindesbeinen an trainiert wurden in der Kunst diffizilster Begriffszerlegungen. Sie lebten zwar nicht mehr im Kloster, aber nicht viel anders; reflektierten, meditierten, wohnten in den herrlichsten Gedanken-Palästen und, wie Kierkegaard es von Hegel sagte, als weniger spirituelle Wesen in einem Schweinekoben. Die Amerikaner bauten keine Paläste aus Begriffen — und wohnten etwas Palast-ähnlicher. Sie sind keine Schüler von Mönchen. Sie sind noch heute weniger Schüler als die Europäer.

Der ernsteste Einwand gegen die Bezeichnung der amerikanischen Philosophie als extrovertiert könnte sein, daß dieses Freiluft-Philosophieren eine *contradictio in adjecto* ist; daß es so etwas nicht gibt, daß schon das Wort Reflexion auf die Richtung jedes Denkens deutet. Platons Philosophen-Könige, könnte man sagen, waren keine Philosophen in der Gestaltung des Stadt-Staates und keine Könige in der Erfassung der Wahrheit. Trotzdem bleibt der Unterschied zwischen einem politisch-gerichteten Philosophieren und Reflexionen, deren Triebfeder eher der Wille zur Einsicht ist als eine Absicht. Das Motiv bestimmt die Richtung: auf Differenzierung oder Anwendbarkeit. Amerikanisches Denken ist (in der Regel) weniger subtil und weniger einsam als das europäische; man wird nicht in die Philosophie wie in eine Geheimlehre eingeweiht (außer dort, wo die Philosophie in eine Spezialwissenschaft verwandelt worden ist). Der *homo philosophicus* gehört nicht zu den großen amerikanischen Vorbildern.

Man sollte ihnen aber nicht ankreiden, daß es unter ihnen keinen Aristoteles und keinen Spinoza gegeben hat. Auch Europa hat in der Zeit, in der auf amerikanischem Boden philosophiert wurde, keine Denker dieser Art hervorgebracht. Man kann nicht die Europäer der fernen Vergangenheit mit den Amerikanern der letzten hundert Jahre vergleichen. Betrachtet man aber auch nur die europäische Philosophie nach dem Tode Hegels neben der amerikanischen seit der Geburt ihrer ersten Generation, so findet man immer wieder dieses Eindringen in die tiefsten Schächte dort, Erhellung von weit-abliegenden Hintergründen, hier aber das Dringen auf Umgestaltung. Die amerikanischen Philosophen-Könige sind mehr Könige als Philosophen. Allerdings ist diese kurze Formel, noch gültig für die EMERSON-Generation, zu kurz, um zu bezeichnen, was folgte. Einer der aktivsten Denker des heutigen Amerika, SIDNEY HOOK, sprach 1957 in einem Interview über die Art amerikanischen und europäischen Philosophierens. Er sagte: unsere Philosophien treiben uns nicht auf die Straße; unsere Studenten kämpfen nicht auf den Barrikaden für MARX oder den Existentialismus oder andere populäre Theorien. Wir sind mehr interessiert an Lösungen als an Erlösungen; wir sind gegen die verschlammten Abstraktionen. Das klingt zunächst geradezu wie die Umkehrung der Deutungen, die in den Amerikanern die Verwirklicher dessen sehen, was die Europäer nur dachten. Und seltsam ist die ablehnende Erwähnung von MARX; denn es liegt nahe, gerade ihn ‹amerikanisch› zu nennen — in seiner Zurückweisung der Interpretation zugunsten der Änderung, der Meditation zugunsten der Politik. Aber der Amerikaner scheint in MARX einen romantischen Kreuzzügler zu sehen. Änderungen unter dem Blickpunkt der Ewigkeit sind Denkern wie SIDNEY HOOK eher vergrübelte Exzesse als Praxis. Man kommt mit dem Wort Aktivismus hier nicht weit. MARX' utopische Vision ist für die Amerikaner Mönchs-Philosophie, die zu den Waffen greifen läßt. Sie entdecken auch noch hinter der politischsten Philosophie Europas — den Schreibtisch-Denker.

Man könnte nun erwarten, daß den europäischen Erlösungen die amerikanischen Reformen entgegengesetzt werden. Tatsächlich aber wird von dem Philosophen HOOK nüchterne theoretische Arbeit propagiert. Das sieht abermals wie eine Zurückweisung der These vom zielstrebigen, politisch ausgerichteten amerikanischen Denken aus. Man kann diese überraschende Wendung also kommentieren. Es hat sich auch in Amerika eine Denk-Tradition gebildet, die es in ihrem erlesensten Repräsentanten, CHARLES S. PEIRCE, mit den subtilsten Leistungen der alten und neuen großartigen Scholastik (d. h. hier: Analyse des Begriffs) aufnehmen kann. Sie hat in ihrer modernen Form vor der Ahnin voraus, daß sie sich an die stets sich wandelnde Wissenschaft anhängt und so vor Erstarrung bewahrt bleibt. Der philosophische Scharfsinn wurde in den letzten Generationen auch in Amerika erblich. Und wie in Europa verstärkte sich auch hier die Tendenz, Logik und Erkenntnistheorie und Semantik in den Mittelpunkt zu rücken; vor allem aber jene Disziplin, welche unter vielen Namen die Grundlegungen der Wissenschaften umfaßt; in Amerika vielleicht noch stärker, weil die Überlieferung der prometheischen Philosophie fehlt. In einer kleinen Philosophie-Abteilung des amerikanischen Westens wurden in einem Semester jenen Fächern sechs Vorlesungen gewidmet; drei allein der Logik. Die Neigung, die Philosophie zur Magd der Wissenschaften zu machen — wie sie einmal Magd der Theologie war —, ist in Amerika noch stärker als in Europa. Noch deutlicher zeigt sich der Zug, Philosophie aufzulösen in eine Serie von Spezial-Wissenschaften. Auch in Europa ist die Metaphysik nicht mehr ein absoluter Monarch, nur noch induktiv erwählt — das heißt von Gnaden der zeitgenössischen Wissenschaften... eine Art von konstitutionell-dekorativer Monarchie im Reiche des Wissens. Aber immer noch ist das Bewußtsein lebendig, wenn auch matt: daß Philosophie eher mit der Sphinx verwandt ist als mit dem Laboratorium. In Amerika aber hat von allen philosophischen Strömungen Europas den größten Erfolg der Wiener Kreis, der Neo-Positivismus. Seine ‹Wissenschafts-Nähe› macht ihn ‹amerikanisch›. Die Differenz zwischen dem Philosophieren in Amerika und in Europa ist am besten illustriert in dem, was es in Amerika nicht gibt.

In Amerika wird der Mensch philosophisch kaum in Betracht gezogen; man sieht ihn nicht vor Wissenschaft und Gesellschaft. Er kommt in Europa immerhin doch zu Wort in einem philosophischen Bemühen, für das es keinen Namen in Amerika gibt: in der philosophischen Anthropologie. In den europäischen Existentialismen ist noch etwas von dem in unsere Tage hinübergerettet, was immer den Kern des Philosophierens ausgemacht hat: der Wille zur Überwindung theoretischer Unfaßbarkeiten und lebendiger Abgründe. Amerika hält es aber geradezu für ein Zeichen der ‹Reife›, daß diese Denk-Neigung ausstirbt. Man will eine ‹bescheidene› Philosophie. Die Frage ist: ob es so etwas gibt, ob Philosophie nicht immer Unbescheidenheit war. *Hiob* und *Prometheus*, die Urbilder des Philosophierens (SOKRATES war nur eine gezähmte Variante), sind die Urbilder menschlicher Unbescheidenheit; ihre letzten Nachkommen waren KIERKEGAARD und NIETZSCHE. Aber JAMES und ADAMS, die ihnen leise ähneln, erlauben keine mythologischen Vergleiche mehr — ganz abgesehen davon, daß sie erratische Blöcke sind in der amerikanischen Landschaft.

Nichts ist bezeichnender für das verschiedene philosophische Klima in Amerika und Europa, als daß hier das Philosophieren der Mystik, der Romantik und SCHELLINGS noch mächtig nachwirkt, während in Amerika ihre modernen Nachfolger zwar importiert — aber nicht aufgenommen werden. Die klassische deutsche Philosophie wurde recht einflußreich; SCHELLING, SCHOPENHAUER und NIETZSCHE blieben Fremde. NIETZSCHE, der Anti-Philister, ist von MENCKEN und seinem Kreise gepriesen worden. NIETZSCHE, der ‹die blonde Bestie› gemeißelt hat, wurde in zwei Kriegen eine *cause celèbre:* der Vorläufer WILHELMS II. und HITLERS. Aber der Verfasser der

‹Geburt der Tragödie›, der erfolglose Kreuzfahrer gegen den Nihilismus, wird kaum geahnt in einem Land, in dem es nie ein ‹Ecce Homo› gegeben hat. Man hält die ‹Angst› für eine europäische Dekadenz und Exzentrizität, weil die Ideen der Aufklärung in Amerika immer noch so viel Kraft haben, daß sie eine ideologische Immunität darstellen. Ausländische Bücher über die Anarchie der Werte oder den Nihilismus oder die unerlösten tragischen Helden oder die Freiheit in Furcht und Zittern werden wohl auch in Amerika verkauft, aber kaum ernst genommen: man interessiert sich weniger für Grenz-Situationen als für das Normale, weniger für den ungemeinen Mann als für den gemeinen. SPENGLERS ‹Untergang› ist zwar sehr berühmt, aber nur in 20 000 Exemplaren verkauft worden; man hielt ihn für pessimistisch und TOYNBEE für religiös-positiv... und zieht das Positive vor.

Amerika hatte immer die ‹Reife›, weder große System-Bauer noch pathetische Destrukteure hervorzubringen. Man kümmerte sich immer weniger um die tiefverschleierte Wahrheit als um das, was der amerikanische Philosoph 1957 die ‹Angelegenheiten des öffentlichen Interesses wie Erziehung und Justiz› nennt. Wie immer man auch über den Erfolg dieser Literatur denken mag, sie ist umfangreich. Man philosophierte (vom theologischen Beginn abgesehen und abgesehen von den zwei außerordentlichen Ausnahmen JAMES und ADAMS) kaum, um das Staunen zu befriedigen und die Verlorenheit zu befrieden. Die europäische Unrast hatte in Amerika kaum ein Echo, wenigstens nicht in der Philosophie. Amerika ist das konservativste und deshalb ideologisch geschützteste Land der westlichen Zivilisation; es lebt, trotz allem, immer noch weich gebettet im Glauben des achtzehnten Jahrhunderts... jedenfalls, soweit mit dem Wort ‹leben› Bewußtsein gemeint ist. Es gibt aber für dies Vertrauen nur ein einziges Wort; man kann es nicht umgehen, obwohl es das am stärksten abgenützte ist: ‹Demokratie›. Es ist das große Deckwort für die amerikanische Philosophie.

3. DIE SIEBEN AMERIKANISCHEN THESEN

Was unter dem Wort ‹Demokratie› in Amerika lebt, ist viel mehr als eine Summe von Institutionen und viel mehr als ein politisches Programm: eine Reihe von amerikanischen Selbstverständlichkeiten, die viel zu großspurig in Erscheinung treten, wenn man sie in die berühmten Abstrakta übersetzt. Alles, was in Büchern Ethik genannt wird oder Wert-Theorie oder *Social Philosophy* — geht, von einigen formalen Untersuchungen abgesehen, auf die ‹Präambel› zur *Declaration of Independence* zurück. Amerikanische Psychologen haben

festgestellt, es sei eine nationale Eigentümlichkeit, sich anzulehnen
— an Tische, Stühle, Wände... Darf man eine Parallele ziehen zu
nicht-körperlichen Anlehnungen, so könnte man die ‹Präambel› zur
Declaration of Independence den großen ideologischen Halt der Nation nennen. Sie wird zwar historisch eingeordnet, aber kaum in ihrer Problematik entfaltet. In Europa folgte den Ideen von 1789
die Kritik EDMUND BURKES und das Kommunistische Manifest; hundertfünfzig europäische Jahre entfalteten die Fragwürdigkeit der
‹Vernunft›. In Amerika wurde (mit der einen großartigen Ausnahme HENRY ADAMS) die Solidität jener Vorstellungen, welche in der
Bibel von 1776 ihren biblischen Ausdruck gefunden haben, kaum
untersucht.

Eine gute Illustration bieten Ausführungen des in Schlesien geborenen, als Fünfjährigen in die Staaten verpflanzten, heute fünfundsiebzigjährigen Philosophen HORACE M. KALLEN [1]. Er geht ausdrücklich von den Sieben Thesen des Jahres 1776 aus, die man ‹amerikanisch› nennen darf, weil sie in Amerika die Interpretation von
der Natur des Menschen beherrschen.

1. Wir halten diese Wahrheiten einer Begründung nicht für bedürftig:
2. daß alle Menschen von der Schöpfung her gleich sind;
3. daß sie von ihrem Schöpfer bestimmte unabdingbare Rechte mitbekommen haben;
4. unter ihnen Leben, Freiheit und das Trachten nach Glück;
5. daß es der Sinn einer Regierung ist, diese Rechte sicherzustellen;
6. daß die Regierungen ihre Berechtigung von der Zustimmung der Regierten herleiten;
7. daß, wenn immer eine Regierung dieses Ziel zunichte macht, das Volk berechtigt ist, sie zu ändern oder aufzulösen und eine neue zu bilden, deren Fundament auf solchen Prinzipien ruht und deren Macht so organisiert ist, daß sie ein Maximum von Sicherheit und Glück garantiert.

Professor KALLEN untersucht nicht die Vieldeutigkeit der tragenden
Begriffe; konfrontiert sie nicht mit den amerikanischen Wirklichkeiten, die sich eher in die entgegengesetzte Richtung bewegt haben
— um dann vielleicht tiefer einzudringen in die (von der *Declaration* deklarierte) ‹Natur› des Menschen.

Der Geist der Sieben Thesen wird in Gegensatz gesetzt (zum Beispiel) zur Vorstellung vom ‹Erwählten Volk›, wie sie sich bei Juden,

---

[1] HORACE M. KALLEN, *Of Humanistic Sources of Democracy.*

Griechen, Deutschen und anderen Völkern gebildet hat — zum Beispiel auch (was nicht erwähnt wird) bei den ersten großen Patrioten Amerikas; gerade bei dem übrigens, der diese Thesen vor allem geschmiedet hat. Und es wird bei dieser demokratischen Ablehnung der Auserwähltheit übersehen, daß ihre Verkünder nicht immer Tyrannen waren, Ausbeuter anderer Nationen, sondern auch (wie die Propheten, wie JEFFERSON, wie FICHTE) Männer, die von ihrem Volke verlangten, daß es sich als auserwähltes — bewähre.

Tatsächlich ist solch ein (vom edelsten Überschwang getragenes) demokratisches Denken immer noch fixiert auf die Feinde der Aufklärung im achtzehnten Jahrhundert: auf die streitbare Kirche und die weltlichen Tyrannen. Sind sie heute wirklich die mächtigsten Gegner der Sieben Thesen? Das Christentum des ERASMUS und des JEFFERSON, das KALLEN gegen die Diktatur der Kirchen aufruft, hat sie nicht verwirklicht. JEFFERSONS ‹Philosophie des Jesus Christus›, die Reduzierung der Evangelien auf ihre sozialen Inhalte, die Eliminierung von Tod und Auferstehung... dieses aufgeklärte Christentum hat sich nicht bewährt. Und die Tyrannei ist noch nicht tot, wo es keine weltlichen und geistlichen Diktatoren gibt. KALLEN zitiert JEFFERSONS ‹Bemerkungen über Virginia›: ‹Kein Mann kann anderen erlauben, ihm den Glauben vorzuschreiben.› Aber das geschieht doch nur noch in wenigen Ländern im alten klassischen Stil, den die ‹Declaration› vor Augen hatte. Wie aber ist es mit jenen anonymen, unsichtbaren und unhörbaren Tyrannen, die im Elternhaus, in der Schule, im Büro, in der Gesellschaft — in der unauffälligsten und unerbittlichsten Weise ‹den Glauben vorschreiben›?

Die dreißiger und vierziger Jahre unserer Tage haben das alte Anti-Tyrannos neu belebt. Aber das Problem der politischen Freiheit ist nicht gelöst mit dem Tod der farbenprächtigen Zaren. Der Demokrat KALLEN wirft den Früheren vor, die in der Vorzeit, also vor 1776, gelebt haben, daß sie, wenn sie vom unendlichen Wert des Einzelnen sprachen, es nicht so recht gemeint haben. Wer aber meint es so recht? Die Einschränkung der Natur des Menschen auf die Sieben Thesen macht alles, was sich hier nicht einfügt, zur Unnatur; unnatürliche Differenzen werden aber selbstverständlich nicht verteidigt. Die politische Philosophie Amerikas wurde, je älter sie wurde, um so — ‹mönchischer›; weniger in Kontakt mit der Wirklichkeit. ‹Es ist zu hoffen›, schreibt KALLEN, ‹daß sich die individuellen Dispositionen dem Gesetz anpassen.› Das ist schon viel kleinlauter als die Gewißheit der Ahnen. Es begann mit der Fraglosigkeit, es ist nun angekommen bei der Hoffnung — und es gibt schon demokratische amerikanische Denker, die bereits beim Nicht-Verzweifeln halten: einer Synthese aus Agnostizismus und stark lädierter Zuversicht.

Die Ideen von 1933 haben nicht wenig dazu beigetragen. In der Zeit von HITLER und MUSSOLINI, damals, als GENTILE die ‹heilige Gewalt› der faschistischen Wahrheit pries, wurde man auch in Amerika besonders darauf hingestoßen, daß diese endgültigen Wahrheiten vor allem auf individuellen Gewißheiten gegründet sind, auf sehr schwachen Fundamenten. Die neue Skepsis hatte ihre amerikanischen Vorläufer. Der Richter WENDELL HOLMES hatte Generationen zuvor gesagt: ‹Wahrheit ist bei der Majorität desjenigen Volkes, das alle anderen Völker schlagen kann.› Vorbereitet von solchen Einsichten, gab man auch in Amerika die demokratische Metaphysik preis. Man ging noch weiter im Zweifel: neben der realistischen und idealistischen Theorie lehnte man auch die pragmatische ab — mit der richtigen Begründung, daß, wenn Wahrheit das ist, was immer wieder neu verifiziert werden muß . . . sie nie da ist, immer nur Zukunft.

Auch Demokratie, folgerte deshalb ein amerikanischer Essay des Jahres 1937, ist nicht Ausdruck einer Wahrheit, sondern der toleranten Einsicht, daß die Wahrheit aller Kreuzzüge — keine gewesen sei. Auch des Kreuzzugs von 1776? Nun sind aber Politik und Toleranz schwer zu vereinen, weshalb solch eine demokratische Politik ein hölzernes Eisen ist, eine Verbindung von tierischer Begier und den Sehnsüchten der Sieben Thesen. Hier endet also, was so zuversichtlich begonnen hatte: das Ideal des großen Dokuments wird zwar lieb behalten; es wird aber bekannt, daß man wirklich demokratisch — nur noch in der Meditation sein kann. Der Politiker könne sich nie über die Zwänge erheben: über das Ökonomische, über die Bedürfnisse nach Sicherheit. Die Verschmelzung von Philosophie und Politik, welche die Vorfahren so selbstverständlich vorgenommen hatten, ist einer harten Scheidung gewichen. Professor T. V. SMITH[1] sagt: ‹Politik hat es mit den Idealen als Träger der Aktion zu tun; Philosophie hat es zu tun mit den Idealen als Gegenstände der inneren Feier.› Für den Politiker sind sie Wegweiser, für den Philosophen Spender des Friedens, ‹Schöpfer einer inneren Heiterkeit›. PLATONS ‹Gesetz der Natur› wird zitiert: daß ‹Handeln der Wahrheit nie so nahe kommen kann wie theoretisches Schauen›. Überschwenglich wird diese ‹innere› Demokratie gepriesen: ‹jeder sein eigener Papst!›, ‹jeder sein eigener Logiker!› In der Philosophie allein werde die Grenze überschritten ‹von der Mittelmäßigkeit des Kompromisses zur Kompromißlosigkeit›. Selbstverständlich könne man nicht immer im Tempel der Weisheit bleiben. Man muß zurück in die Welt der Interessen. Aber man nimmt als unverlierbaren Schatz mit sich, was man in den Stunden der ungestörten

---

[1] T. V. SMITH, *Philosophy and Democracy*.

Vertrautheit mit dem Ideal genossen hat. Die Philosophen sind Priester, die nicht ändern, sondern erheben. Amerika hat, wenigstens in dieser Beziehung, Anschluß gefunden an das ‹mönchische› Philosophieren; allerdings nicht an das problematische.

Hier lebt nicht mehr die Gewißheit, daß der Kompromiß immer weniger kompromißhaft wird; die Ereignisse der dreißiger und vierziger Jahre lasten schwer auf diesen Gedanken. Dennoch wird immer noch nicht die Notwendigkeit gespürt, ein Ideal in Frage zu stellen, das nun weniger ein Wegweiser ist als eine Erbauung. Es liegt aber hier keine Elfenbeinturm-Ideologie vor, kein Sichzurückziehen in die philosophische Klause. Das gibt es kaum unter amerikanischen Denkern. Aber die Hoffnung auf die Zukunft spielt doch eine geringere Rolle als der Trost, den die Philosophie in der Gegenwart spendet. Das Bekenntnis zu den Sieben Grundsätzen entwickelte sich dort, wo man sie ernst nahm, von einem fraglosen Vertrauen zur Anhänglichkeit an eine Reliquie, an der man sich immer noch erbaut, der man aber keine Wunder mehr zutraut.

So ist, was sich in Amerika Ethik, Axiologie (Wertlehre), Sozial-Philosophie nennt, zum größten Teil immer noch eine abstrakte Variation und Rechtfertigung jener Axiome, die bis zum heutigen Tage das am wenigsten in Frage gestellte amerikanische Fundament bilden. Es war europäisch, bevor es amerikanisch wurde. Dreizehn Jahre, nachdem die Staaten es in die Konstitution aufnahmen, verkündete dann die Französische Revolution dieselben Glaubensartikel. Sie verloren ihre Aktualität nicht, sondern gewannen sie neu in den großen europäischen Untersuchungen, die in Freiheit und Gleichheit nicht mehr Atome, letzte Elemente der menschlichen Natur, sondern ganze Welten von Rätseln entdeckten. Auch in Amerika haben jene Göttinnen nicht mehr den Glanz der ersten Tage. Aber eher deshalb, weil man ermüdet ist vom Widerstand des Alltags, als weil man erkannt hat, daß er diese Begriffe zu einer differenzierteren Erfassung provoziert. Die monumentale Fraktur der enthusiastischen Schrift von 1776 enthält Wahrheiten, die heute nur deshalb nicht stimmen, weil sie zu wenig spezifische Züge der Gegenwart enthalten.

Im Lande JEFFERSONS ist manches Alte auch unter der Hand ausgewechselt worden, eher in Anpassung an müdere Tage als in Neuschöpfung. Man hat, in der Mitte des zwanzigsten Jahrhunderts, im Gegensatz zu den Ahnen, ‹Gott› ins Pantheon der großen Ideen aufgenommen; zitiert hingegen weniger das ‹Glück›, das allein in der amerikanischen Heiligen Schrift den ihm zukommenden Rang erhalten hatte. Heute stellt der amerikanische Philosoph SHELDON[1]

---

[1] WILMON H. SHELDON, *The Absolute Truth of Hedonism*.

fest, daß dieses Glück ‹einen schlechten Ruf hat›, daß ‹es kaum einen Mann gibt, der sich zum Hedonismus bekennt›, daß das Glück als ‹Paria der Ethik› vegetiert. Das allein zeigt schon, wie geschwächt der Enthusiasmus ist, der in der ‹*Declaration*› monumentalisiert wurde. Ein noch stärkeres Zeichen ist, daß selbst dieser Verteidiger ‹die absolute Wahrheit des Hedonismus› in der beruhigenden These findet: ‹Hedonismus ist Altruismus.› Das ist sehr amerikanisch. Stärker als irgendein anderes Motiv herrscht der Wille zur Versöhnung: der ‹Pazifismus der philosophischen Vernunft›. Er stammt aus der Erwägung: ‹Theoretische Konflikte sind weitgehend eine Verschwendung der Energien des Intellekts.›

Man verfehlte dies Philosophieren, wenn man es als unrealistisch kritisierte. Die Inkongruenz zwischen den Sieben Thesen und den vielen Wirklichkeiten, die sie nicht verwirklichten, ist nie übersehen worden. Vor dieser Einsicht dachten die Philosophen zuerst voller Vertrauen — gegen die Wirklichkeit; sie schien sich eine Weile zu fügen, und die Hoffnung war sehr groß, daß es in der Richtung auf die wahre Natur vorwärtsgehe. In unseren Jahrzehnten philosophiert man jedoch: ‹In der Erhöhung und Kultivierung des inneren Lebens der Phantasie, welches das Luxus-Land des Geistes ist, haben wir die endgültige Herrlichkeit der Demokratie.› Schon viele Religionen haben gesagt, daß nur im Ausweichen vor dem Irdischen der Mensch sich erfüllen kann. Es scheint aber amerikanisch zu sein, daß die logische Konsequenz nicht gezogen wird: der Typ des Asketen und des Ästheten entsteht hier nicht recht. Kleinlaute, Skeptiker, Hoffnungslose, Verzweifelte, Zyniker erscheinen kaum auf der ‹philosophischen Szene› Amerikas. Die Ideologie des Glaubens an die Zukunft ist immer noch so stark, daß jede Kleinmütigkeit sich schließlich ihr unterordnet... in vielen philosophischen Variationen über das Thema von 1776.

Vielleicht ist deshalb über die problematische Gegenwart mehr aus den amerikanischen Romanen und Dramen, auch aus einigen Filmen und Fernseh-Stücken zu lernen als aus der Philosophie dieser Jahre... der akademischen wie der Bestseller-Philosophie.

Anders ist es, wenn man die großen amerikanischen Denker auftreten läßt, die tot sind und immer noch auf der philosophischen Szene agieren: aufdaß sie zeigen, was wirksam geworden ist. Auch aufdaß sie zeigen, was als unamerikanisch nicht aufgenommen worden ist; das aber läßt sich vielleicht von Europa aus leichter entdecken als von Amerika aus.

Wer von Amerikanischer Philosophie spricht, in Amerika wie in Europa, wird zunächst immer gefragt: gibt es denn das — Amerikanische Philosophie? Diese Schrift versucht zu antworten.

Sie fragte in diesem ERSTEN KAPITEL: was ist amerikanisch? und als was wurde amerikanisches Philosophieren immer charakterisiert — sowohl im Urteil ausländischer Beobachter vor mehr als hundert Jahren als auch in amerikanischen Selbst-Bildnissen unserer Tage?

Sie schildert (im ZWEITEN KAPITEL) den Mann, der heute von Fachleuten als der größte amerikanische Philosoph ausgerufen wird: CHARLES S. PEIRCE (gestorben 1914). Sein Werk ist die reiche, unausgeschöpfte Mine logischer, erkenntnistheoretischer, wissenschaftsmethodologischer, semantischer Einsichten. Man nennt in Amerika die gegenwärtige Ära ‹Das Zeitalter der Zergliederung›. PEIRCE war der fruchtbarste amerikanische Zergliederer. Es ist aber charakteristisch, daß seine ‹Analyse› fast nur auf die Zergliederung der tragenden naturwissenschaftlichen Begriffe ging, fast gar nicht auf das, was in Europa Kultur-Diagnose genannt wird. Der Oxforder Professor H. H. PRICE sprach von ‹öden Themen wie Kulturphilosophie› — ein Wort, das er deutsch hinschrieb. Das ist ein wichtiges Zeugnis der englisch sprechenden Welt. Vergleicht man amerikanische und deutsche Vorlesungsverzeichnisse, so entdeckt man dort die laute Abwesenheit der ‹Kulturphilosophie›. Das Zeitalter der Zergliederung, wie sie in Amerika verstanden wird, hat in PEIRCE seinen größten Exponenten.

Die entscheidenden Impulse amerikanischen Philosophierens im zwanzigsten Jahrhundert werden allenthalben mit dem Namen ‹Pragmatismus› etikettiert; er ist eher verdeckend als offenbarend. Unter der Decke der berühmten Benennung leben mindestens drei recht unabhängige Tendenzen, die sich in drei Denkern manifestierten: CHARLES S. PEIRCE, der die Methode dieses Denkens bestimmt und den Namen geschaffen hat; WILLIAM JAMES, der diese Richtung popularisiert und weltberühmt gemacht hat; JOHN DEWEY, der die Konsequenzen für Erziehung und Politik gezogen und aus dem Pragmatismus so etwas wie eine amerikanische Weltanschauung gebildet hat. Die drei waren verbunden in der gemeinsamen Methode, keine Wahrheiten — auch keine philosophischen — anzuerkennen, die nicht nachprüfbar sind; Wissenschaft und Philosophie sind eins, und jede Wahrheit ist eine Vorläufigkeit. Die drei Denker unterschieden sich aber entscheidend nicht nur in ihrer spezifischen Begabung, sondern vor allem in der Art, wie sie mehr oder minder heimlich diese philosophische Zurückhaltung aufgaben. PEIRCE war einer der scharfsinnigsten Analytiker in seiner an solchem Scharfsinn reichen Zeit. Daneben, wirklich daneben, war er noch ein konventioneller Rationalist vorkantischen Geblüts, der religiöse, metaphysische, moralische Vor-Urteile schlicht übernahm. Gerade in der Verbindung von subtilster Zerfällung der überkommenen logischen Begriffe und recht unsubtiler Übernahme eines christlichen Rationalismus war er recht amerikanisch.

Das DRITTE KAPITEL ist WILLIAM JAMES gewidmet (gestorben 1910), als Popularisator des Pragmatismus berühmt, auch als Psychologe, der den mechanistischen Deutungen der Seele die Vorstellung vom ‹Bewußtseinsstrom› entgegengesetzt hat. Unwirksam in Amerika und Europa blieb er als der Mann, welcher den Monotheismus und den Monoismus (das metaphysische Gegenstück), die philosophische Huldigung an die Einheit, das Prinzip des Systems, jubelnd — befehdete. Er war so etwas wie ein amerikanischer NIETZSCHE: ein unheidnischer Polytheist, ein Pluralist. Er war, von PEIRCE her gesehen, weniger brillant als Analytiker; aber eher ein Philosoph im klassischen Sinne und ein hervorragender Stilist. Der Psychologe, der Verkünder der Lehre seines Lehrers und Freundes PEIRCE, wurde anerkannt; der amerikanische NIETZSCHE blieb eine unamerikanische Exzentrizität. Im Jahre 1879 schrieb er den Satz, den ein halbes Jahrhundert später die Spatzen von den Dächern dozieren: ‹Nur in den einsamen kritischen Augenblicken des Lebens wird unser Glaube unter Beweis gestellt; dann versagen die üblichen Grundsätze, und wir lernen unsere Götter kennen.› Diese Erfahrung, die existentialistisch zu nennen man sich gewöhnt hat, wird man nur selten bei amerikanischen Denkern finden.

Zu gleicher Zeit führte die Skepsis gegen die christlich-aufklärerisch-idealistische Tradition auch in Amerika zu einer tragischen Interpretation des Menschen und seiner Geschichte. (Das ist das Thema des VIERTEN KAPITELS). HENRY ADAMS (gestorben 1918) wußte sehr wohl, wie unamerikanisch er war. ‹Amerika›, sagte er im Jahre 1902, ‹hat immer das Tragische auf die leichte Achsel genommen. Zu beschäftigt, um das Getriebe seiner Gesellschaft, das mit 20 Millionen Pferdekraft in Schwung gesetzt wird, zu stoppen, nimmt es nicht tragisch, was das Mittelalter würde verdüstert haben.› HENRY ADAMS ist, wie WILLIAM JAMES in seinen zentralen Ideen als Kuriosum betrachtet, unwirksam geblieben. ‹Der christlich konservative Anarchist›, als den er sich porträtierte, ähnelt manchen großen europäischen Figuren der letzten hundert Jahre — und kaum einem Amerikaner. Die amerikanische Geschichts-Philosophie nahm erst mit ihm (und seinem Bruder BROOKS) eine originale Wendung — original und folgenlos.

Was bis zu diesem Tage in Amerika und Europa als Pragmatismus gefeiert und attackiert wird, ist nicht PEIRCES mächtiges Ideen-Bündel, das nur Spezialisten wirklich bekannt ist; nicht einmal die glänzende und oft zu einfache oder gar schiefe Lehre des WILLIAM JAMES, die bis zu diesen Tagen von Journalisten ausgeschlachtet wird — sondern die Wirkung des Pädagogen DEWEY (KAPITEL FÜNF).

Er war eher ein Erzieher der Nation als ein besessener Gelehrter wie Peirce oder ein prometheischer Hymniker wie James. Hinter seinem Welt- und Menschenbild, hinter seinen sehr populären kulturpolitischen Aktivitäten lebte die entgöttlichte, auf ein bürgerliches Maß zugeschnittene ‹Vernunft› des bescheidenen Aufklärers, des utopischen Realisten — eines amerikanischen Fichte, dessen Himmel nicht einmal mehr mit göttlichen Abstrakta bevölkert war.

II.

PORTRÄT EINES PHILOSOPHIE-STIFTERS

1. Charles S. Peirce

‹Charles Peirce ist der seltsamste Fall eines mit
Talenten gesegneten Mannes, der es zu nichts bringt.›
William James

Eine Generation nach dem Tode des amerikanischen Gelehrten Charles S. Peirce [1] begann man zu schreiben: er sei der erste große Philosoph seines Landes gewesen und der originellste. Schon ein halbes Jahrhundert zuvor hatte ihn William James den ursprünglichsten amerikanischen Denker der Zeit genannt; die älteren und gleichaltrigen und jüngeren Zeitgenossen hießen: Emerson, James, Royce, Dewey und Santayana.

Auf jeden Fall ist er Amerikas vielseitigster Forscher gewesen. Er selbst verglich sich mit Leibniz. Immer wieder wird er mit ihm zusammen genannt; die Universalität, die unsystematische Art, die Zukunftsträchtigkeit waren ihnen gemein. Fünfzig Jahre lang verstreute Peirce in Lexika, Fachzeitschriften, populären Blättern für Gebildete und sehr vielen Aufzeichnungen, die in die Schublade kamen, Arbeiten über Mathematik und Logik, Metaphysik und Religion, Astronomie, Chemie, Optik, Geodäsie (Erdvermessung), Psychologie, Telepathie und Kriminologie, Ägyptologie, Alte Geschichte und Napoleon — ohne ein Vielschreiber zu werden. Er übersetzte aus dem Lateinischen und Deutschen. Er beschäftigte sich mit der Aussprache des klassischen Griechisch und des frühen Englisch — und nicht als Dilettant. Bertrand Russell sagte von ihm: er war ein Vulkan, der gewaltige Mengen auswarf, und manches erweist sich als pures Gold. Führende Gelehrte auf vielen wissenschaftlichen Gebieten haben seine Forschungen als bahnbrechend bezeichnet: Vorwegnahmen mancher Ergebnisse Dedekinds und Cantors, Russells und Whiteheads.

Als er dann 1914, fünfundsiebzigjährig, starb, in völliger Zurückgezogenheit, hinterließ er, nach ungewöhnlich vielen Mißerfolgen, weder Freunde noch Schüler. Die Mitbürger des Städtchens Milford in Pennsylvanien, unter denen er die letzten siebenundzwanzig Jahre seines Lebens, täglich etwa zweitausend Worte schreibend, zugebracht hatte und nun begraben liegt, kannten ihn als einen hoffnungslos verwahrlosten Exzentriker, der ein unregelmäßiges Leben führte. Sie nannten ihn Professor Pierce, obwohl er weder Professor war noch sich Pierce schrieb (sondern: Peirce), noch sich Peirce aussprach (sondern Poerss). Der Mann erreichte den Gipfel der Ruhmlosigkeit.

Sohn eines bekannten Mathematikers an der Harvard Universität, wurde er in Cambridge geboren. Er kam (gewissermaßen) auf dem berühmtesten

---

[1] Die biographischen Angaben beruhen vor allem auf dem ‹Dictionary of American Biography›.

amerikanischen Campus zur Welt: in Harvard und für Harvard — und erreichte es ein Leben lang nicht, hineinzukommen.

Man ist nicht ganz abgeneigt, für sein Unglück eine Affäre verantwortlich zu machen, von der nur in Andeutungen geredet wird. Er heiratete ein Mädchen aus einer angesehenen Familie New Englands; sie trennte sich von ihm, ließ sich scheiden... und es werden von ihm die Worte übermittelt: er sei unfähig gewesen, sich moralisch so zu benehmen, wie es sich gehört. Was immer sich gehören mag und woran immer er es hat fehlen lassen — kann hier die Erklärung für das Mißglücken seines Lebensplans liegen? Was immer diese sehr geheimnisvolle Andeutung verbergen mag, es gab mehr Universitäten als Harvard; und es ist in Amerika schon mancher geschiedene Mann Professor geworden. Außerdem war PEIRCE vierundvierzig, als es zur Scheidung kam; zu dieser Zeit hätte der brillante Sohn einer Harvard-Koryphäe längst im Hafen eines Ordinariats sein müssen.

Man hat noch eine andere Lösung des Rätsels gefunden; er selbst hat sie sehr unterstützt. Viel ist hergemacht worden von dem Umstand, daß er es nie fertigbrachte, die Summe seiner Einsichten zu organisieren und systematisch zu präsentieren. Nie fertigbrachte? Es gibt in Kunst und Philosophie geborene Fragmentariker; er scheint diese Anlage vom Vater ‹geerbt› zu haben. Noch einleuchtender wäre die Erklärung, daß sich mit dem Verlust des Glaubens an das philosophische System das Fragment als der angemessenere, wahrere Ausdruck durchgesetzt hat. Aber, was immer bewirkte, daß er in einem langen arbeitsreichen Leben nur zwei Bücher fertiggestellt und nur eines (über Astrophysik) veröffentlicht hat, man behauptet: dies habe seine Laufbahn verdorben? Doch in der wissenschaftlichen Welt zählt nicht so sehr das erfolgreiche Buch wie der Fach-Artikel. Und wieviel Ordinarien blühten neben ihm, ganz ohne Buch und Abhandlung?

Weshalb wird ein genialer Gelehrter nicht Professor? Die naheliegendste und simpelste Antwort ist: weil er genial ist. Aber auch KANT wurde Professor — obgleich spät; allerdings war sein Genie zum Glück nur schwer zu erkennen. Auch NIETZSCHE wurde Professor, auch WILLIAM JAMES. PEIRCE scheint jener naheliegenden Antwort nicht ganz abgeneigt gewesen zu sein, als er Harvard einen Ort ‹für *gentlemen* und Athleten› tituierte. Doch schließlich war der Vater nicht mehr ‹gentleman› als der Sohn — und auch kein Athlet. WILLIAM JAMES, sehr unglücklich über die ewigen Niederlagen seines bedeutenden Freundes, sehr aktiv, ihm zu helfen, interpretierte den rätselhaften Vorgang so: man gäbe die Lehrstühle lieber ‹sicheren, orthodoxen Leuten›. Aber war dieser PEIRCE nicht sicher? Nicht viel sicherer als WILLIAM JAMES?

PEIRCE hatte die rechte Religion, als Erbe einer rechten Familie. Der Sohn war, wie sein Vater, Theist. Der Vater mahnte zur Vorsicht an den Grenzen menschlichen Wissens, aufdaß man nicht die Atheisten fördere. Der Sohn hatte auch die rechte Philosophie: er glaubte an die Wirklichkeit der Idee wie der heilige ARISTOTELES, der heilige THOMAS und der heilige HEGEL — allerdings im Zeitalter des Experiments. Der Vater hatte gemeint: das Denken des Menschen und die göttliche Natur arbeiten in gleicher Weise. Der Sohn sagte dasselbe, nur weniger vage und in den Vorstellungen des wissenschaftlichen Zeitalters: man solle die Manifestation der göttlichen Natur mit Hilfe des Experiments entziffern; sie sei keine Geheimschrift, hinter die man durch Magie und metaphysische Spekulation kommen könne. Mit PEIRCE begann die naturwissenschaftliche Theologie, die inzwischen mächtig herangewachsen ist. Der Vater sprach vom ‹Göttlichen Geometer›; denn der Mensch schafft Gott nach seinem Bilde, bis in die professionellen Züge hinein. Der Sohn meinte dasselbe, wie es auch EINSTEIN meinte. Woran fehlte es?

Es ist ein Unterschied zwischen einem Mathematiker und einem Philosophie-Professor. Der ist so etwas wie ein säkularisierter Geistlicher; zwar nicht, wenn er die Formeln der ‹Logik› lehrt, aber (zum Beispiel) die heute so angesehene Wert-Theorie — wie man nun schamhaft sagt, wenn man Religion und Moral meint. Woran ließ er es fehlen? Es gibt einen Bericht, der einen hervorragenden Einblick gewährt in seine Jahre an der John Hopkins Universität, wo er ein ewiger Kandidat für die Philosophie-Professur war. Wer wurde Sieger? Der Professor HALL. Weshalb?

Entscheidend dafür, ob einer sich zum Philosophie-Professor eignet, ist nicht nur, was er lehrt — auch, was er nicht lehrt. PEIRCE war kein Gottesleugner und ein allgemein anerkannter Spezialist. Das war aber nicht genug. Er konnte nicht philosophisch — erbauen. Er war nur ein Lehrer für Scharfsinnige; ein Denker, der an einige ausgewählte Gehirne appellierte, mit ihm zu denken. Er konnte sich nicht an die akademischen Massen wenden. Er war kein Festredner. Nicht, was er sagte, machte ihn ungeeignet. Er scheiterte nicht daran, daß er unerwünschte Ideen hatte; aber daran, daß er die erwünschten — nicht hatte... und der Professor HALL hatte sie, in verschwenderischem Maße.

Diese Einsicht trägt wohl mehr zum Verständnis seines Versagens bei als der Nachweis, daß er politisch einiges Fragwürdige niederschrieb. Denn was er da sagte, war von den respektablen ‹Transzendentalisten›, zum Beispiel von EMERSON, wieder und wieder erklärt worden: daß Amerikanismus die Vergottung des Geschäfts bedeute; daß der Strom echten Gefühls eintrockne; daß sich klösterliche Gesinnung und Schlafwandelei breitmachen, ohne Auge und Herz für die Nöte dieser Welt. PEIRCE charakterisierte das neunzehnte Jahrhundert als das ökonomische; alle seine Interessen würden mehr als in irgendeine Wissenschaft in die politische Ökonomie münden. Das war bereits die Stimme des Zeitgeistes, gar nichts Außerordentliches. Auch äußerte PEIRCE diese konventionellen Ketzereien nicht im Kolleg und verbreitete sie nicht in Büchern und Artikeln. Er wurde nicht angegriffen, kein Universitäts-Präsident war alarmiert. Er verführte nicht die Jugend. Und das allein zählt. Aber da war eine Häresie, die viel unscheinbarer aussieht und viel stärker ins Gewicht fiel, weil er sie nicht nur hegte, sondern auch praktizierte: seine Vorstellung von den Aufgaben der Universität.

Die Universität war ihm — und das propagierte er laut — keine Stätte der Belieferung mit Resultaten, sondern eine Stätte der Aufklärung; Anleitung zum selbständigen Denken. Ich habe alles zu tun, notierte sich PEIRCE, um meine Hörer zum Forschen zu erziehen. Er verneinte mit Nachdruck jene Auffassung, die der Hochschule das Übermitteln von theoretischen Resultaten, von praktischem Können, von Anweisungen zu einem richtigen Leben zur Aufgabe macht. Ihr Zweck sei: Forschung; und Lehre nur, soweit sie ihr dient, «ein notwendiges Mittel zum Zweck». Der Lehrer ist nichts als ein Forscher, welcher das Forschen lehrt. Sehr zugespitzt: die Universität soll Entdecker züchten — nicht Geldverdiener, Staatsbürger und Gebildete. So etwa verkündete er es am 4. Juli 1880 vor den festlich versammelten Amerikanern in Paris. Als er diese Deutung der Universität dem ‹Century Dictionary›, dessen Mitarbeiter er war, einschickte, wandte man ein: schließlich sei sie doch eine Lehranstalt. Er erwiderte: das sei eben eine falsche Auffassung, damit hätte die Universität nichts zu tun. Bis man das nicht begriffe, hätte man besser gar keine.

Er hatte aber die Illusion, daß John Hopkins [1], wo er auf die Philosophie-Professur wartete, dies begriffen habe. Eine Rede seines Universitäts-Präsidenten über ‹Die Vorteile›, welche die Gesellschaft von den Universitäten empfängt›, hätte ihn belehren können. Die Universität war vor nicht allzulanger Zeit mit einer Ansprache des Biologen THOMAS HUXLEY — und ohne Gebet ins Dasein getreten. Die Klerikalen Baltimores sahen mit Mißtrauen auf die gottlose Anstalt. Sie griffen Materialismus, Evolutionismus und Pantheismus an — nicht ohne Seitenblick auf John Hopkins. Diese Situation kümmerte den Präsidenten offenbar viel mehr als die Forschung, wie seine Rede zeigte. Für uns ist sie besonders lehrreich. Schon vor fünfundzwanzig Jahren verteidigte man die Psychologie am besten, indem man sie als eine fromme Wissenschaft ausgab. Der Präsident, von dem PEIRCE glaubte, er stimme mit ihm überein, definierte sie als ‹Lehre von der Natur der menschlichen Seele› und fügte hinzu: daß die, welche diese Wissenschaft studierten, «den Vorrang der Seele vor dem Körper anerkennen» und anbetend vor den ‹Mysterien der Verantwortlichkeit›, vor den Hinweisen auf die Unsterblichkeit, vor den Verbindungen mit dem Unendlichen ständen. Er schloß: alles, was not tue, sei: man halte fest an Gott, Seele und Unsterblichkeit!

Konnte PEIRCE, ein Enthusiast des Experiments, der auf mathematisch exakten Definitionen bestand, der Philosophie-Professor dieses Präsidenten werden? PEIRCE hielt die Logik für das Zentrum, die ‹Universität der Methoden› für das Ziel. Ob der Student in dem einen oder anderen Hörsaal säße — er wolle vor allem sein logisches Denken schärfen, seine Einsicht in die vielen Wege des Forschens. Erziehung sei nichts als Erziehung zum Weiterdenken, nachdem man trainiert ist in den Prozeduren, die es ermöglichen...
CHARLES PEIRCE wäre wirklich eine falsche Wahl gewesen. Die richtige war der Professor HALL. In seinem Vortrag machte der Präsident klar, wen er erkoren hatte, indem er den Erkorenen zitierte. Der Psychologe HALL hatte die Neue Psychologie tief «christlich» genannt; und äußerte schon damals, was heute, reicher orchestriert, lauter zu vernehmen ist: nichts sei wichtiger als eine Harmonie zwischen Bibel und Religions-Psychologie. Die Bi-

---

[1] Die Angaben folgen vor allem der Beschreibung, die sich in dem Buch ‹Studies in the Philosophy of Charles Sanders Peirce› (1952) befindet.

bel, verkündete der Sieger über CHARLES PEIRCE, sei das große Lehrbuch der Psychologie.

Man hat, im Zusammenhang mit den akademischen Niederlagen dieses Mannes, von einem sokratischen Martyrium gesprochen. Weshalb wurde SOKRATES angeklagt und verurteilt? Weil er, nach Ansicht seiner Mitbürger, die Jugend Athens verderbe. Weil er sie anleite, die traditionell überkommenen Vorstellungen zu untersuchen. PEIRCES Wirkung war viel bescheidener und ungefährlicher; er verführte nicht die amerikanische Jugend, sondern ein winzige Elite — und nicht zu anderen Göttern, sondern zu logischen Untersuchungen, die außerhalb der Gefahrenzone jeder Gesellschaft liegen. Aber es rechnete, was er nicht tat: er führte die akademische Masse nicht zu Gott, Seele und Unsterblichkeit. Solche Führer waren der Präsident von John Hopkins und sein erwählter Philosophie-Professor HALL. An einen Mathematiker PEIRCE hätte man derartige Ansprüche nicht gestellt.

Auch war er, in zu früher Stunde, ein Enthusiast der Logik, der Wissenschafts-Theorie und Erkenntnistheorie. Damals hielt man diese Disziplinen noch nicht für vital bedeutsam und bat ihn gelegentlich, sich lieber mit Ethik und Ökonomie zu beschäftigen. Er kam mit seinem Haupt-Interesse verfrüht. Noch entscheidender war vielleicht, daß er nicht nur kein repräsentativer Kirchengänger und Verteidiger der herrschenden Moral sein konnte, sondern auch kein guter Campus-Bürger. Er schrieb einmal: ‹Der Mensch ist wesentlich ein geselliges Lebewesen; aber gesellig und Herdentier sind zweierlei.› Wo ist die Grenze? Die Mittagessen, die Komitees, die Sportveranstaltungen, Hunderte von Universitäts-Aktivitäten — sind sie Geselligkeit oder Herdentrieb? Er war nicht nur gegen sinnlose Ansammlungen, er war ungesellig: ‹Ich habe an sozialen Dingen kein Interesse und weiß nicht, was mit so etwas gemeint ist.› Der Dichter HENRY JAMES schilderte PEIRCE in Paris und sprach von seiner ‹unerträglichen Einsamkeit›, auch von seinem ‹zu geringen Talent für geselliges Leben›, von seinem ‹Mangel an Begabung›, nett zu sein. PEIRCE fand sich leicht mit dem Mitmenschen in gemeinsamem Denken — aber spielt dies nicht die allergeringste Rolle, sowohl in der Universität als auch außerhalb? Wahrscheinlich brachte diese erzwungene Einsamkeit sowohl die Depressionen als auch die Unverträglichkeit hervor, von denen berichtet wird; und das ist das Letzte, was einen Mann seinen Vorgesetzten empfiehlt. Brauchbarkeit wiegt schwerer als Begabung: vielleicht nicht vor Gott, aber vor den Personal-Chefs.

Es lag nicht in seiner Natur, seine Unbrauchbarkeit diplomatisch zu verschleiern. Es war ungeschickt, einem Universitäts-Präsidenten zu schreiben, daß er, der Kandidat für einen wichtigen Posten, nicht mehr mit seiner Frau zusammenlebe; und noch hinzuzufügen, dies sei natürlich ein schwerwiegendes Faktum, das man zu bedenken habe, bevor man ihn einlade. Es ist auch keine empfehlenswerte Taktik, einem mächtigen Mann mitzuteilen: man habe erfahren, daß er intrigiere; und diese Mitteilung noch mit der Kränkung zu krönen, daß es gar nicht darauf ankäme, was der Intrigant tue. PEIRCE war unklug genug, sich beim mächtigen Präsidenten von Harvard unbeliebt zu machen; einem Mann, von dem WILLIAM

James sagte, er mische sich in alles ein und sei sehr nachtragend. Peirces Renommee war schlecht. Wir wissen bis heute nicht mehr, als daß einer jener Statthalter der Universität, die noch über dem Präsidenten thronen, einiges wußte, was der Kandidatur dieses Kandidaten abträglich war. War das Gerücht zu ihm gedrungen, Peirce sei ein Trinker? führe ein lockeres Leben?

Wahrscheinlich hatte er selbst manche üble Nachrede über sich in die Welt gesetzt. Der Student schon porträtierte sich so: eitel, snobistisch, unhöflich, rücksichtslos, faul. Am besten können wir dieses ‹faul› kontrollieren. Wenn sein Gesamtwerk vorliegen wird, werden etwa 5000 enggedruckte Seiten von seltener Konzentration da sein. Da kommt man auf die Idee, daß dieses Selbst-Bildnis vielleicht ironisch gemeint war, gesehen mit den Augen der akademischen Mitwelt. Natürlich ist einer faul nach den Normen, die auf dem Campus gelten, wenn er nichts tut, als mit ein paar Studenten gemeinsam philosophieren; und zu Hause, in der stillen Kammer, denkt und schreibt er und wird nicht sehr bekannt. Andere überwachen den Tanz der Schüler, halten Reden über das Wahre, Gute und Schöne, lassen sich interviewen und sehen. Er schrieb einmal: er habe die Beharrlichkeit einer Wespe, die in einer Flasche eingeschlossen ist. Beharrlichkeit — wofür? Offenbar nicht für die einer Karriere dienenden Aktivitäten. Der hochbegabte Student verließ Harvard mit mäßigen Zeugnissen. Offenbar war er wenig beharrlich in der Vorbereitung von Prüfungen. Dagegen war er ungeheuer beharrlich im einsamen Denken und Schreiben — ohne sichtbaren Erfolg, immer neu ansetzend, viel für die Lade des Schreibtisches sammelnd: Entwürfe, die nicht ausgeführt, Notizen, die nicht verwendet wurden.

Es sieht so aus, als habe er sich bisweilen seine Mißerfolge freundlich ausgelegt: er habe auf einem Gebiet gearbeitet, wo noch wenig geackert worden sei. Das habe sein Gutes und sein Schlechtes. Man habe noch die Chance, viel zu finden; aber das Interesse sei noch nicht geweckt, so schaffe man ohne Echo... Zu trostvolle Auslegung! Man beachte (auch im Falle Schopenhauers), daß nicht so sehr die unpopuläre Idee wie der unpopuläre Mann dem verdienten Erfolg im Wege steht. Schon in der ersten Notiz, in welcher der einundzwanzigjährige James den vierundzwanzigjährigen Peirce erwähnt, wird er als ‹ziemlich unabhängig und heftig› bezeichnet.

Peirce war (wie Schopenhauer) ein schlechter Verkäufer. Nicht, weil er nichts Gutes anzubieten hatte, sondern weil er die Abnehmer verscheuchte. Erst der Tod befreite das Werk von dem Schöpfer, der ihm im Wege stand.

2. Stifter des Pragmatismus

Vom ‹Pragmatismus› zum ‹Pragmatizismus›

Der Geburtsort des Pragmatismus war ein ‹Metaphysiker-Klub›. Er tagte zu Beginn der siebziger Jahre des neunzehnten Jahrhunderts alle vierzehn Tage in Alt-Cambridge, in Peirces oder William James'

Arbeitszimmer. Es kamen hier nicht mehr als ein halbes Dutzend junge Gelehrte zusammen; unter ihnen waren der Jurist OLIVER WENDELL HOLMES, der einer der bedeutendsten Richter des Landes wurde, und JOHN FISKE, der DARWINS und SPENCERS Ideen in Amerika verbreitete.

Das Wort ‹Metaphysik› im Namen des Klubs hatte einen ‹halb ironischen, halb trotzigen› Unterton. ‹Ironisch›; denn man lebte in der Ära des zusammenbrechenden Hegelianismus. Von den Fünfzigern an hatte diese Metaphysik noch eine mächtige Nachblüte in Amerika gehabt; aber auch hier begann man, den philosophischen Idealismus ‹die Wissenschaft des unreinen Denkens› (PEIRCE) zu nennen.

‹Trotzig› aber war die Bezeichnung ‹Metaphysiker-Klub›, weil man den verachtetsten Namen kühn adoptierte; weil man glaubte, es könnte diese kompromittierte ‹Metaphysik› unter Beibehaltung des Wortes in eine exakte Wissenschaft verwandelt werden. Man unterhielt sich weniger über das Universum als über den Weg, ihm begrifflich beizukommen. Einige Jahre später erhielt das Resultat dieser Debatten eine literarische Form in PEIRCES Essay: ‹Wie können wir unsere Vorstellungen klären?› (1878). Er war die erste folgenreiche Urkunde des Pragmatismus.

Das Wort ‹pragmatisch› hat schon in vielen verschiedenen Wendungen viele verschiedene Bedeutungen gehabt. Der berühmte Ausdruck ‹pragmatische Sanktion› (zum Beispiel) stammt aus dem *Codex Justinianus*, war der Titel für jede Entscheidung, die sich nicht auf Privat-Personen bezog, und wurde die Bezeichnung für Willenskundgebungen der Monarchen — speziell für Manifeste, welche die Thronfolge regelten. Nur eine lange Liste könnte eine Idee von dem Spielarten-Reichtum des Wortes ‹pragmatisch› geben. Von der allgemeinen Bedeutung, die das griechische Stammwort hatte, bis zur amerikanischen Theorie war ein weiter Weg. Sie bewahrt zwar auch das alte ‹*pragma*›, die Praxis — fügt aber eine gewaltige Aussage hinzu: daß jede Theorie im Dienste einer Praxis sei und an ihr den Maßstab der Wahrheit habe. So jedenfalls sieht die Lehre aus, in ihrer Existenz als weltweites Schlagwort. Davon stand in dem Stiftungs-Dokument noch nichts.

Die Inkubationszeit der neuen Ideen währte fast dreißig Jahre: bis WILLIAM JAMES jene Vorlesungen hielt, die 1907 unter dem Titel ‹Pragmatismus› erschienen; zur Zeit des Ersten Weltkrieges war er eine weltweite philosophische Bewegung. Man entdeckte sogleich, daß man zwar jung, aber nicht neu sei. Zu ihren Ahnen rechneten sie: SOKRATES, LOCKE, BERKELEY, HUME; allgemeiner: den Empirismus, den Nominalismus, den Utilitarismus und den Positivismus. Die Späteren fügten noch andere Vorfahren hinzu. Für MAX SCHELER war

Hobbes ‹der eigentliche Großvater des Pragmatismus›, den Peirce seinerseits im schottischen Psychologen Alexander Bain gefeiert hatte. Und als man sich zu Beginn des zwanzigsten Jahrhunderts umsah, wurde offenbar, daß man auch in der Gegenwart nicht allein stand. Es gab F. C. Schiller in England, Milhaud, Poincaré und Bergson in Frankreich, Papini in Italien. Die deutschen Verwandten hießen Wilhelm Ostwald und Wilhelm Jerusalem. Vaihingers ‹Philosophie des Als Ob› erschien 1911. Durch ihn wurde man aufmerksam auf den größten Pragmatisten, den Deutschland hervorgebracht hatte: Friedrich Nietzsche. Er war erst als Dithyrambiker, Nihilist und Kritiker Deutschlands bekannt; nun studierte man seine Erkenntnislehre. Abhängig von ihm war Georg Simmel, den der junge Santayana als einen ‹Privatdozenten an der Berliner Universität› für Amerika entdeckt hatte.

James liebte das Wort ‹Pragmatismus› nicht; hielt aber eine Änderung für zu spät. Doch in den verschiedenen Versionen wechselte der Name. James sagte auch ‹Pluralismus›, Schiller ‹Humanismus›, Dewey ‹Instrumentalismus›, Simmel ‹Perspektivismus›. Aber nur der Namengeber, Peirce, trennte sich schließlich von dem Wort ganz ausdrücklich – und im Zorn; und schuf eine Oppositions-Vokabel. Er hatte seinerzeit den Namen sorgfältig bedacht. Freunde hatten ihm vorgeschlagen, den Täufling ‹Praktizismus› oder ‹Praktikalismus› zu nennen. Er hatte es vorgezogen, ein Wort zu wählen, das nicht mit dem Kantschen Vokabular und seiner Unterscheidung von ‹Praktisch› und ‹Pragmatisch› in Konflikt geriet. Jetzt, für die neue Wortwahl, lag ein anderes Motiv vor. Mit dem Wort wollte er das Gefolge abschütteln, das sich an dies Wort gehängt hatte. Der Erfinder des Pragmatismus wollte nicht mehr Pragmatist sein. Als er, am Ende des Jahrhunderts, vom *Century Dictionary* aufgefordert wurde, die wichtigsten philosophischen Begriffe zu definieren, erwähnte er den Pragmatismus – ‹sein Geschöpf, das in der Welt soviel Lärm gemacht› – überhaupt nicht mehr. Noch später, ein Menschenalter nachdem er es in die Welt gesetzt hatte, verleugnete er – zwar nicht ‹sein Geschöpf›, aber doch den Namen, den er ihm verliehen hatte und der nun ein ihm sehr verhaßtes Wesen (gewissermaßen: ein untergeschobenes Kind) bezeichnete. Tief verletzt nannte er es eine Unhöflichkeit gegen den Namengeber, den Namen und das von ihm Benannte zu trennen. Das Seine nannte er jetzt ‹Pragmatizismus›. Er meinte: dies Wort sei so häßlich, daß niemand es stehlen werde. Tatsächlich wollte es niemand; aber nicht, weil es nicht schön genug war, sondern weil es nur etwas deckte, wofür man sich nicht allzusehr interessierte: eine wissenschaftliche Methode zur Klärung von Begriffen.

Peirce hatte einst mit dem Namen Pragmatismus eine Methode

bezeichnet. Sie steht in keinem oder nur lockerem Zusammenhang mit der Weltanschauung des CHARLES PEIRCE, des WILLIAM JAMES und des JOHN DEWEY.

Wie können wir unsere Vorstellungen klären? [1]

Es ist unumgänglich, angesichts der Vielfältigkeit der Pragmatismen, auf den Essay von 1878 zurückzugehen. Er begann mit der Untersuchung: was ist klar? und schritt fort zur Frage: was ist Zweifel? was ist Glaube? Diese Abhandlung blieb das Fundament für die verschiedensten Bauten der Pragmatisten.

‹Klar› steckt im deutschen Wort ‹Aufklärung›, wie ‹Licht› im englischen ‹enlightenment›. Tatsächlich begann mit PEIRCES Frage: was ist das — ‹klar›? ein neuer Abschnitt in der Geschichte der Aufklärung; nicht so sehr die Klärung mit Hilfe der Vernunft als die Klärung der Vernunft mit Hilfe des Ausprobierens. Diese Vernunft, soweit sie die Philosophen zu den ausschweifendsten Vorstellungen verführte, war (zum Beispiel) schon von VOLTAIRE in der Satire ‹Micromegas› ganz unehrerbietig karikiert worden. Zwei Giganten kommen zur Erde, der eine vom Sirius, der andere vom Saturn. Nach ihrer Ankunft veranstalten sie, um sich in die irdischen Weisheiten einführen zu lassen, eine Konferenz von weisen Männern. Die antworten sehr präzise und in schöner Einmütigkeit, wo es sich um die Entfernung zwischen Sonne und Mond oder um das spezifische Gewicht der Luft handelt. Wenn es dann aber zu Fragen nach der Natur der Seele kommt oder nach dem Ursprung unserer Vorstellungen oder nach dem Verhältnis von Geist und Materie, redet man hundert verschiedene Sprachen wie beim Turmbau zu Babel. VOLTAIRES Kritik der reinen, luftigen Vernunft erschien im Jahre 1750.

In den Tagen des CHARLES PEIRCE, mehr als hundert Jahre später, mußte man diese üppige Vernunft noch immer auf ihr wahres Maß zurückführen. Er ersetzte das kompromittierteste Wort gern durch das bescheidenere, unscheinbarere, anspruchslosere ‹logische Methode›. Von ihr aber sprach er nicht weniger begeistert und fast ebenso lyrisch wie einst die Mystikerin vom Bräutigam JESUS. PEIRCE wollte, daß diese Methode ‹geliebt und geehrt› werde wie eine ‹Braut›, für die man die ganze Welt hergibt; daß man ihr ‹würdiger Ritter und Kämpfer› sei. Der nüchterne Mathematiker und Logiker wurde eben-

---

[1] Neben dem Aufsatz ‹How to Make Our Ideas Clear› sind in diesem Zusammenhang noch folgende Arbeiten wichtig: ‹The Fixation of Belief›, ‹The Essentials of Pragmatism›, ‹Pragmatism in Retrospect, A last formulation›.

so selten emotionell wie der Mathematiker und Logiker SPINOZA. Nur der *amor intellectualis* brach in die Welt ihrer sternenfernen Kalkulationen leidenschaftlich ein. PEIRCE nannte sich ‹das logische Tier›.

Der klassische Aufklärer hatte einen Feind, den der jüngste Nachkomme mit ihm teilte: die Autorität, die Diktatur über Logik und Erfahrung, exekutiert von Staat und Kirche. Man beachtet ‹meist nur die Polizei in ihrem Dienst›; PEIRCE lenkte die Aufmerksamkeit auf den ‹moralischen Terror›. Dann aber brachte er noch zwei andere Gegner des freien Denkens in den Vordergrund: die Hartnäckigkeit, mit welcher der einzelne an seinen Vorurteilen festhält, und die Unerschütterlichkeit der Metaphysiker; man könnte sie die gelehrte Hartnäckigkeit nennen. In diesen Analysen der Vorurteile sowohl des Individuums als auch des Typus *metaphysicus* erweiterte PEIRCE den Bereich der Aufklärung. Er glaubte nicht mehr an das *Lumen Naturale* — nur noch an das Licht, das künstlich hergestellt wird: im Experiment. Mit seiner Hilfe wollte er dieselbe Aufhellung des Dunkels, die das vorige Jahrhundert mit dem ‹natürlichen› Licht versucht hatte.

Zunächst ging PEIRCE dem Wort ‹klar› in der Bedeutung von *selbst-evident* auf den trüben Grund. Er fand, daß es in der Regel nichts anderes bedeutet als ‹vertraut› — und somit ins Kuriositäten-Kabinett gehöre. Man darf vielleicht hinzufügen, daß die Stärke des Irrtums und der Lüge gerade darin liegt, daß sie ebenso klar sein können wie Wahrheiten; weshalb das Falsche ebenso einleuchtet wie das Richtige. Zwar schrieb SPINOZA: ‹Wer eine wahre Idee hat, weiß zugleich, daß er sie hat.› Das aber ist leider doppelt falsch. Wer eine wahre Idee hat, braucht keineswegs seiner Sache sicher zu sein; und wer eine falsche Idee hat, kann seiner Sache sehr sicher sein. Es ist der Wahrheit nicht an die Stirn geschrieben: daß sie eine ist. Selbst PEIRCE, vorsichtiger als SPINOZA, war nicht frei von der falschen Hoffnung: das Wahre finde mehr Glauben als das Falsche. Doch machte er in seinem berühmten Aufsatz einen entscheidenden Fortschritt zur Klärung. Nachdem LEIBNIZ schon gesehen hatte, daß klare Erkenntnisse immer noch unzureichend sein können, fand PEIRCE die Methode, wie man nicht nur zum Klaren kommt, sondern auch zum Wahren…

Jeder Denker, der, wie PEIRCE, seinen ersten Schritt mißtrauisch überwacht: daß nicht im Anfang schon alte Köhlerglauben sich einschleichen… sieht vor sich DESCARTES, der mit allen Vorurteilen aufzuräumen gedachte, indem er alle Urteile von vornherein anzweifelte. Der radikale Zweifel schien ihm der sicherste Schutz gegen falsche Voraussetzungen; und das war eine glänzende Idee. Nur daß es von hier aus keinen zweiten Schritt mehr gibt. DESCARTES holte mit dem nächsten reichlich nach, was die Vorgänger schon zu Beginn an ungeprüften Selbstverständlichkeiten eingeschmuggelt hatten.

Peirce machte deutlich, daß dieses rigorose, prophylaktische ‹Ich zweifle›, als Schutz gegen Ansteckung mit unreinen Denk-Elementen, eine grandiose Selbsttäuschung sei. Als ob unbegrenztes Zweifeln in der Praxis des Denkens vorkäme. Niemand zweifelt in die blaue Luft hinein; Zweifeln ist immer ‹lebendiges Zweifeln›. Wissenschaftliche Skepsis ist mißtrauisch gegen etwas Bestimmtes aus einem bestimmten Grunde — und gegen eine ganze Menge nicht. Der Weg des Denkens gehe stets von einem Glauben aus, das heißt: einem für Selbstverständlich-halten, prozediere zu einem begründeten Zweifel, dem Durchgangspunkt zu einem neuen Glauben, dem Durchgangspunkt zu einem neuen Zweifel... Man lebt mit einem Vorrat an fertigen Meinungen. Man entdeckt einen Widerspruch in ihnen; oder: eine neue Erfahrung paßt nicht hinein. Man fängt an zu zweifeln. Zweifel will befriedet werden; er ist es erst in einer Gewißheit. Übrigens weist Peirce darauf hin, daß dies nichts mit Hegelscher Dialektik zu tun habe; der hätte einfach sein Boot in die Strömung der Gedanken geworfen und sich dann treiben lassen.

Der hier gefundene Rhythmus: Glaube und Zweifel und Glaube und Zweifel... bildet den Prozeß wissenschaftlichen Denkens vorzüglich ab. Es ist erhellend, daß der ‹Glaube› aus dem engeren Bezirk der Theologie herausgenommen und in jenes umfassendere Gebiet gebracht wird, in dem er wirklich herrscht: als ‹unbewußte Denkgewohnheit›. Religiöser Glaube ist ein kleiner Ausschnitt aus jenem weiten Reich des Für-wahr-haltens, in dem das wissenschaftlich und das religiös Geglaubte nur begrenzte Provinzen sind. Es drängt sich allerdings die kritische Frage auf: ob dieser Fortgang wissenschaftlichen Denkens vom Glauben zum Zweifeln zum Glauben und so fort... wirklich eine volle Beschreibung ist. Trifft sie noch die Gelehrten dieser Tage, die doch nicht mehr meinen, wie noch Plancks Lehrer meinte: im großen ganzen sei man zum Ende gekommen? Es herrscht heute das Wissen um die Vorläufigkeit jeder Theorie; niemand glaubt mehr, es seien nur noch einige kleinere Korrekturen nötig. Der prinzipielle Zweifel überhöht den Wechsel von Glauben und Zweifel. Der Prozeß, den Peirce für die Vergangenheit richtig gezeichnet hat, geht heute in einer Atmosphäre prinzipieller Skepsis vor sich; man könnte sagen, es kommt gar nicht mehr zum echten wissenschaftlichen Glauben. Daß jedes wissenschaftliche System vergänglich ist — diese Überzeugung verhindert, daß ein wissenschaftlicher Glaube noch die Stärke haben kann, die er zur Zeit Newtons hatte.

Der gesicherte Ausgangspunkt: das Experiment — Nachfolger von Erleuchtung und Reiner Vernunft

Neben dem radikalen Zweifel bot sich, als Peirce begann, noch eine andere radikale Eröffnung an: das Zurückgehen auf elementare Sinneswahrnehmungen. Dieses Angebot lehnte er ab, mit einem kurzen Satz: ‹Der englische Sensualismus ist keine solide Grundlage.› Denn die sogenannten elementaren Sinnesempfindungen sind immer schon mehr als das; sie kommen elementar in der Erfahrung nicht vor. Der Verlaß auf das von den Sinnen Gegebene ist nicht verläßlicher als der Schluß von meinem Denken auf meine Existenz.

Den gesicherten Ausgangspunkt fand er also weder im völligen Entleeren des Bewußtseins (dem radikalen Zweifel) noch im Vertrauen auf sensuelle Atome. Er fand ihn in einer Methode, einfachere und komplexere Vorstellungen und Begriffe eindeutig zu machen. Er gab eine Anweisung, wie das zu bewerkstelligen sei. Seine Formeln für den königlichen Weg zur Eindeutigkeit wechseln, sind bisweilen vieldeutig und wolkig; so wurden sie der Ursprung einer gewaltigen Interpretations-Literatur. Gewiß ist eins: sein Vorgehen wurzelt im Enthusiasmus fürs Experiment — das große Mittel der neuen Aufklärer, zu Einsichten zu gelangen und Irrtümer zu zerstören.

Das Experiment im weitesten Sinne des Wortes ist die wissenschaftlich raffinierte Technik des Probierens. Peirce schlug vor, die Begriffe, mit denen wir operieren, auszuprobieren, aufdaß sich zeige, was in ihnen steckt. Was ist (zum Beispiel) diese ‹Kraft›? Kein okkultes Wesen! Er erwähnt ein Buch mit dem Titel ‹Analytische Mechanik›. Hier steht: man verstände ausgezeichnet die Effekte der ‹Kraft› — nur nicht, was sie wirklich sei. Sie ist, kommentiert er, nichts als die Summe dieser Effekte. Und verallgemeinert: *unsere Vorstellung von den Folgen ist alles, was wir uns unter einem Gegegenstand vorstellen.* Man könnte also sagen: das Experiment, das diese Folgen provoziert, bringt es an den Tag. Man könnte auch sagen: an ihren Früchten sollt ihr die Gegenstände erkennen; die Früchte aber entstehen am deutlichsten im Experiment.

In autobiographischen Bemerkungen schildert er, wie sehr seine Art, vorzugehen, in der Erziehung begründet war, die ihm zuteil geworden. Seit dem sechsten Lebensjahr war er im Laboratorium zu Haus. Er war gewohnt, zu denken, wie man hier dachte. Er verkehrte vor allem mit Menschen, die hier beheimatet waren. So unterschied er zwei völlig verschiedene Denker-Rassen: die Leute des Experiments — und jene Philosophen, die in der Luft theologischer Seminare herangewachsen waren; er dachte gewiß vor allem an die deutschen Idealisten: den Pietisten Kant und die Tübinger Stiftler Schelling und Hegel.

Allerdings wurde er mit diesem Schema von den zwei Denker-Rassen weder sich noch den Zeitgenossen gerecht. Er selbst war stark beeinflußt von der Scholastik und dem deutschen Idealismus, von dem er sagte: er habe sich nie von ihm frei machen können. Und dann: experimentelles Denken begeisterte nicht nur die Naturforscher, auch die Dichter und Gottsucher. Das zu erkennen, ist wichtig; sonst verkennt man die Verwandtschaft zum Existentialismus. Experimentieren war ein Kernwort der Zeit und eine zentrale intellektuelle Aktivität. Sehen wir uns die verschiedenen Vokabulare an! BAUDELAIRE schrieb: ‹Um die Seele eines Dichters zu durchschauen, muß man in seinem Werk diejenigen Worte aufsuchen, die am häufigsten vorkommen.› Das ist eine ausgezeichnete Methode, zum Beispiel auch in der Anwendung auf ein Zeitalter. Im Zeitalter des CHARLES PEIRCE herrschte das Wort ‹Experimentieren› — nicht nur in den Laboratorien. Der Zeitgenosse STRINDBERG probierte, bastelte, experimentierte — sowohl mit Gläsern und Drähten als auch ohne sie; diese Vokabel spielte eine Hauptrolle in seiner Sprache. ‹Achtzehnhundertsiebenundachtzig›, schrieb er, ‹habe ich *versuchsweise* den Standpunkt eingenommen, der jetzt als der NIETZSCHES bezeichnet wird.› Am Ende der ‹Legenden› steht: ‹Als der Verfasser achtzehnhundertvierundneunzig prinzipiell seine Skepsis verließ, die alles intellektuelle Leben zu verwüsten drohte, und er sich *experimentierend* auf den Standpunkt eines Gläubigen zu stellen begann, erschloß sich ihm das neue Seelenleben, das im ‚Inferno' und diesen ‚Legenden' geschildert wird.› An einer anderen Stelle sagte er von sich: ‹Er *experimentierte* mit Standpunkten und als gewissenhafter *Experimentator* nahm er *Kontrollexperimente* vor, stellte sich *versuchsweise* auf die Seite des Gegners, las Gegenkorrektur, prüfte die Zahlen von unten, und wenn das *Gedankenexperiment* negativ ausfiel, kehrte er zu dem erprobten Ausgangspunkt zurück.› Und im ‹Blaubuch› heißt es: ‹Stell dich auf den *Standpunkt* des Gläubigen. Tue so, als glaubtest du, prüf' dann den Glauben, ob er mit deinen Erfahrungen stimmt.› Man könnte sagen: STRINDBERG lebte auf einem Boden — aus Hypothesen, die er ausprobierte.

Wie sehr KIERKEGAARD mit sich und den biblischen Figuren experimentierte, um dahinterzukommen: was Glauben ist, aufdaß er ihn erlangen könne, ist bekannter. Er war ganz gewiß im ‹theologischen Seminar› zum Denken gekommen. Trotzdem war ihm die experimentelle Methode nicht weniger lieb und vertraut und das bevorzugte Mittel, zu Einsichten zu gelangen — als dem Mathematiker und Naturwissenschaftler PEIRCE. ZOLA schuf den ‹*Roman expérimental*›. Es experimentierten die Maler und die Lyriker. VALÉRY schildert in seinem Buch über DEGAS den modernen Maler im ‹Mal-Laboratorium›: ein in strenges Weiß gekleideter Mann mit Gummihandschuhen. Und es experimentierte, wie er es in den ‹Problemen der Lyrik› beschrieb, GOTTFRIED BENN: er legt ‹die Inspiration unter ein Mikroskop, prüft sie, färbt sie, sucht nach pathologischen Stellen›. Das Experiment ist nicht allein die Leidenschaft der Naturwissenschaftler.

Der Geist des Experimentierens ist nicht an Apparate gebunden; PEIRCE selbst experimentierte mit Begriffen, ohne Chemikalien zu verwenden... und man kann mit Apparaten herumwirtschaften, ohne zu experimentieren — wie man in *Fausts* Arbeitszimmer sehen kann und auch bei den Versuchen des Goldmachers STRINDBERG. Bei allen echten Experimentierern (und das eint sie) trat das Experiment die Erbschaft der Erleuchtung und der Reinen Vernunft an; es sollte leisten, was sie nicht mehr leisten konnten. Die Erleuchtung der Priester und die reine Logik der Metaphysiker waren keine Quellen der Wahrheit mehr; nicht nur nicht für Männer wie PEIRCE, die man zu Unrecht als ‹Positivisten› brandmarkt, auch nicht für die, welche (wie KIERKEGAARD) ruhelos die leere Transzendenz umkreisten. Sie alle begannen, sich in die Wirklichkeit einzumischen, um sie durch diese Einmischung zu zwingen, Farbe zu bekennen. Das Leben des Forschers wurde ein Mittel der Forschung; das ‹Handeln› des essentiellen Pragmatismus sollte man eher mit Sich-um-der-Wahrheit-willen-Einsetzen übertragen als mit ‹Handeln›, das immer etwas nach Händler klingt. Nichts fällt dem experimentierenden Forscher ein; eher könnte man sagen, er fällt das Dasein an, auf daß es sein Geheimnis preisgebe.

Nur von diesem Ausprobieren her, vom praktischen Handeln um der Einsicht willen (und das allein ist ein Experiment), ist die ursprüngliche pragmatische Bestimmung der ‹Praxis› zu verstehen. PEIRCE meinte mit diesem Wort: die experimentelle Handlung, der sich eine Vorstellung zu ihrer Legitimierung zu unterziehen habe. ‹Was ist der Sinn und die Bedeutung eines Gedankens?› fragte er. Und antwortete: ‹Die Handlungsweise›, die er hervorruft. JAMES variierte diese Antwort: ‹Um vollkommene Klarheit in unsere Gedanken über einen Gegenstand zu bringen, müssen wir nur erwägen, welche praktischen Wirkungen dieser Gegenstand in sich enthält, was für Wahrnehmungen wir zu erwarten und welche Reaktionen wir vorzubereiten haben. Unsere Vorstellungen von diesen Wirkungen, mögen sie unmittelbare oder mittelbare sein, machen dann für uns die ganze Vorstellung des Gegenstandes aus, insofern diese Vorstellung überhaupt eine positive Bedeutung hat.› So liege die Legitimation des Begriffs ‹Härte› in der Kollision von Gegenständen und dem Resultat: wieviel Widerstand, wieviel Nachgeben. Diese ‹Praxis› ist also ein Mittel, zu Einsichten zu kommen; man sollte sie eine theoretische Praxis nennen. Man könnte noch zugespitzter sagen:

die Praxis ist die Magd des Theoretikers, nicht seine Herrin — eine unentbehrliche Magd. Bis hierhin ist die ‹Praxis› der Pragmatisten klar umschrieben; es blieb nicht bei dieser Klarheit. Schon PEIRCE schwankte, wenn er schrieb: ‹Ein Begriff liegt ausschließlich in seiner möglichen Bedeutung für die Lebensführung.› Diese ‹Lebensführung› klang schon nach dem vulgären Pragmatismus, der dann entstand. Von dieser ‹Lebensführung› bis zur Verkündung des Primats alles Tuns vor dem Denken war es nicht mehr weit. PEIRCE leitete die Mißverständnisse ein, die ihn dann so quälten.

Verbunden aber blieb er mit den Nachfolgern in dem Kampf gegen die erlauchten Enträtselungen, die nicht ausprobiert worden waren. Sarkastisch schildert er den Mr. BALFOUR von der *British Association*. Der Physiker, meinte BALFOUR, suche Tieferes als die Gesetze, welche die Phänomene miteinander verknüpfen: jene absolute Realität, die nicht im Experiment erscheine; sie sei der unantastbare Glaube der Wissenschaft. Vor solch bunten Schaumschlägereien, antwortete PEIRCE, sei der Mann des Experiments ‹farbenblind›; ‹philosophische Garküchen gibt es an jeder Straßenecke›. Der kühle Logiker wurde leidenschaftlich-militant, sobald es sich darum handelte, mit den Pantschereien im Bezirk der Wissenschaft aufzuräumen. Dann wurde der unemotionelle Vermesser des logischen Feldes saugrob.

In einem Dialog läßt er jemand fragen: ‹Was ist die Existenzberechtigung Ihres Pragmatismus? Was versprechen Sie sich von ihm?› Und antwortete: ‹Er will nachweisen, daß jedes Urteil der ontologischen Metaphysiker sinnloses Zeug ist; fegt man all diesen Plunder beiseite, dann bleibt von der Philosophie nur noch dies übrig: eine Reihe von Fragen, die man einer Beobachtung im Sinne der exakten Wissenschaft unterwerfen kann.› Der anti-metaphysische Komplex, von dem soviel geredet worden ist, war zunächst kein Komplex; er stammte nicht aus dem Pathologischen. Er war eine Gesundheit: die Reaktion gegen die traditionellen großen Worte, die nicht mehr groß waren, nur noch aufgeblasen.

Diese Deflation hatte nicht mit PEIRCE begonnen. Mehr als hundert Jahre zuvor, 1761, hatte die Berliner Akademie der Wissenschaften gefragt: ‹Sind die metaphysischen Wissenschaften derselben Evidenz fähig wie die mathematischen?› Einer, der geantwortet hatte, hieß KANT. Seine ‹Kritik› hatte nicht verhindern können, daß nach ihm noch einmal und in einer Üppigkeit wie nie zuvor die ungezügelte Denk-Phantasie unter dem Namen ‹Vernunft› ins Kraut geschossen war. Da war PEIRCE auf eine Methode aus, welche die Metaphysiker zwingen konnte, ihre großen Worte auszuweisen. Wie sehen sie aus, wenn man sie beim Wort nimmt und in der Erfahrung manifest werden läßt, kurz: wenn man sie ausprobiert?

Das von ihm hergestellte Werkzeug war wirksam in der Ausmerzung theologisch-metaphysischer Theorien im Bereich der Wissenschaft. Er begnügte sich damit nicht, er griff in den Bereich der Philosophie über. Er wollte die Fragen, die zu den Metaphysiken geführt hatten, damit erledigen, daß er nachwies, die Antworten hätten kein Äquivalent in der Erfahrung. Er bewies viel gegen die Antworten. Was bewies er gegen die Fragen? Es wurde die Achilles-Ferse des Pragmatismus, daß er alle Fragen, die zu sinnlosen Antworten geführt hatten, für ‹sinnlos› erklärte.

Die Stärke der Pragmatisten lag in ihrer Destruktion der Idealisten-Tradition. Die Schwäche lag in ihrer philosophischen Genügsamkeit. Man sah nicht, daß die Geschichte der Metaphysik zwar auch eine Serie von unzulänglichen Lösungen ist — vor allem aber ein kontinuierliches Bemühen um unüberholte Fragen; in ihnen erhält sich ihre Aktualität. Der Peirceaner JAMES lehnte ab (als ob Ablehnen hier eine Bedeutung hätte): ‹Unabhängige Wahrheit; Wahrheit, die nur gegeben ist; Wahrheit, die nicht mehr menschlichen Bedürfnissen angepaßt werden kann; Wahrheit, die nicht geändert werden kann.› Und DEWEY setzte eine Philosophie, der es um eine solche Wahrheit zu tun sei, als Apologetik und Propaganda herab. Das war eine Reaktion gegen die Philosophie des ‹theologischen Seminars›.

PEIRCE verhöhnte die Beweise des transzendenten Rationalismus als ‹Mondschein› (wie die englische Sprache sagt); sah aber nicht, daß diese Beweise sinnlose Antworten waren — auf sehr sinnvolle Fragen; sinnvoll, obwohl die Wissenschaft nichts zu antworten hat. Der Pragmatismus diktiert (wie der Marxismus): sinnvolle Fragen sind solche, die wissenschaftlich beantwortet werden können. So werden schon die Fragen, alle Fragen in das Prokrustes-Bett der Wissenschaft gezwungen. Hier liegt der mächtige Irrtum der Pragmatisten und aller ihrer Verwandten, der viel mehr ist als ein Irrtum: ein Sich-verstecken vor dem Rätsel, das man auf diese Weise los wird. Jene offenen Fragen — Wunden, die sich nicht schließen — zwingt man aus der Welt des Denkens heraus. So sind die Metaphysiker und ihre Gegner, die Pragmatisten, geeint in dem Willen: die Frage ohne Antwort nicht anzuerkennen. Lieber rollt man den Stein immer wieder bergaufwärts zur urtümlichen Materie oder zum absoluten Ich oder zu einer Kreuzung aus beiden, lieber erklärt man die ‹absolute Wahrheit› für ein törichtes Produkt unklaren Denkens — als daß man sich zu seinem Schicksal bekennt: daß die entscheidendsten Fragen weder beantwortet noch abgewiesen werden können.

Anstelle der ‹Wahrheit› setzt PEIRCE den ‹demokratischen Wahrheitsbegriff›: die ‹öffentliche Wahrheit›, die von allen anerkannt werden wird — am Ende der Zeiten.

3. ‹DAS LOGISCHE TIER› UND DER PAULINISCHE CHRIST

Ein System von Diagrammen [1]

Es charakterisiert PEIRCE, wie er auf die Geschichte der Philosophie blickte: wie ein Gelehrter auf die Entwicklung seiner Wissenschaft. Er nannte KANT ‹den König modernen Denkens›; meinte aber gewiß nicht jenen Mann, welchen die Zeitgenossen den ‹Alleszermalmer› genannt hatten. PEIRCE krönte KANT zum König, weil er ein neues Gebiet der Wissenschaft erobert hatte: die Theorie wissenschaftlicher Erkenntnis. Und wenn er von HEGEL sprach als dem ‹größten Philosophen, der gelebt›, so meinte er nicht den Entdecker des ‹Weltgeistes› und nicht den gedankenreichsten Anwalt der Göttlichkeit des Staates und nicht den Lehrer des KARL MARX, sondern die Beiträge zu einer ‹objektiven Logik›. Wenn man einen Unterschied macht zwischen einem Rätsel und einer noch ungelösten Frage, so könnte man sagen: PEIRCE interessierte sich für Philosophie nur soweit, als sie philosophische Fragen in wissenschaftliche verwandelt. Er selbst schuf eine keimfreie Logik; selbst HUSSERL war ihm noch zu sehr Psychologist.

Weshalb also war der Mann, den man heute als den größten amerikanischen Philosophen ausruft, unbekannt in der Zeit, in der EMERSON, JAMES, ROYCE, DEWEY und SANTAYANA bekannt waren? Und weshalb ist er immer noch, heute, in der Zeit der PEIRCE-Gesellschaft und der mächtig wachsenden Literatur über ihn, ein Unbekannter? Einer der Herausgeber der ‹Gesammelten Schriften› schrieb: er sah die Philosophie ‹fast ganz aus der logischen Perspektive›. Man könnte es auch so sagen: er kam dem modernen Ideal des ‹wissenschaftlichen Philosophen› viel näher als HUSSERL und RUSSELL; er hat erfolgreicher als sie die Logik immun gemacht gegen alle nichtlogischen Bazillen.

Sie bekämpfte er sehr bewußt — auch in sich selbst. Im Jahre 1869/1870 lehrte er Philosophie in demselben Harvard, in dem auch EMERSON und die Seinen ihre Ideen verkündeten. PEIRCE schilderte sie als Ansteckungs-Herde. Er machte sich klar, daß dieser Kreis verbreitet, was man von SCHELLING abbekommen hatte und der wieder von PLOTIN und von JAKOB BÖHME und von jener ungetümen östlichen Mystik. PEIRCE schmeichelte sich, daß er nicht infiziert sei. Sollte es aber sogar ihn erwischt haben — er hätte immerhin Gegen-

---

[1] Für die Ethik ist seine Arbeit ‹On the Doctrine of Chances, with Later Reflections› wichtig; für die Metaphysik: ‹The Approach to Metaphysics›; für die Religionsphilosophie: ‹The Concept of God›.

gifte in sich: die Mathematik und die Disziplin des Experimentalisten.

HUSSERLS ‹Logische Untersuchungen› hatten Wirkungen jenseits des Fachgebietes. BERTRAND RUSSELL sprach, wie mancher Philosoph vor ihm, mehr als die eine Sprache, die er in den ‹Principia Mathematica› redete. PEIRCE wendete sich nur an trainierte Logiker: nicht, weil er nur diese eine Sprache beherrschte, sondern weil er für das, was er zu sagen hatte, nur diese eine Sprache brauchte. Man wird an KANT erinnert, wenn PEIRCE mitteilt: er habe den gefälligen Stil aufgegeben, um die Schönheit der Wahrheit zu opfern. Das Urteil der Kenner lautet, er habe um so besser geschrieben, je unbedeutender das Thema, je oberflächlicher die Behandlung war; in der Darlegung seiner tiefsten Gedanken sei er am wenigsten Schriftsteller. Auch KANTS Stil verlor den WIELANDschen Charme, als er die Schriften begann, die in der ‹Kritik› ihren Höhepunkt hatten. Aber er schrieb in mehr als einer Sprache — weil er in einer nicht alles aussagen konnte, was er mitzuteilen hatte. Kein Philosoph konnte mit dem lokalen Idiom auskommen. PEIRCE kam aus. Er sagte mit Recht: ‹Meine Sprache ist die Summe meines Wesens.› Er sprach verächtlich von der ‹literarischen Wendung›. Er schrieb: ‹Wenn Philosophie sich je im Reich der Wissenschaft halten soll, muß sie auf literarische Eleganz verzichten.› Sein Wesen war ausdrückbar in der Formel-Sprache des Mathematikers und Logikers und im Benehmen des naturwissenschaftlichen Experimentierers.

Es sieht bisweilen anders aus: als wäre er auf ein philosophisches System, wie es nur im Buche steht, aus gewesen. Im Vorwort zu einem geplanten Werk, ‹Das Rätsel der Sphinx› hieß es, im Jahre 1898: ‹Das Unternehmen, das dieser Band einleitet, soll eine Philosophie schaffen, wie sie einst ARISTOTELES hervorgebracht hat: eine Theorie, die so umfassend ist, daß sie *für eine lange Zeit* die gesamten Resultate der menschlichen Forschung umfaßt›; Mathematik, Naturwissenschaft, Psychologie, Geschichtswissenschaft, Soziologie sollten hier untergebracht werden. Ob aber ARISTOTELES geglaubt hat, daß seine Fundamente nur *für eine lange Zeit* halten werden? PEIRCE nannte seine Weltanschauung *Fallibilism*: Fehlbarkeit. Kann man annehmen, daß SPINOZA seine ‹Ethik› so in Frage gestellt hätte? PEIRCES geplantes System war eher verwandt der Vorstellung des Zeitgenossen WUNDT: Philosophie habe eine Klammer zu sein, die den diffusen Besitz an Erkenntnissen zusammenhält... als dem altehrwürdigen Glauben, man habe mit seinem Wort die Sphinx in den Abgrund gestürzt. Jedes ‹System› aber, das diesen Anspruch nicht erhebt, ist nichts als eine wissenschaftliche Hypothese. PEIRCE machte nicht diesen Anspruch. Er redete sein Publikum also an: ‹Komm, o Leser, und laß uns ein Schema konstruieren, das den Weg des Denkens illustrieren kann; ich meine: ein System von Diagrammen, durch das jeder beliebige Gedankengang exakt dargestellt werden kann.› Ein Inventar aller Gedankengänge ist keine Philosophie.

Entscheidend ist also nicht, daß Peirce nicht auf ein System aus gewesen wäre; oder daß Umstände äußerer oder innerer Art ihn nicht dazu hätten kommen lassen, aus den zugehauenen Bausteinen den Bau zu errichten. Auch ist in diesem Zusammenhang ganz unwesentlich, ob die Forscher recht haben, die heute versuchen, aus der Fülle seiner Vorlesungen, Aufsätze, Entwürfe und Notizen eine Einheit zu konstruieren. Die Herausgeber seines Werks lehnen dies Unterfangen ab; auch Bertrand Russell glaubt nicht an den Erfolg. Aber selbst wenn es gelingen sollte, würde immer nur ein ‹System von Diagrammen› hergestellt sein, ohne Ähnlichkeit mit irgendeiner Philosophie, die je diesen Namen trug.

Der Zugang zur Metaphysik

Peirce gehörte zu den Anti-Metaphysikern, die am leidenschaftlichsten die Wissenschaften und die Logik zu entmythologisieren suchten. Zu gleicher Zeit näherte er sich der Metaphysik.

Zu gleicher Zeit stellte er, als gäbe es keinen Peirce und keine ‹logische Methode›, keinen pragmatischen Weg, die Logik in den Dienst mittelalterlichen Denkens. So schuf er mit an dem herrschenden Zwielicht: an der phantastischen Einheit von subtilsten logischen Untersuchungen und konventionellsten logischen Diensten. In seiner Originalität war er nicht Philosoph, in seiner Philosophie (der Religion, der Moral) war er nicht originell — und ganz und gar nicht Pragmatist.

Die, welche am strengsten gegen die Metaphysik vorgingen, die Pragmatisten, haben das, was innerhalb des Bezirks der Wissenschaft nicht lösbar ist, für sinnlos erklärt; und glaubten, es damit los zu sein. Bisweilen beschritten sie noch einen anderen Weg, der nie so viel Beachtung gefunden hat, wie er es verdient: die dunkle Strecke zwischen Logik und Ethik. Das berühmte Vorbild ist der große Kant. Heinrich Heine, der ihn tief verehrte, und (wie Kleist) mehr in ihm sah als den Gründer einer Theorie wissenschaftlicher Erkenntnis — nämlich den ‹Alleszermalmer›... Heine schrieb in einer seiner besten Satiren: ‹Nach der Tragödie kommt die Farce. Immanuel Kant hat den unerbittlichen Philosophen traciert, er hat den Himmel gestürmt, er hat die ganze Besatzung über die Klinge springen lassen, der Oberherr der Welt schwimmt unbewiesen in seinem Blute, es gibt jetzt keine Allbarmherzigkeit mehr, keine Vatergüte, keine jenseitige Belohnung für diesseitige Enthaltsamkeit, die Unsterblichkeit der Seele liegt in den letzten Zügen — das röchelt, das stöhnt — und der alte LAMPE steht dabei mit seinem Regenschirm unterm Arm als betrübter Zuschauer und Angstschweiß und Tränen rinnen ihm vom Gesicht.› Da habe der gemütvolle KANT, um des alten Dieners, des trostbedürftigen Mitmenschen willen jene liebe ‹Praktische Vernunft› erfunden, die mit Zinsen alles zurückzahle, was die ‹Kritik der Reinen Vernunft› genommen hat: das Glück als Entschädigung für den guten Willen und den lieben Gott, der den Gerechten schließlich belohnt.

PEIRCE nannte diese Nachgiebigkeit (im Falle KANT) strafend ‹ein geistiges Sedativ, ohne das viele nicht auskommen können› — und folgte dem Ruhestifter KANT. Mag sein, daß KANTs Motiv für die Milderung seiner strengen Logik Menschenfreundlichkeit war — und vielleicht noch die Angst vor der frommen preußischen Polizei. In unserem Zusammenhang ist hervorzuheben, daß die denkschärfsten, wissenschaftlichsten Logiker (aus welchen Motiven immer) in vielen weniger denkscharfen und weniger wissenschaftlichen Minuten wieder und wieder den Versuch machten, aus der sternenfernen Logik eine menschenfreundliche Moral und Theologie hervorblühen zu lassen. Der Logiker glaubt offenbar an das Gewissen und das Göttliche erst, wenn die Logik Amen sagt. So zog KANT den Kategorischen Imperativ aus dem formal-logischen Charakter jedes wahren Satzes hervor: der Allgemeingültigkeit. So deduzierte der Kantianer FICHTE das moralische Handeln aus dem Satz der Identität ‹Ich bin Ich›; und für HEGEL waren Logik und Moral schlicht identisch. Hier reiht sich PEIRCE an mit dem Satz: ‹Um logisch zu sein, darf man nicht selbstisch sein›; damit ist der Kontakt zwischen Logik und Ethik geschaffen. Nicht nur im Werk des deutschen Metaphysikers, auch im Werk des amerikanischen Anti-Metaphysikers schuf die Logik — den Gott auf dem Sinai.

Wie KANT die Vernunft-Spekulanten, so wies PEIRCE die Theologen aus dem Tempel des Wissens. Mit Fingern zeigte er auf die Schuldigen, vor der alten Frage: weshalb die Metaphysik bisher keinen Fortschritt gemacht habe. Die allgemeine Antwort sei (übrigens stammt diese ‹allgemeine› Antwort von KANT): weil die Fragen der Metaphysik jenseits jeder wissenschaftlichen Antwort seien. Das aber wäre ein Irrtum! Nicht die menschliche Vernunft, die Theologie sei schuld. Handelte es sich nur um Pastoren, es wäre schon schlimm genug, daß man ihnen wissenschaftliche Antworten anvertraute; man könnte ebensogut Wallstreet-Unternehmer und Broadway-Bankiers beauftragen. Es sei viel schlimmer: es handele sich nicht um einige schlichte Prediger, sondern um die Kaste der Theologen. Sie behaupteten, die Theologie sei eine Wissenschaft; seien aber an nichts interessiert als an der Verteidigung derjenigen Metaphysik, die ihren Glauben schützt. So korrumpierten sie die Moral des Wissenschaftlers, er soll ein Mann sein, dem es gleichgültig ist, zu welchem Schluß er kommt. Mit dieser Anschuldigung näherte sich der Pragmatist PEIRCE der Metaphysik, gegen die er seine berühmte Methode erfunden hatte.

So eindrucksvoll sein Pathos ist — auch PEIRCE ist Theologe. Er machte zwar nicht Gott logisch, aber die Logik göttlich. Man müßte für ihn und für alle, die ihm ähneln, einen Namen finden, in welchem die zweite Hälfte des Wortes Theo-Logie zuerst und die erste Hälfte danach erscheint. Wie KANT aus dem formalen Charakter jedes wahren Satzes: daß er auf Allgemeingültigkeit Anspruch habe... das Fundament der Ethik gewann, so gewann es PEIRCE aus der Kategorie ‹Wahrscheinlichkeit›, ebenso streng logisch. Er begann mit der Feststellung: daß alles Menschliche nur auf Wahrscheinlichkeit beruhe; und kam — nach einigen, nicht immer sehr deutlichen Zwischenstationen — zum Gebot: der Einzelne soll in der Menschheit aufgehen, der bekannten und der unbekannten. Daneben versöhnte er (eine alte theologische Aufgabe) den Menschen mit dem Tode. Wäre man unsterblich, so würde man ganz bestimmt den Tag erleben, an dem jedes Vertrauen in Enttäuschung zerginge; man würde zur Hoffnungslosigkeit kommen. Man würde zusammenbrechen; wie jedes große Vermögen, jede Dynastie, jede Zivilisation im Laufe der Zeiten zusammengebrochen ist. Dieser stille, ganz unpathetische Pessimist war der Ansicht: ‹Erfahrung setzt unablässig unsere Hoffnung, unseren Ehrgeiz herab.› Statt dieser furchtbaren Unsterblichkeit hätten wir, Gott sei Dank, den Tod; hier haben wir eine neue Variante des alten Versuchs, dem Menschen den Tod schmackhaft zu machen. Er begrenze unsere schlechten Erfahrungen, unsere Risiken; es bliebe alles in der Schwebe, viele Möglichkeiten wären offen. Das alles verdanken wir der herrschenden Kategorie ‹Wahrscheinlichkeit›. Da, an dieser Stelle, springt PEIRCE in weitem Satz zu der fragwürdigen Konklusion: Logik fordere ‹unerbittlich›, daß wir unsere Interessen beschränken — zugunsten der Gesellschaft, zugunsten der Menschheit — noch jenseits unserer geologischen Epoche.

Das Interesse an dieser Deduktion wird weniger geweckt von dem Inhalt der nicht gerade neuen Moral: mehr von der Versicherung, daß dies Soll logisch stringent sei. Wer nicht bereit ist, sich der Menschheit zu opfern, ist also ‹unlogisch›: das *summum bonum*, das sich hier zeigt, ist eine geradezu HEGELsche Identität von Logik und Ideal. Den unabdingbaren Forderungen der Logik kommt PEIRCE dann mit drei gefühlsbetonten Folgerungen nach: dem Ideal einer Menschengemeinschaft ohne räumliche und zeitliche Grenzen; der Möglichkeit, daß dieses Ideal das herrschende Interesse wird; und der Hoffnung auf eine unbegrenzte Fortsetzung intellektueller Aktivität. PEIRCE wies darauf hin, daß diese Dreieinigkeit ungefähr das sei, was man unter den Worten Liebe, Glaube und Hoffnung kenne. Sie sind, rühmt er, von ST. PAUL als die auserlesensten Gaben des Menschen gepriesen worden. Weshalb er aber den erbitterten Kreuzzug gegen Theologen und Metaphysiker führte, um schließlich bei einer paulinischen Logik zu landen, ist nicht zu erkennen. Er selbst sagte von sich: er gehöre zum extremen Flügel des scholastischen Realismus.

Die pragmatische Methode vermählte sich, wie wir sehen werden, mit vielen Glauben und Unglauben. Sie deckt – mit einem einzigen Namen – das Unvereinbare. PEIRCE war ein pragmatisch-scholastischer Realist.

Gott

Auch PEIRCE hatte sein Damaskus – ein logisches; es fehlte die Sensation so sehr, daß man meinen kann: seine Bemerkungen zum ‹Gottesbegriff› seien nichts, als worauf er von Anbeginn aus war. Worauf war er von Anbeginn an aus? Ideen, die zu hoch aufgeflogen waren, zur Erde zurückzuholen und ganz irdisch zu inspizieren. Inspizierte er Gott?

HUME hatte in den ‹Dialogues Concerning Natural Religion› darauf aufmerksam gemacht, daß die Vorstellung von einem ‹höchsten Wesen› schon recht bescheiden sei; weder die Unendlichkeit Gottes enthalte noch die anderen berühmten Qualitäten – außer Existenz und Ranghöhe. In diesem eingeschränkten Sinn bekannte sich PEIRCE mit einem einfachen ‹Ja› zu Gott. Und der unerbittliche Logiker, der den Theologen so sehr zusetzte, gab nun seine nicht sehr originellen Gottesbeweise. Er erklärte sich gegen die negative Theologie, die sagt: man könne von Gott nur aussagen, was er nicht ist. Das sei falsch; denn ‹wir können Bruchstücke seines Denkens erhaschen›. Sollte man einen Pragmatiker nach seinem Gott fragen, so laute die Antwort: genauso, wie lange Vertrautheit mit einem großen Mann oder mit einem großen Werk (zum Beispiel dem ARISTOTELES) einen beeindrucke, so beeindrucke einen auch der vertraute Umgang mit dem psycho-physischen Universum. Weshalb aber ein solcher Eindruck den persönlichen Gott beweise, verrät der strenge Logiker nicht. Dafür argumentiert er in einem zweiten, ebenso ehrwürdigen Beweis: woher könne die Gottes-Idee kommen, wenn nicht aus direkter Erfahrung? Was er an DESCARTES scharfsinnig getadelt hatte, wiederholte er naiv.

PEIRCE hatte SPINOZA vorgeworfen: hätte er genug Logik studiert, dann hätte er den ‹trockenen› metaphysischen ‹Plunder› nicht nötig gehabt. Er selbst aber, der größte Logiker, endete im Preis auf den

‹Instinkt›, der die Gewißheit ‹künftigen Lebens› und den ‹Einen unbegreiflichen Gott› (von dem er aber immerhin begriff, daß er existiert) garantiere — ‹den wertvollsten Beitrag, der in allen Zeiten zur Philosophie gemacht worden ist›. ‹Öffnet Eure Augen›, so wandte er sich ganz gewiß nicht an die Leute der Laboratorien, ‹und öffnet Euer Herz, das auch ein Organ der Wahrnehmung ist — und Ihr seht Gott.› Und der leidenschaftlichste Logiker, ein strenger Polizist im Reich der Wissenschaft, ging so weit, zu verkünden: ‹Unsere instinktiven Glauben› sind ‹glaubwürdiger als die Resultate der Wissenschaft›. Wie aber wäre es, wenn man auf diese Aussagen die Methode des Pragmatisten PEIRCE anwendete?

Hier ist vorgebildet, was dann ein Charakter der neueren amerikanischen Philosophie werden sollte: das harte Beieinander von subtilster, der Mathematik nachgebildeter Logik — und kindlichster Theologie. Bisweilen leben sie in Personalunion; das größte Beispiel ist der Pragmatist PEIRCE. Er ist bekannt vor allem als ‹logisches Tier›. Er war außerdem noch ‹sanguinischer und hoffnungsvoller› als seine Logik rechtfertigte; und suchte, vergeblich, sie kaputt zu machen. Doch Philosophen leben auch davon, daß vieles von dem, was sie geschrieben haben, ein gnädiges Schicksal in Vergessenheit geraten läßt.

So lebt er nicht fort als Epigone der Versuche, Gott und Pflicht aus der Logik hervorsprießen zu lassen. Er lebt vielmehr fort als Eroberer von Fachgebieten: der symbolischen Logik, der Semantik — und als Stifter des Pragmatismus, einer Methode, mit der sich die verschiedensten Weltanschauungen vermählten.

III.

VOM KALVINISMUS ZUM POLYTHEISMUS

1. Einer aus der Emerson-Generation

> Ich war nie auch nur für einen Augenblick skeptisch.
> Henry James Sr.

Henry James, der Ältere, der Vater, einer aus der Emerson-Generation, war nicht mehr ganz Kalvinist, als er im Jahre 1882 starb; und der Sohn kam am Ende seines Lebens erst in die Nähe des Polytheismus. Doch ist die Richtung des Jahrhunderts, das 1811 mit der Geburt des Vaters begann und 1910 mit dem Tode des Sohnes endete, am besten bezeichnet mit dem Namen zweier Stationen: vom Kalvinismus zum Polytheismus.

Ralph Waldo Emerson, aus einer geistlichen Familie, für die Kanzel bestimmt, drei Jahre im Dienste dieser Bestimmung, resignierte, weil er den Zwang der Doktrinen nicht ertragen konnte. Er wurde einer jener Geistlichen außerhalb der Kirchen, die charakteristisch waren für die amerikanische Elite jener Zeit. Er sah seine Mission in der Entdeckung und Abzeichnung ‹verborgener Harmonien und unbekannter Schönheiten›. Er entdeckte und porträtierte sie nicht in einem Gott, sondern in seinen vollendetsten Abbildern: in der langen Bilder-Reihe von Platon bis Goethe.

Die Generation Emersons, in Blüte um die Mitte des neunzehnten Jahrhunderts, war mehr enthusiastisch als kritisch, mehr poetisch als theologisch, mehr eine Übersetzung Kants und Goethes und Carlyles ins Amerikanische als originell; romantisch — ohne den Nihilismus, den schon der junge Schlegel erreicht hatte. Die Generation, deren stärkste Leuchte der aufnahmefreudige, gebildete, milde, irdisch-verklärte Emerson, ein bürgerlicher Heiliger, war, hatte sich abgewandt von den Dogmen der religiösen und philosophischen Päpste und zugewandt einer Zukunft, in welcher Demokratie und Sozialismus, Glauben, Wissen und Leben, Aufklärung und Swedenborg eins sein werden: eine liebliche, rosige Wolke. Diese Generation, welche eher ein Gott- und Menschen-freundliches Klima schuf als ein Werk, das, zeitlos, die Zeit überlebte, hatte eine Fülle sehr profilierter Individuen, die denkwürdiger sind, als was sie hinterlassen haben.

Einer aus dieser erlauchten Schar verehrungswürdiger Amateure war der ältere Henry James, der Vater des Philosophen William und des Dichters Henry. Er war viel mehr. Er war ein Mann, der selbst eine Biographie verdient. Er wäre beschreibenswert, auch wenn er nicht diese Söhne gehabt hätte; ein unverwechselbarer Einzelner; der Autor eines umfangreichen theologisch-philosophischen Werkes, das jene Generation sehr lebendig reflektiert; eine Figur des öffentlichen Lebens, die wohl dokumentiert ist. Und seine Welt ist der Hintergrund, vor dem man deutlich sehen kann: von welcher Selbstverständlichkeit William James aufbrach, wovon er sich trennte, in welcher neuen Richtung er vorwärtsging, welches der vorgeschobenste Posten war, den er erreichte.

Nicht immer muß man die Väter kennen, um die Söhne zu erkennen. WILLIAM JAMES aber ist ein Schulbeispiel für die mächtige Herrschaft eines Alten; auch könnte man an dieser Sohnschaft den Aufstand der Jungen illustrieren. Abhängigkeit und Auflehnung waren von milder Radikalität. Der junge Jünger sagte: ‹Vater ist der weiseste von allen Menschen, die ich kenne.› Vierzigjährig schrieb er an seinen ‹heiligen› alten Vater: ‹Du bist immer noch der Mittelpunkt meines Lebens.› Und der Tote herrschte dann in der ständigen Frage des Lebenden: was würde Er dazu sagen?

Diese bewußte, liebevoll gehegte Abhängigkeit ging zusammen mit einer wesentlichen Fremdheit. Sie machte dem Sohn so sehr zu schaffen, daß er in der Gedenkschrift, die er herausgab, eine Art von ‹Buße› sah. Der Vater hatte ihn überwältigt. Sein Wissen, seine Begeisterung, sein Ernst, seine Heiterkeit hatten ihn mitgeformt. Was sie trennte, war — man könnte sagen: die Religion, die Philosophie; man könnte besser sagen: die Gewißheiten des Alten und die Ungewißheiten des Jungen. Was sie trennte, waren die Differenzen der zwei Zeitalter. Das Zeitalter des Pragmatismus hat in der Figur des alten JAMES seine beste Folie.

Er war ein kultivierter Müßiggänger in einer Zeit und in einer Schicht, in der Muße bedeutete: die Chance, an sich zu arbeiten. Diese Muße hatte ihm sein Vater vermacht, der drei Frauen heiratete, vierzehn Kinder zeugte und etwa drei Millionen Dollar hinterließ. Diese Muße war ihm auch von einem Unglück geschenkt worden. Der Knabe hatte versucht, ein Feuer, das in einem Schober ausgebrochen war, auszutreten; und sich dabei das eine Bein verbrannt. Es mußte über dem Knie amputiert werden.

Sohn HENRY, der Dichter, berichtet, seit den Tagen des reichen Großvaters sei es aus gewesen mit dem Geldverdienen im Hause der JAMES. Aber es gab doch eine unterschiedliche Beziehung — wenn nicht zum Geld, so doch zur Arbeit. WILLIAM, von einer langen Krankheit behindert, fühlte sich ‹beschämt›, als er mit Sechsundzwanzig noch nichts verdiente; und sah sich als ‹Bummler›, als ‹Vagabund› vor dem Ideal des ‹respektablen Arbeiters›. Er arbeitete dann hart für die akademische Laufbahn und die Wissenschaft, die er gewählt hatte. HENRY, der Sohn, ließ sich seine schönen zerbrechlichen Sätze sehr sauer werden. In beiden wirkte nicht der Wille zum Geld, aber der Wille zur Leistung. Der wohlhabende Invalide, der Alte, war ein unbefangener Müßiggänger. Der naive Dilettant ließ es sich schon deshalb nicht schwer werden, weil er im Buch nur den Schatten dessen sah, der es schrieb. Nichts war ihm ferner als die Fetischisierung des losgelösten geistigen Produkts. Er studierte, meditierte, formulierte — nicht als Gelehrter, nicht als Künstler; er dilettierte mit Hingebung. Er war der ewige Student — innerhalb sehr fester Grenzen. Sie verhinderten, daß er ein Schöngeist wurde.

In einer seiner stürmischsten Wendungen klingt schon die Philosophie von PEIRCE, von WILLIAM JAMES, von DEWEY voraus: das Leben ist eine ‹Passage von der Idee zur Aktion›. Es war nicht ohnmächtige Renommisterei, wenn dieser Mann, der nur ein Bein und einen Stumpf hatte, ankündigte, er werde sich ‹in eine Armee von Goten und Hunnen verwandeln›, um die herrschenden Bonzen zu überrennen und zu vernichten. Es war der

Impetus eines couragierten Voltairianers; man darf ihn so nennen, wo es um die ‹idiotischen alten Überbleibsel von Kirche und Staat› ging. Kein vernünftiger Mensch, schrieb er, könne die Priester oder ihre Philosophen leiden. Gleich neben sie stellte er die Literaten. Es gäbe in Amerika zwei gräßliche Götzen: das Geld und den Intellekt; er wußte, daß der Intellekt auch eine große Leere glänzend verdecken kann. Der alte JAMES war ein gewaltiger Donnerer.

Zunächst aber war der lahme Jupiter ein besessener Familienvater. Er hatte vier Söhne und eine Tochter — und hielt es vor Liebe zu den Seinen nicht aus. Er entwickelte ein Familien-Gefühl, das ihn als Individuum in Gefahr brachte. In EMERSONS Tagebuch findet sich der Satz: ‹HENRY JAMES wünschte manchmal, ein Blitz würde Frau und Kinder treffen, damit er nicht mehr die Qual der Liebe zu ertragen brauche.› So glücklich erfüllt war er von der Entwicklung der Söhne, daß er fürchtete, sein Herz könne diese Fülle nicht aushalten. Das letzte Wort vor dem Sterben brachte diese unbändige Seligkeit noch einmal zum Ausdruck: ‹Ich habe so gute Jungens, so gute Jungens . . .› Damals, im Jahre 1882, war WILLIAM noch nicht der anerkannte Philosoph und HENRY noch lange nicht einer der großen Dichter des Jahrhunderts.

Er erzog seine Kinder, als hätte er bei JOHN DEWEY, der damals noch nicht geboren war, Pädagogik studiert. Ja, es ist fraglich, ob dieser als Umstürzler verschriene Pädagoge sich so weit vorwagte wie sein traditionsfresserischer Ahn, der im Namen der Eltern die ‹Zersetzung der elterlichen Herrschaft› wild besang. Er gewöhnte die fünf Heranwachsenden an Opposition, Widerspruch und eigene Wege. Er reizte sie mit provokativen Ideen — und ließ sie sich dann freidenken. Er lehrte sie, sich dem väterlichen Bann zu entziehen. Sie waren gelehrig. Der achtzehnjährige WILLIAM teilte ihm mit: zu Haus sähe er immer nur die Fehler des Vaters, erst wenn er fort sei, wüßte er, was er an ihm habe. Er steckte seine Kinder mit Unzensuriertheit an — und mit Familien-Vergötterung.

Diese Intoxikation mit Liebe war modifiziert von einer Intoxikation mit Freiheit. Oberstes Prinzip war: ‹Das echte Lernen besteht darin, daß man rückgängig macht, was man gelernt hat.› Ein anderes hieß: ‹Der Größenwahn des Intellekts, der auf Kosten der Entfaltung des Körpers lebt, muß ausgerottet werden.› JAMES kultivierte in seinem Hause jenes freie Lachen, das NIETZSCHE als charakteristisch amerikanisch feierte.

Er vererbte seiner Familie auch die Kehrseite des Mangels an Konvention, den Mangel an Stetigkeit. Der fand einen vollendeten Ausdruck in dem unablässigen Auf-dem-Weg-sein: von Amerika nach Europa und von Europa nach Amerika. Da er in Amerika unzufrieden war, zog er mit Weib und Kind in die Schweiz; und da er dort nicht fand, was er suchte, fuhr die sieben-köpfige Familie wieder zurück. So überquerten sie den noch sehr breiten Ozean viele Male. Die Kinder kamen in vielen Ländern in viele Schulen — und schlugen nirgends Wurzeln. Die gebildeten Neu-Engländer waren damals ein integraler Teil der nur etwas abgelegenen europäischen Familie. Boston und Cambridge lagen näher zu Europa als zum Ohio- und Mississippi-Tal.

Aber die Entfernung kann nicht nur an den Reisen der Gebildeten gemessen werden; sie ist auch bestimmt von der populären Völker-Psychologie. Europa lag trotz aller Reisen der Geschlechter JAMES und ADAMS hinter einem Eisernen Vorhang. Er ist am besten beschrieben in der stereotypsten Metapher: die alternde Welt, völlig verdorben, reif zum Untergang. Es hält den unruhigen JAMES nicht in Amerika. Wenn er aber in Italien sitzt, findet er dieses Leben im Vergangenen unerträglich und sehnt sich zurück nach dem Lande der Zukunft; und wenn er in Paris ist, hält er ein Strafgericht über alle europäischen Nationen. Die alten Völker müssen verschwinden, um einer freieren Gesellschaft Platz zu machen. Nicht ein einziger Lebenslauf einer alten Kultur verdiene den geringsten Respekt eines Bürgers der Neuen Welt... JAMES, der Ältere, lebt mit dieser Ideologie noch heute in manchem Mitbürger. Sie ist der hartnäckigste Köhlerglaube eines Kontinents, der nicht begreift, daß die Enkel älter sind als die Großväter.

Seine Unruhe war so groß, seine Lust am Probieren so vehement, daß ihn die Verachtung für Europa nicht hinderte, immer wieder dort zu suchen, was er zu Hause nicht fand. Er hatte schon in frühen Jahren die Neigung gehabt, die Ordnung, in welcher er heranwuchs, zu sprengen. Jetzt schuf er eine Kinderstube nach seinem Bild. Im Nest der JAMES-Jungen wuchs viel Widerspruch, eine durch traditionelle Selbstverständlichkeiten gemilderte Anarchie... Sie fand dann, ein halbes Jahrhundert später, den klassischen Ausdruck in dem dezentralisierten, lockeren, von keinem göttlichen Papst kontrollierten, sozusagen föderalistischen All, das WILLIAM JAMES am Ende seines Lebens aufzeichnete.

Der Vater JAMES war ein Husar mit der Feder; aber nur ein lokaler Mitstreiter neben den großen Siegern der Aufklärung. Er wurde nicht im ganzen Lande gehört, nur im Kreise von Concord. Dort war er eher ein Unikum, ein provinzieller MENCKEN des neunzehnten Jahrhunderts. Aber der Unwillen, den er erregte, war das Präludium des nationalen Unwillens, den die streitbarsten Pragmatisten erregten; sie alle sind seine Söhne, bis zu diesem Tag! Der Vater störte erst die besseren Kreise Neu-Englands auf. Man ging nicht weiter als bis zum Rümpfen der Nase; schließlich war er ein gutsituierter Privatier, im Verkehr mit den berühmtesten Leuten. Er gehörte dazu — und war nicht respektabel. Er war ein Outsider, der auch drinnen war.

2. DAS WILLIAMSCHE

> ‹Er ist einfach Er; ein Wesen, das, wie sein Bruder HENRY sagt, in einer andern Sprache spricht als die übrige Welt; ein Wesen, das noch einer Tretmühle Leben und Charme verleiht.›
>
> Die Schwester ALICE über WILLIAM JAMES

WILLIAM JAMES: Harvard-Student, Harvard-Professor, Familien-Vater, Europa-Reisender, achtundsechzig, als er, von Amerikanern und Europäern hochgeehrt, starb... war den größten Teil seines Lebens krank und hielt die Gesundheit (wie der drei Jahre jüngere

NIETZSCHE) für die geliebteste Pflicht. Er rappelte sich hoch, wie NIETZSCHE, gegen Demoralisierendes, das in ihm stark war; ihr Leben war ein einziges Liebes-Gedicht an das Auf-der-Welt-sein. WILLIAM JAMES ähnelte NIETZSCHE wie kein anderer Amerikaner: ein Tragiker — im Klima der Neuen Welt, ein ganz solider Tragiker, ein sehr ziviler Dionys und ein noch unpathetischerer Gekreuzigter.

JAMES hatte in Amerika das amerikanische Schicksal NIETZSCHES: beide wurden berühmt — und in ihrem Wesentlichen nicht wirksam. Ein amerikanischer Professor der Philosophie sagte kürzlich: amerikanische Philosophie unterscheide sich von europäischer darin, daß man auf logische Analyse aus sei und die Weltanschauung nicht so virulent werden lasse. So würden amerikanische Studenten nicht unter marxistischen und existentialistischen und anderen populären Bannern auf die Straße gehen. Sie seien nicht so interessiert am Heil als am Weil; nicht so sehr daran, Seelen zu retten, als Ideen zu klären... Vielleicht war deshalb WILLIAM JAMES, soweit er die logische Methode seines Freundes PEIRCE popularisierte, ein lauter Erfolg; Mittelpunkt einer amerikanisch-unfanatischen Schlacht zwischen Theorien. Das WILLIAMsche aber (*the Williamcy*, wie der Bruder HENRY sagte) wurde ebensowenig vom Strom amerikanischen Denkens aufgenommen wie das SOERENsche und das FRIEDRICHsche.

So blieb vielen verdeckt, daß WILLIAM JAMES mehr war als ein Methodologe, der PEIRCEsche Entdeckungen verbreitete; mehr als der große Psychologe zwischen WUNDT und FREUD. Auch ein trainierter Wissenschaftler, vor allem aber ein untrainierter, wildwachsender Philosoph — in einer Zeit in der erst wenige Denker die Schein-Objektivität des logischen Gerüsts der großen philosophischen Gehäuse durchschauten.

Jedes Werk hängt zusammen mit dem Leben dessen, der es schuf — und hat außerdem noch seine Unabhängigkeit. Je fugenloser ein System ist, um so weniger weist es auf seinen Ursprung hin; es scheint sich selbst geschaffen zu haben. Das Werk des ARISTOTELES, des SPINOZA, des HEGEL steht so losgelöst da, ist so schwebend, so in sich vollendet, daß es fast ein Sakrileg zu sein scheint zu erwähnen, ein Mensch habe es geschaffen um seiner selbst willen.

Aber diese anonymen Elemente — großartige Aufsplitterungen von Begriffen, tiefe Einblicke in Phänomene, mächtige ordnungschaffende Kategorien — verdecken das Wichtigste: sie alle entstanden innerhalb einer spezifischen personalen Welt; sie wurde jetzt von WILLIAM JAMES und von NIETZSCHE und von SIMMEL ‹Perspektive› genannt. Das Wort ist nicht neu, gewann aber in dieser Zeit einen neuen Klang. Bei LEIBNIZ steht: ‹Wie ein und dieselbe Stadt von verschiedenen Seiten betrachtet, uns gleichsam *perspektivisch* vervielfältigt erscheint...› Doch waren für ihn diese Einstellungen ‹nichts anderes› als ‹perspektivische Ansichten einer einzigen›, die gegeben ist und erkannt werden kann. Das ist schon im Falle der Stadt zweifelhaft, die zum Greifen nahe ist. Vom Universum aber ist ganz gewiß nichts bekannt als eine immer wachsende Zahl von Perspektiven.

Dieser Charakter der Philosophien konnte erst entdeckt werden, nachdem auch das Vertrauen zum *Lumen Naturale* zerstört war; es hatte versprochen, das Ganze zu zeigen, im Verhältnis zu dem ‹die perspektivischen Ansichten› ‹nichts anders› als Teil-Aspekte seien. Als aber die Hoffnung zerging, daß man die Perspektiven messen könne, an etwas, was sie ‹nur› perspektivisch zeigten, wurde die Philosophie — Psychologie des Philosophierens, deutlicher (gemäß dem herrschenden Wörterbuch): philosophische Anthropologie. WILLIAM JAMES begann eine ‹Psychologie der Motive›, ‹welche die Menschen veranlassen, zu philosophieren›. FREUDS ‹Unbehagen in der Kultur› stellte sich dieselbe Aufgabe. Und vor ihnen hatte NIETZSCHE diese Art des Blicks auf das Philosophieren zum Programm erhoben. In seinem Nachlaß finden sich Ansätze zu einer ‹Philosophie im tragischen Zeitalter der Griechen›. ‹Ich will›, heißt es da, ‹nur den Punkt aus jedem System herausheben, der ein Stück Persönlichkeit ist und zu jenem Unwiderleglichen, Undiskutierbaren gehört, das die Geschichte aufzubewahren hat.› NIETZSCHE konnte dieses ‹Philosophenbuch› über die Vorsokratiker nicht schreiben, weil DIOGENES LAERTIUS nicht genug übermittelt hatte — über WILLIAM JAMES existiert Material in Hülle und Fülle; er selbst lieferte manchen Beitrag zur Psychologie des Philosophierens im allgemeinen und des WILLIAM JAMESschen im besonderen. Die Perspektive, die er eröffnete, wird ebenso deutlich in seinem Leben wie in seinen Schriften; die großen Perspektivisten haben ihr Werk nicht mehr so abgekapselt, als wäre es fertig aus dem Haupte der Wahrheit entsprungen. Weshalb es kein Vorteil ist, zwischen einer Brief-Stelle und einer Werk-Stelle, zwischen einer Handlung und einer Deduktion prinzipiell zu unterscheiden. WILLIAM JAMES schrieb so lebendig und lebte so philosophisch, daß man die Grenzen zwischen der sogenannten privaten und der als Abhandlung erscheinenden Manifestation ignorieren kann.

Ist solch ein Blick auf die Philosophie nur berechtigt, wenn man auf die leidenschaftlichen ‹Anti-Systematiker› sieht? Selbst SPINOZA verrät, bei aller Schweigsamkeit über die Alltage seiner Jahre, daß seine Ethik als Abwehr entstand und diese Funktion hatte.

WILLIAM JAMES, nicht mehr willens und nicht mehr fähig, seine Nöte in einem Palast aus Logik und Mathematik einzuschließen, zeigt sie sehr deutlich. Nicht mehr fähig — das ist der Vertrauens-Schwund, der die post-metaphysische Zeit einleitete. Nicht mehr fähig — das ist die Situation, in der die traditionelle Erlösung vom

Staunen und Leiden durch die Konstruktion eines erlösenden Begriffs-Universums nicht mehr möglich war. Auf deutsch, auf amerikanisch, auf französisch erhielt das alte Welt-All einen neuen Namen: NIETZSCHE nannte es einen ‹Mischkrug, der beständig umgerührt werden muß›. JAMES nannte es das ‹Polyversum›. BERGSON nannte es *élan vital*. Der alte Kosmos ging verlustig: der Einheit, der Ruhe (einer Gesetzlichkeit), der Ordnung, die zwar gestört werden könne — aber nicht unwiderruflich in Unordnung gebracht. Dieselbe Botschaft der Lyriker, Maler und Musiker erregte nur mehr Aufsehen.

Die neue Perspektive der Denker entstand an mehreren Punkten der Erde zu gleicher Zeit. In einem Bericht über den Fünften Internationalen Psychologen-Kongreß, Rom 1905, hieß es: BERGSON verdanke den Amerikanern viel; was aber WILLIAM JAMES vorgetragen habe, stamme von BERGSON, von seiner Verkündung des Primats der Aktion. Dieser antwortete sofort: es gäbe hier keine Abhängigkeiten. Beglückt fand er sich in den Büchern des WILLIAM JAMES wieder; und der jubelte, ‹verjüngt› und unakademisch-salopp, nach der Lektüre der ‹*L'Evolution créatrice*›: ‹Er hat das Biest ‚Intellektualismus' mausetot geschlagen.›

Gäbe es neben der BERGSON JAMES-Korrespondenz einen Briefwechsel zwischen NIETZSCHE und JAMES — der Jubel würde noch viel mächtiger sein. Aber NIETZSCHE erlebte nicht mehr den Pragmatismus, den er in Aphorismen unter der Überschrift ‹Theorie und Praxis› ausgebildet hatte; und JAMES erlebte nicht mehr die amerikanische NIETZSCHE-Diskussion, die erst mit MENCKENS Buch einige Jahre vor dem Ersten Weltkrieg einsetzte. Könnte nicht auch NIETZSCHE geschrieben haben: ‹Ich will eine weltweite Anarchie›? Ich hasse alle klassischen, sauberen, präparierten, noblen, festgelegten, ewigen Weltanschauungen? Ich halte hingegen viel vom Vielleicht, vom Nicht-Vorhersehbaren, vom Wechsel, vom Risiko? Der Gegensatz zu ‹Anarchie› war ‹Bürokratie› in beiden Fällen. Man könnte zugespitzt sagen: NIETZSCHE und JAMES kämpften gegen die irdischen Bürokraten — und auch gegen jene prächtigen, die in den Religionen mit dem Einen Gott und in den Metaphysiken mit dem Einen Prinzip seit je das Ideal darstellten, bis zum Philosophen EINSTEIN. Erkannten noch in den sublimsten und subtilsten Gebilden — die obrigkeitliche Verfügung.

WILLIAM JAMES wirkte auf die Seinen wie ein Abbild des Vaters, wie dieser zärtlich, wie dieser sehr aufgelegt zum befreienden Lachen, zum Scherzen und zum Necken. BERGSON sagte von ihm: er sei ‹ein brennender Herd, der Wärme und Licht gibt›. Von NIETZSCHE her gesehen war er ein demokratisierter Vulkan.

WILLIAM JAMES war der Vater noch einmal: gesellig wie dieser, wie dieser unartig unter artigen Bürgern; ebenso leidenschaftlich gegen die großen und die kleinen Monstren, die sich Verwaltung nennen; gegen die Fesseln der Tradition, für das ungehemmte Segeln in den kommenden Tag; wie der Vater ungeduldig, unstet, Quecksilber; auch begabt mit einer scharfen Zunge; und, obwohl ein gelehrter Mann in mehreren Wissenschaften, dennoch im Werk, im Buch nichts als einen Stimmverstärker sehend — nicht aber eine autonome Existenz im Reich der Unsterblichkeit. Die große Alternative des Jahrhundert-Endes: Leben oder Werk machte ihm keinen Kummer. Er war nicht darauf aus, etwas zu schaffen dauerhafter als Erz, auf daß es die Zeiten überdauere. Seine Bücher, sieht man von der ‹Psychologie› ab, sind Essays, anläßlich von ... mehr oder weniger kurze Abhandlungen, die vorgetragen und später für den Druck etwas gestreckt wurden. Er schrieb für die Stunde, für ein paar hundert Leute, die vor ihm sitzen werden — zum sofortigen Verbrauch.

Der Vater war so gesellig, daß er eine überfüllte Cambridger Pferdebahn für das Entrée zum Himmel hielt. Von dem Sohn sagte der Ex-Präsident THEODORE ROOSEVELT nach einem Besuch: er meditiere und schreibe in einem Zimmer, in dem es nicht nur einen Schreibtisch und Bücher gäbe, auch Eßtische und viele bequeme Sitze; zu allen Stunden des Tages seien Besucher dort herzlich willkommen — und der Philosoph arbeite in Gegenwart Tee-trinkender Damen, inmitten gesellschaftlichen Treibens. Das scheint ein bißchen überzeichnet zu sein und gibt doch etwas von der uneremitischen Natur dieses Mannes. Menschen machten ihm Vergnügen, ohne Ansehen der Person. Er war berühmt unwählerisch, wie sein Bruder HENRY, ein klein wenig angeekelt, hervorhob.

Der Vater war gegen jedes Stück der bürokratisch vergewaltigten Welt: gegen Kirchen, gegen Schulen und gegen alle anderen Ämter. Der Sohn war kein Privatier und hätte sich diese Antipathie nicht leisten dürfen. Er war dreißig Jahre lang Harvard-Professor; und schätzte das Lehren als ein ‹Gottesgeschenk› gegen die Versuchungen des In-sich-hinein-starrens. Was *Mephisto* (auch ein Privatier) dem ‹Schüler› ironisch beibrachte, mußte der Herr Professor JAMES dem Kandidaten SANTAYANA ernsthaft predigen: Sie müssen sich etwas akademischer gebärden, wenn Sie Karriere machen wollen. JAMES wurde, aller Institutions-Feindschaft zum Trotz, der Stolz seiner Universität ... und zugleich das Fanal des Lehrers, der nichts weniger war als ein professoraler Administrator, eine Verlängerung der Verwaltung in die Fakultät hinein. Als er emeritiert wurde, schrieb ein Kollege, enthusiastisch: WILLIAM JAMES hätte das Wunder vollbracht, professionell zu sein — und er selbst. Der Sohn übertraf den Vater: er blieb ein Einspänner — innerhalb eines Teams.

Der Vater war hochmütiger vor dem Vergangenen, Gegenwart und Zukunft parteiisch zugewandt. Der Sohn trug ins Notizbuch ein: ‹Ich bin ganz sicher, es kommt der Tag, an dem unsere heutige Verehrung der Geschichte und unser ängstliches Sich-kümmern um das, was man vor uns geleistet hat, unbegreiflich sein wird.› Die Alten hätten getan, was an der Zeit war; nicht aber die Gräber ihrer Großväter angegafft. Es wurde eines der sichtbarsten Merkmale des Pragmatismus, daß er nie auf den Spuren der vergangenen Zeit war... und so sehr auf Neuland aus, daß man noch das Universum für ein Wesen im Wachstum hielt.

Die Ruhelosigkeit, die den Vater zwischen Amerika und Europa hin und her jagte, kehrte wieder, in alter und in neuer Form; die neue Ruhelosigkeit wurde verstärkt von Stürmen, welche der Alte noch nicht gekannt hatte. ‹Ich bin ein Motor, ich brauche Abwechslung, ich werde schnell gelangweilt›, diese Klage kehrte ewig wieder. ‹Ich bin moralisch nicht geeignet für das Gedulds-Spiel› — er wußte, daß ein gut Teil der Moral... Geduld ist. Ihn langweilten auch die eigenen Arbeiten nach einer Weile. Der Verleger HOLT schrieb in den Vertrag über die ‹Prinzipien der Psychologie›: der Autor habe bei einer Neuauflage das Buch auf den momentanen Stand der Forschung zu bringen. Der Autor weigerte sich, diesen Passus zu unterschreiben. Vielleicht habe er, wenn es soweit sei, kein Interesse mehr am Buch. Einer der Hilferufe an den Verleger lautete: schicken Sie mir keine Druckfahnen! WILLIAM JAMES hatte den Trieb und den Mut: nicht durchzuhalten. Man verglich seine Natur mit dem Quecksilber; er selbst nannte es gern auf deutsch ‹Sturm und Drang›. Seine Aufs und Abs waren viel häufiger, weil er nicht mehr in der engen Provinz lebte, in welcher der Vater (trotz aller Europa-Reisen) sein Leben zugebracht hatte.

Sein Vater hatte eine böse Zunge. Der Sohn attackierte — das unterschied ihn — nicht aus kalvinistischem Selbst-Haß. Aber er hatte die väterliche Unbekümmertheit, mit unzensurierter Schärfe seine Eindrücke wiederzugeben. Als ein Harvard-Präsident starb, ging der zwanzigjährige Student zum Begräbnis. Er kritisierte es wie eine schlechte Theateraufführung. Er vermißte den einfachen heidnischen Schmerz über den Verlust. Er verhöhnte das übertriebene Gegreine des Predigers. Sein Entschluß stand fest: ich habe mit Beerdigungen nichts zu tun, solange sie sich nicht bessern. Er war nicht ein Satiriker, er zog Konsequenzen. Er transponierte nicht, er war direkt. Anläßlich einer Studenten-Feier rechnete er mit dem Gesellschaftsanzug der Männer wie mit einem Angeklagten ab. Der angehende Mediziner nannte den Beruf des Arztes: ‹Humbug›. Von einem Bild des großen Professor HELMHOLTZ schrieb er: ‹Beachte, wie gemein die untere Hälfte seines unsterblichen Gesichtes ist.› Höchst unakademisch kämpfte er dann gegen Kollegen. Andere speichern das alles auf — in den ungelüfteten Kammern des Innern. WILLIAM JAMES war erzogen worden, nichts zu unterdrücken. Er gab in Druck bekannt, daß er den Artikel des Professor BRADLEY schlicht ignoriere, weil in ihm nichts gesagt sei; und daß er die Arbeit des Professor SCHINZ nicht beachten werde, weil er nur einen soziologischen Roman geschrieben habe. Andere verdecken das hinter gereizten Argumenten. WILLIAM JAMES war ein Prinz; er verachtete die Verstellung. Der Charme des spielerischen Streits war ihm nicht versagt; er war witzig, geistreich und schlagfertig. Aber verbarg sich nie hinter der Liebenswürdigkeit. Er hatte immer den Mut zu sich.

In keinem Zug war er dem Vater verwandter als in der tiefen Gewißheit, daß jede Leistung eine persönliche Schöpfung ist — eine kleine Manifestation des Schöpfers. Kein Werk ist eine Welt für sich, nur eine Äußerung des Werkers. Vor dem lebenden Menschen verblaßte die ätherische Kultur. ‹Ein bißchen echte Sympathie ist mehr als alle Philosophien der Welt›, heißt es einmal. In einer Zeit, in der man vor ‹Kultur› den Menschen nicht sieht, der sie geschaffen, dem sie dient, in der Ära der Fetischisierung des sogenannten objektiven Geistes, der sogenannten autonomen geistigen Gebilde ... wandelte WILLIAM JAMES in immer neuen Variationen das eine Thema ab: daß das Werk nichts ist als eine Brücke zwischen Mensch und Mensch. Seine Sätze waren Sprungbretter, um die Kluft zwischen dem Vortragenden und dem Hörer zu überspringen. In seinen Reden gibt es immer wieder Entschuldigungen, daß er nun etwas technisch sprechen müsse. In den exklusiven Sprachen der Philosophen sah er verkappten Hochmut; und obwohl sie oft mehr waren als das – oft waren sie gerade das. So wurde er – von den Professionellen, wie er wußte, nicht ernst genommen – einer der besten Stilisten unter den Philosophen. ‹Die technische Sprache ist der Untergang der Philosophie›, schrieb er und forderte SANTAYANA auf, mit ihm zusammen den Prozeß der Austrocknung aufzuhalten. Nirgends aber erscheint das humane Motiv seiner Attacken gegen die Stil-Simpelei deutlicher als in der Anweisung an seine Übersetzer: vor der Wahl zwischen dem Original und dem Verständnis des Lesers ... opfert das Original!

WILLIAM JAMES hat einmal niedergelegt: wie man am zuverlässigsten den Kern eines Charakters findet. Er sei in jenen Momenten enthüllt, in denen der Mann, den man zu ergründen sucht, zu sich sagt: ‹Das bin wirklich Ich.› Und JAMES verriet, wann er dies ‹Das bin wirklich Ich› zu sich sagte. Wenn er eine Probe zu bestehen hatte. Wenn er sich auf sich zu verlassen hatte – und auf das gute Glück. Wenn er keine Garantie für den guten Ausgang hatte. Sobald aber alles gesichert sei, würde er nachlassen, gleichgültig werden. Nur wenn das Unternehmen riskant sei, fühle er einen tiefen, heiligen Enthusiasmus und eine fast bittere Entschlossenheit, alles auf sich zu nehmen. Er spüre einen schneidenden Schmerz im Brustknochen – und wüßte: nun sei er ganz Er. Will man die Aussage auf eine berühmte Formel bringen: es ist die Lust am Gefährlich-leben, vielleicht konkreter gefaßt in dieser Aufzeichnung der somatischen Symptome dieser Lust, als es je vorher geschehen ist. Das heute nur noch verpönte Ideal des Gefährlichlebens ist vielfältig verwurzelt, wie man nicht mehr weiß; es hängt von der Deutung ab, die man ihm hier gibt, ob man diesen Mann und seine Philosophie erhellt oder verfehlt. Es ist aber eine solche Erhellung am zuverlässigsten vorzunehmen im Zusammenhang mit dem Ereignis, das dieses Leben in vielen Bezirken determinierte: er war (wie NIETZSCHE) immer – auch krank. Er war nie ganz gesund und nie völlig krank ... und sah darin den schlimmsten aller Zustände.

In den achtundsechzig Jahren seines Daseins gab es, von den frühen abgesehen, nicht viel mehr als zwanzig erträgliche; und auch sie waren voll von nervöser Müdigkeit, Schlaflosigkeit und Augen-Beschwerden. In zwei längeren Lebens-Perioden, in seinen Dreißigern und am Ende, konnte er den Augen nicht viel zumuten. Das war um so schlimmer, als er (nach seinen Worten) ein ‹Augen-Mensch› war. Von Fünfundzwanzig bis Fünfunddreißig war er Patient. Die letzten zwölf Jahre litt er an Herz-Asthma. Die Krankheit war ein guter Teil seines Schicksals: das ihm geschah – und das ihn enthüllte.

Es läßt sich nicht immer sagen, wo sie Ursache war und wo Symptom. Woher stammten die vagen Rückenschmerzen, Verdauungsstörungen und Grippen? Die Depressionen, Melancholien, Hoffnungslosigkeiten? Die ‹Zerrissenheit›, (wie er auf deutsch sagte), das ‹Himmelhochjauchzend — zu Tode betrübt› ... waren sie nichts als Begleiterscheinungen? Wer begleitete wen? Er klagte, daß er eine Beute des Ekels am Leben sei. Er beschrieb seine matten und stumpfen Tage. Vielleicht waren die Rebellionen des Körpers nichts als Begleiterscheinungen der Düsternisse, die in ihm wucherten — und als Krankheiten zutage traten.

Was die Krankheit bewirkte, läßt sich eher erkennen, als wodurch sie verursacht war. Sie verstärkte die Irregularität, die das Beispiel des Vaters und seine Erziehung schon zur Regel gemacht hatten; wieweit die Krankheiten auch eine Folge dieser Irregularität waren, läßt sich nicht ausmachen. Sie ließen nicht einmal jene Stetigkeit zu, die in der Vorbereitung für einen Beruf liegt. Der Vater war unstet, der Sohn wurde hektisch; seine Aktivität wurde pathologisch vor der erzwungenen Passivität in den entscheidenden Jahren. Auch der Vater war behindert; aber seine Invalidität hatte eine eindeutige Ursache, war lokalisiert, war immer dieselbe... und wirkte sich vielleicht in einer kleinen Überkompensation aus: einem etwas übertriebenen Tätigkeitsdrang. Der Sohn wurde immer von neuem von rätselhaften Attacken besiegt; er war ohnmächtig, ohne die Möglichkeit eines begrenzten Rückzugs. Er setzte gegen dieses Verhängnis als Macht: seine Philosophie, die im Ursprung eine Moral war — der Wille zum Vertrauen, der Wille gegen das Demoralisiert-werden, der ‹Wille zum Glauben› (wie er weniger präzis sagte).

Er selbst erkannte die Folge der Krankheit für sein Leben: daß sie ihn ausschloß. Als er Mitte Zwanzig war, fuhr er mit einer wissenschaftlichen Expedition nach Brasilien, erkrankte, die Augen versagten. Er stellte fest, daß er vom aktiven Leben ausgeschlossen sei. Dann wurde er, Biologe und Physiologe und experimenteller Psychologe, vom Laboratorium ausgeschlossen; ein immer wiederkehrendes rheumatisches Leiden erlaubte ihm nicht, lange Zeit zu stehen, seine Augen machten ihm Schwierigkeiten beim Arbeiten mit dem Mikroskop. Das chronische Kranksein schloß ihn schließlich von jedem Spezialistentum aus: das Erklimmen der Berge von Fach-Literatur, kontinuierliches Studieren waren ihm nicht erlaubt. Er kam zu dem Schluß: nicht lernen, sondern beobachten und denken ist mein Teil. War die Krankheit die Ursache oder der Vorwand? Als er drei Jahre vor seinem Tod die Professur aufgab, schrieb er einem befreundeten Kollegen über das neue Glück. Ein Universitäts-Lehrer habe zwei Pflichten: er müsse ein gelehrter Mann sein und bibliographische Informationen ausgeben — und zweitens auch noch Wahrheiten mitteilen. Offiziell wäre Nummer eins das Wesentliche; er, WILLIAM JAMES, sei nur am zweiten interessiert. Er habe sich deshalb immer für einen Humbug von Universitäts-Lehrer gehalten. Endlich sei er frei.

Haarscharf kann die Stelle markiert werden, wo seine Biographie Philosophie wurde, wo seine Philosophie biographisch entsprang. Mit Sechsundzwanzig schrieb der Kränkelnde aus Paris: ‹Ich komme nach Haus mit dem festen Entschluß, gesund zu werden.› Dann fragte er: hat ein fester Entschluß Chancen? Um dieser Chance willen focht JAMES die Kämpfe seines Lebens: gegen den theoretischen Determinismus und gegen jene Macht, welche die Determinante über allen Determinanten ist: Gott (personal gesprochen); unpersönlich: die absolute Wahrheit. Freiheit – die Stätte unbändigster Promiskuität der Begriffe – hieß für einige Denker dieser Zeit: sowohl Freiheit von einem überirdischen Vater als auch von einem NEWTONschen Fatum. JAMES führte diese Freiheitskriege von seiner besonderen Situation aus – um des Entschlusses willen, gesund zu werden.

Der berühmte Satz: erst leben, dann philosophieren... macht aus dem Philosophieren einen geistigen Luxus, der, wie jeder Luxus, nicht zu verachten ist; nur steht es nicht so paradiesisch um den Menschen, daß er ihn sich leisten kann. WILLIAM JAMES konnte sich das müßige Spekulieren ganz und gar nicht erlauben, weil es ihm besonders schlecht ging. Das Staunen war bei ihm (wie bei der ganzen Rasse der Pragmatisten, die er in die Welt setzte) nur schwach entwickelt; sonst würde er nicht die ‹Wahrheit› als ‹eine Spezies des Guten› definiert haben. Er philosophierte, um sich auf die Beine zu stellen. Er philosophierte tapfer gegen den Hang zur Demoralisierung; das deutsche komplementäre Wort hieß damals ‹Dekadenz›. Er war noch ein junger Mensch, als er die beiden Wurzeln des Philosophierens bloßlegte: den Trieb zur Ordnung, zur Vereinheitlichung des vielfältig Gegebenen; und den Trieb zum Schutz unseres zentralen Geschäftes, uns am Leben zu halten.

Die Stärke und Schwäche dieser Triebe in ihm, ihr Konflikt, die zeitgenössischen philosophischen Tendenzen, die seine Philosophie bestätigten und gegen die er sie bestätigte, prägten ihn; die wissenschaftliche und philosophische Szene des ausgehenden neunzehnten Jahrhunderts ist der Rahmen. Er lebte in einer Ära, in welcher ein Mann seines Trainings sich philosophisch nur aufrappeln konnte, wenn einige zentrale Artikel der Mutter Wissenschaft ihren Segen gaben. Gleichzeitige Aufzeichnungen, die nicht für den Druck bestimmt waren, offenbaren die geisteswissenschaftliche und persönliche Herkunft der Fragen, die keine Geschichte der Philosophie als ‹Probleme› zur gefälligen Bedienung angeboten – sondern eine Katastrophe erzwungen hat. Am 1. Februar 1870, achtundzwanzigjährig, schrieb JAMES in sein Tagebuch: tiefer geht es nicht mehr. Ich habe die Wahl: entweder gebe ich den moralischen Widerstand auf, weil er über meine Kräfte geht... oder ich versuche das Äußerste. Ich habe mich fürs Äußerste entschlossen. Ich will probieren, ich will mich anfeuern, vielleicht wird es von Nutzen sein... So tief kann man hier hineinblicken in die Geburt einer Moralität aus einer Not; ein Einblick, der gewöhnlich verdeckt ist durch großmächtige

Worte wie ‹Utilitarismus›; die dann wieder in ebenso großmächtigen Worten wie ‹Kategorischer Imperativ› ihre Antipoden haben. Auf dieser artifiziellen Ebene werden dann die Argumente gegeneinandergeschoben wie Schachfiguren, in luftiger Höhe über dem Leben, für das sie geschaffen wurden.

WILLIAM JAMES' Aufwand erhielt einen deutlichen Umriß in seinem Selbstgespräch. Man kann, sagte er sich, nicht leben von der Ignorierung des Schlimmen. Man muß von sich absehen und das weniger eingeengte Leben, das in dem Einzelnen sehr eng kanalisiert ist, mitleben. Dieses Durchbrechen — und nicht in die Richtung auf die Vernunft — war eines der am meisten propagierten Rezepte des Heils. Aber solch ein Unternehmen setzt Willenskraft voraus. Sie war, bei Männern wie JAMES, die auch von Theorien leben, geschwächt durch den herrschenden Determinismus. Solange er herrschte, hatte der Patient wenig Aussicht. In diesem Augenblick nun hatte er sein Damaskus — das Damaskus eines Naturwissenschaftlers in der zweiten Hälfte des neunzehnten Jahrhunderts. Er sah nicht ein Licht und hörte nicht eine Stimme, er las nicht die Bibel: er las ein zeitgenössisches Buch. Es brachte ihm die Erleuchtung, die er brauchte. Er gab den Tag der Rettung exakt an, wie nur irgendein Bekehrter vor ihm — zum Beispiel AUGUSTINUS. Gestern, schrieb JAMES am 30. April 1870, war eine Krise in meinem Leben. Ich beendete den ersten Teil von RENOUVIERS zweitem Essay und sehe keinen Grund, warum seine Definition des Freien Willens eine Illusion sein muß... Die echte Erleuchtung eines sehr vorsichtigen Naturforschers. Er ist nicht überwältigt. Er ist ein Skeptiker, der sich besiegen will; wie sehr er es ein Leben lang versuchte, es ist ihm nie recht geglückt. Er gibt sich ein Jahr Bedenkzeit, herauszufinden, ob sich RENOUVIERS Verteidigung der Freiheit des Willens bei ihm bewährt; wir denken zurück an STRINDBERG-Zitate (im vorigen Kapitel). Auch JAMES experimentierte eine philosophische Theorie, mit sich selbst als bedrängtem Versuchs-Objekt. Seine besondere Frage lautete: muß die Krankheit der Seele körperlich determiniert sein? Er nahm sich vor, es mit der Antwort ‹Nein› zu versuchen, sich von seinen Krankheiten unabhängig zu machen. Er wollte für ein Jahr auf der Basis leben: man hat es in seiner Macht, das Universum zu akzeptieren oder auch nicht. Und er fühlte sich sehr mächtig. Er baute Moral und Religion auf diesen Überschwang. Er war nur zu amerikanisch-besonnen, um *amor fati* zu jauchzen.

Da er aber unter der Herrschaft NEWTONS und DARWINS und mit den Forschungen der Gehirn-Physiologie großgeworden war, mußte er für seinen Entschluß Platz machen, indem er die Wissenschaft in ihre legitimen Grenzen verwies. Viele Religionen und Moralen moderner Denker leben, seit KANTS Zeiten, von der Verweisung der Wissenschaft in das ihr zukommende Gebiet... aufdaß Platz wird für einen Überschwang. Er ist noch kein Glauben. Eher das riskante Eintreten für eine Hoffnung, sie ist viel weniger; viel mehr allerdings als eine poetische Vorfreude. WILLIAM JAMES' aktivistische Hoffnung ist ein ‹Schema von Möglichkeiten, die nicht gesichert sind›, die er aber entschlossen zur Wirklichkeit zu machen sucht. Er war bereit, sich selbst in die Wagschale zu werfen — zugunsten dieser Hoffnung. Er verwarf jene verkleidete Freiheit, welche Bindung an eine theologisch-metaphysische Tendenz ist. Seine Freiheit war die Bindung an eine Hoffnung. Er lebte nicht in ‹Furcht und Zittern›, weil der Verlust der Garantie nicht mehr schmerzte. Er war schon eine Selbstverständlichkeit. JAMES machte aus der Not eine Tugend — und genoß das Ausgestoßensein in die Wildnis. Und außerdem war sie, was den bürgerlichen Komfort betrifft, nicht schlecht möbliert.

Innerhalb dieses Meublements war er ein guter Staatsbürger und zuverlässiger Harvard-Professor. Er suchte sogar den anarchistischsten Philosophie-Studenten zu zähmen. Am 18. Dezember 1887 schrieb ihm der gebürtige Spanier GEORGE SANTAYANA aus Berlin: ‹Lieber Herr Professor JAMES! Wäre Philosophie der Versuch, ein gegebenes Problem zu lösen, dann hätte ich Grund, entmutigt zu sein; sie ist eher ein Versuch, einer halb-entdeckten Realität Ausdruck zu geben — wie die Kunst... Die Philosophie wird vergiftet vom theologischen Geist, der die Seinen zu absoluten, intoleranten Wahrheiten wie zur Erlösung führt. Mag sein, die Menschen brauchen das; Philosophie kann es kaum leisten...›

Zwei Wochen später antwortete der Professor mit Wärme und Zustimmung. Aber — da blieben noch einige praktische Dinge zu berücksichtigen. ‹Wenn Sie, lieber SANTAYANA, auch weiterhin ein Universitäts-Stipendium wollen, müssen Sie auf die Comité-Mitglieder Eindruck machen. Eleganter Stil und originelles Denken allein machen es nicht; Sie müssen etwas arbeiten, was zu einer Philosophie-Professur führen kann. Ich kann Ihre Sache beim besten Willen nicht vertreten, wenn Sie nichts Positives vorlegen›; das Positive hatte schon damals den Namen *Research*.

Und SANTAYANA antwortete: da ist keine große Chance für mich; ich opfere nicht meine Neigungen für eine vage Möglichkeit. Und JAMES: Dank für Ihren schönen Essay. Aber er ist zu sehr wie ein Gedicht. Ich brauche mehr: etwas Brauchbares. SANTAYANA: die deutsche Philosophie enttäuscht mich. Mein Philosophie-Studium ist eine lange Serie von Enttäuschungen. Erst der amerikanische Idealismus des Professor ROYCE. Und jetzt habe ich auch noch den Glauben an die Psycho-Physik und den Professor WUNDT verloren; er scheint mir ein Überbleibsel aus der Ära der Alchimie zu sein. Vielleicht war es überhaupt ein Fehler, Philosophie zu studieren. All die Philosophie-Professoren sind so vergnügt mit ihren Problemen, die mir nichtig scheinen. Vielleicht ist dies Gefühl das Fundament einer Philosophie...

Das alles hätte auch Professor JAMES schreiben können... und hat es vorher und nachher geschrieben; und leitete den Studenten SANTAYANA und andere Studenten in den von akademischen Hürden abgesperrten Bereich und hatte ein Zentral-Problem: er dachte mit aller Kraft gegen die immer gegenwärtige Gefahr der Demoralisation.

3. BILDNIS DES MORAL-PHILOSOPHEN: VOR-BILD UND GEGEN-BILD[1]

> ‹Lieber Chaos in alle Ewigkeit als die Ordnung eines philosophischen Geheges — selbst wenn der Philosoph, der es geschaffen hat, das erleuchtetste Mitglied seiner Horde ist.›
> WILLIAM JAMES

*‹Kriegerische Tugenden› —
eine zweideutig gewordene Metapher*

Das Wort ‹demoralisiert› weist auf die Lockerung des Bandes hin, das einen Lebenden an selbstverständliche Verpflichtungen knüpft; ‹demoralisiert› — ein Wort, das JAMES nicht selten einfiel, könnte am besten übersetzt werden: der immaterielle Halt ist außer Kraft. Eine Moral, was immer ihr Inhalt sein mag, tritt am sichtbarsten entweder festlich und unverbindlich auf oder als peinliche Störung; wirklicher ist sie im Alltag: eine unscheinbare, aber unentbehrliche Macht zur Aufrechterhaltung des Unternehmens, das jedem Lebenden auferlegt ist: das Leben zu bestehen.

Wer Moral hat, braucht nicht auf sie aus zu sein. Sie versteht sich von selbst wie das Atmen. Sie ist kein Soll, sondern ein Ist, keine Fessel, sondern eine Stütze. Es ist psychologisch falsch, den Befehl, das Opfer, zu ihrem Charakteristikum zu machen. KANT, der den Imperativ so mächtig ins Relief trieb, beschrieb nicht so sehr die Moral als das demoralisierte Klima. Sie ist ein Protektor, kein Gerichtsvollzieher. Was ‹Kultur› genannt wird (Gebote und Verbote sind ein wesentlicher Bezirk), ist zu einem guten Teil der Ausweg eines in die Enge getriebenen Wesens. ‹Für den Gesunden ist der Philosoph im besten Falle ein gelehrter Herr›, heißt es bei JAMES, der hier Gesundheit für Problemlosigkeit setzt. Er hätte in demselben Sinn hinzufügen können: wer Moral hat, braucht keine Moral-Philosophie.

---

[1] Zu diesem Abschnitt vor allem: ‹*The moral philosopher and the moral life*› (1891), ‹*The will to Believe*› (1896).

James war weder gesund noch von eiserner moralischer Konstitution — und forderte beides pathetisch. Und wurde gezwungen, wie mancher Denker vor ihm, sich eine moralische Gesundheit denkend zu erobern.

Sein kategorischer Imperativ erhielt zum Inhalt das Minimum, das Vertrauensvollere nicht erst zu fordern brauchen, weil es ihnen nicht fehlt: der Wille zum Durchhalten. Solch ein Postulat wird (wie jedes andere) eine ‹Tugend›, weil man sie nicht hat und dringend braucht; Tugend kommt von ‹taugen›, eine Tugend ist eine Tüchtigkeit. Die berühmten Namen für die spezielle Tugend, die James tüchtig zu machen hatte, lauteten: Mut, Männlichkeit, Härte, Disziplin. Dies Ideal, das sich in jenen Tagen seine farbigsten Insignien gern vom Krieger holte, wurde gerade in ihnen lächerlich, als sich die Metapher vor das drängte, wofür sie stand — als aus dem Verteidiger der Pirat wurde, den man obendrein noch einzog zum Kriegsdienst für die Barone der Wirtschaft. Damals wurden die soldatischen Tugenden ideologisch verfärbt; der Preis auf sie wurde zum Hohn. Heute würde weder James noch Nietzsche den Soldaten zum Gleichnis nehmen für das Bestehen des Lebens; auch deshalb nicht, weil die Scheidung zwischen gefährdeter Front und geschütztem Hinterland problematisch geworden ist. Die Generationen aber, welche die Phrase vom Gefährlichleben nur in ihrer ekelhaftesten Version kennenlernten, müssen heute aufgeklärt werden, daß diese Wendung einmal in einem sehr anderen Zusammenhang geprägt wurde. Als James ‹kriegerische Tugenden› empfahl, Verachtung des weichen Nachgebens, chiffrierte er mit dieser heute kompromittiertesten Chiffre das Sich-aufraffen; er war physisch und moralisch so schwach, daß er dieser Aufmunterung bedurfte. Er hatte noch das Recht, auf die Frage: was macht das Leben bedeutend? die Antwort zu geben: Courage, Kampf, Risiko — mit einem Wort: Heroismus. Es waren noch nicht der Kampf, das Risiko und der Heroismus der Andern gemeint; und es war noch nicht die ästhetisierende Geste eines hochmütigen Bundes.

Heute dürfte niemand mehr so sprechen, weil diese Worte inzwischen gestohlen worden sind und die Livree der Mörder tragen — auch die Züge, die militante Soziologen ihnen verliehen; sie nehmen das besudelte Wort für nichts als eine schmähliche Ideologie. Ursprünglich aber schuf diese Tugend, diese Tauglichkeit, diese Tüchtigkeit — wer sie nötig hatte, um das Leben zu bestehen: ein ‹Schwächling›, wie James in aller Offenheit und Rücksichtslosigkeit sagte. Bis hierher ist diese Moral nur von biographischem Interesse. Er ging einen Schritt weiter: ‹Der Mensch ist wesentlich ein Schwächling›, Freud formulierte es später präziser und brillanter: ein ‹Prothesengott›. Es war also hinter dieser Ethik des Durchhaltens, die in jener Zeit an mehr als einem Punkt der Erde und in mehr als einem Lande zur Welt kam, nicht nur die Autobiographie von Krüppeln, sondern die Einsicht: daß kein Gott den Menschen nach seinem Ebenbilde geschaffen hatte — und daß deshalb dieses gar nicht solide Geschöpf eine Moral braucht, auf daß es sich aufrecht halte. Eine Moral des Muts, nicht ein Sedativ.

JAMES unterschied zwei Menschen-Arten: ‹die, welche sich anlehnen, und die, welche sich auf eigene Beine stellen›. Typus Eins taufte er die ‹Zartfüßigen von Boston›. Typus Zwei beschrieb er: ‹hart wie die Rocky Mountains›. Die Zarten brauchen Gott und die Notwendigkeit und das philosophische System und das unveränderliche, ewige Universum, die ihnen Schutz gewähren. Die Harten nehmen auf sich die Freiheit und den Zufall und das Rätsel und das Unvorhersagbare, mit Mut. Alle die großen Worte vom Helden und Krieger sagen ein und dasselbe: als Metaphern für den couragierten Verzicht auf die erhabenen Ammenlieder, welche eine zu zarte Menschheit sich zur Tröstung geschaffen hat. Bisweilen sieht es fast so aus, als wollte der Psychologe JAMES nichts als eine klassifizierende Typologie: die Zarten und die Harten, ihre Attituden und Ideologien. Tatsächlich arbeitete er eine militante Moral heraus: ein Selbst-Porträt und das Bildnis des Gegen-Typs, den er, zugespitzt ausgedrückt, für ein Fossil hielt, ein Stück Prä-Historie in der Gegenwart. Sie ist zum Mut verurteilt.

Der Leser des WILLIAM JAMES muß gewarnt werden, sich nicht durch eine starke zeitgenössische Strömung ablenken zu lassen. In unseren Tagen sind alle Variationen des Themas ‹zerstörte Tradition› bis zum Überdruß durchgespielt worden. Da zeigt sich deutlich die Tendenz, zur Abwechslung einmal zu betonen, wie stark noch die alte Tradition der westlichen Zivilisation am Leben ist. Das hat jetzt den Reiz der Neuheit und bestimmt das Denken der Zeitgenossen. Es darf aber nicht verdecken, welch ungeheurer Traditions-Schwund sich ereignete. JAMES' Moral ruht nicht mehr auf dem Fundament autoritärer, gröberer oder subtilerer Heteronomien — oder ‹autonomer› Gebote, in denen er verkappte Heteronomien enthüllte. Das Durchhalten ist die fundamentale Pflicht einer Menschheit, die sich nicht mehr vergöttlicht: weder als göttliches Geschöpf noch als genialer Schöpfer, nicht als Ebenbild des großen Er und auch nicht als großes Ich.

Es wird diesem Jahrhundert vorgeworfen, daß man größenwahnsinnig geworden sei. Der Mensch ist noch nie so bescheiden gewesen wie in nach-idealistischer Zeit.

‹Der Moralphilosoph und das moralische Leben›

‹Der Mensch ist das Maß aller Dinge› ist eine sehr bescheidene Lehre — nachdem er mit soviel stolzerem Maße gemessen hatte. Die Bescheidenheit wird besonders sichtbar vor der Antwort auf die Frage: was kann ein Moral-Philosoph sein? Kein Gesetzgeber! sagt JAMES. Gerade das war er immer wieder, von MOSES bis KANT. Er brachte Tafeln mit. Er deduzierte und rechtfertigte das Gebieten und Verbieten, das Gebotene und das Verfemte. Nichts macht ein Ideal plastischer als das Gegen-Ideal. WILLIAM JAMES wendete sich im Porträt des Moral-Philosophen gegen alle Du-sollst und Du-sollst-nicht, gegen alles autoritäre Denken, wie sehr es sich auch anonym macht hinter einem Gott oder einer Vernunft. In allen Gesetzgebungen sah er die erborgte übermenschliche Fassade; und zog den Einzelnen hervor, der hinter der Gottheit dirigierte. Er erzählt eine Anekdote von dem Historiker BUNSEN und dem Poeten HEINE. Der Historiker veröffentlichte ein Buch mit dem Titel ‹Gott in der Geschichte›. Der Poet soll in seinem Exemplar das Wort ‹Gott› durchgestrichen und durch ‹BUNSEN› ersetzt haben. Dies ‹BUNSEN in der Geschichte› könnte man, auf die Moral-Philosophie übertragen, so abwandeln: handle so, wie ich will ... JAMES führte einen passionierten Kreuzzug gegen die geheimen Kerkermeister, die im Namen der Ewigkeit sprechen. Die Ewigkeit — da hörte er immer eine gefährliche ehrgeizige Zeitlichkeit.

Ewige Gesetze können nicht sein und sollen nicht sein. Das alte Unternehmen, die Fülle der Ideale auszurotten zugunsten einer einzigen Majestät, schien ihm wie ein Versuch, ‹die Flut des Atlantischen Ozeans mit einem Besen aufzuhalten›. Der Vergleich ist nicht sehr glücklich; das weite Meer der Ideale kann man wirklich, wie er wußte, mit einem moralischen Besen aufhalten — wenigstens zeitweise, wenn der Moralist im Bündnis ist mit einer irdischen Macht. Um dieser Gefahr willen war ihm jeder philosophische Gesetzgeber verdächtig — auch der erleuchtetste, wie er versicherte. Er hätte PLATONS Philosophen-König als Beispiel angeben können; und RUSSELL verglich ihn tatsächlich in den HITLER-Jahren mit SIR MOSLEY. WILLIAM JAMES' Verkündung: besser Anarchie als Tyrannei gibt zwar nicht die amerikanische Wirklichkeit wieder, aber eine sehr amerikanische Stimmung. Aus den Geboten des Schöpfers, seiner Kirchen, der Praktischen Vernunft und des Weltgeistes hörte der ‹Anarchist› JAMES immer nur: einen Tyrannen.

Solch ein Durchschneiden der Ankerketten zu einem festen Grund machte allen revolutionären Theoretikern Sorge: wird man nicht umgetrieben werden auf der wilden See des ‹moralischen Skeptizismus›? Die Angst vor diesem Ungeheuer ist ein alter Stimulus zur Reparatur an den Grundlagen der Moral, die brüchig geworden ist.

Als KANT die Bindung der Pflicht an den göttlichen Gesetzgeber auf dem Sinai löste, sah er diesen ‹moralischen Skeptizismus› vor sich; um ihm zu entgehen, suchte er, wie er zugab, das *Apriori*, das moralische *Apriori*, das Vernunft-Gewissen, den tief innen hausenden regierenden Herrn — ein Gegenstück zu dem früheren, der hoch oben hauste. JAMES, der, ein Jahrhundert später, auch den neuen Herrn, die ‹Vernunft›, nicht mehr anerkannte, sah wieder vor sich die Drohung des ‹moralischen Skeptizismus›.

Tatsächlich ist er gar keine Gefahr — eher der Schwarze Mann aller Befreier, die ein wenig Angst vor ihrer Courage haben; ein abstraktes Phantom, das den besucht, der sich in der neuen Freiheit noch nicht recht eingelebt hat. Weder KANT noch JAMES — hätten sie sich ernsthaft die Frage gestellt — konnten annehmen, daß es, von pathologischen Fällen abgesehen, so etwas wie radikale Moral-Skepsis gibt; Zynismus ist fast immer theoretische Konstruktion oder Ruhmredigkeit. Der Zweifel geht immer nur so weit, daß er die Herrschaft einer Moral für überschätzt — nicht so weit, daß er die lebende Moral für künstlich hält. Die Tendenz in der Entwicklung der Moral-Theorien geht auf eine immer adäquatere Herausarbeitung des Phänomens — nicht auf seine Rettung vor der furchtbaren Drohung der Morallosigkeit; das könnte auch die beste Abhandlung nicht.

Auch JAMES hatte nicht eine auf schiefer Ebene lebende Menschheit vor dem Abgrund zu bewahren: vor diesem unausdenkbar fürchterlichen ‹moralischen Skeptizismus›; auf jeden Fall wird er bei ihm nicht so pathetisch beschworen wie bei KANT und FICHTE und modernen Beschwörern. JAMES formulierte nur genauer, was bisher (weniger genau) als moralisch galt. Er ließ die Götter und ihre Gebote und die aus der Logik deduzierte Moral als versteckte Tyranneien hinter sich... und dachte sich auf folgende Weise aus der Alternative: göttliche, logische Autorität oder ‹moralischer Skeptizismus› heraus; die welthistorischen Alternativen sind meist keine. Könnte man herausfinden, so argumentierte er, daß alles, was bisher gut genannt worden ist, ein Gemeinsames hat, so könnte man dieses Gemeinsame das Gute nennen — und alle Güter daran messen, wieviel von diesem Essentiellen sie enthalten. Dies Vorgehen könnte einen konventionellen, induktiven Logiker charakterisieren, der gewohnt ist, den Allgemein-Begriff abzuleiten aus dem, was alle Exemplare verbindet. In JAMES wirkte ein anderes Motiv: er war nicht bereit, etwas von der Fülle der Fälle preiszugeben. So brachte er in die Definition wirklich soviel, daß sie gar keine wurde: ‹Die Essenz des Guten liegt einfach in der Befriedigung eines Verlangens.› Ob diese Bestimmung brauchbar ist oder nicht — und sie ist gewiß zu grob, zu ungeschützt gegen Attacken, zu sehr angewiesen auf den Leser, der das Gemeinte erfaßt und nicht das Gesagte zerpflückt... sie schildert auf kleinstem Raum den Moral-Philosophen WILLIAM JAMES.

In hinreißender Generosität setzte er ‹das Gute› und ‹das Ideal› gleich dem Verlangen. Er begann nicht mit einem Höher und Nieder, obwohl es jedem in die Wiege gelegt worden ist — und nicht gerade von einer Fee. Es gab für ihn keine unmoralischen Güter und keine moralischen Übel. Gut, Schlecht und Pflicht beziehen sich nicht auf eherne Gesetzestafeln, weder aus Stein noch aus immateriellerem Material. Gut, Schlecht und Pflicht sind nicht verankert in irgendeiner Transzendenz. Er lehrte: ob Gott existiert oder nicht, wir leben hier auf Erden in einer ‹ethischen Republik›; nichts wird uns gesagt — wir machen aus, was gut ist. Es gibt nichts, was die Vielfalt der Güter und Übel überhöhte, etwa eine ‹moralische Vernunft›. Die Definition: ‹Die Essenz des Guten liegt einfach in der Befriedigung eines Verlangens› ist vor allem tabu-feindlich.

Sie wird allen Kennern der Jahrhunderte-alten Diskussion über den moralischen Maßstab weniger ‹einfach› als simpel erscheinen; sie hat für sich, daß sie allen einleuchten wird, die nicht mit Hilfe des Riesen-Arsenals der historischen Einwände auf argumentativem Wege zu beseitigen suchen, was ihre Tabus gefährdet. Trägt man JAMES' Definition in die Karte der moral-philosophischen Bestimmungen des Guten ein, so ist sein Ort am besten in folgender Klassifikation zu ermitteln. Es gibt zwei Arten von Vorschriften. Die einen erlassen Gebote und Verbote, die auf Tafeln aus Stein eingegraben werden können. Die andern zeichnen eine Tendenz, nicht ein Gesetz mit dem Prädikat moralisch aus. Historisch sind vor allem zwei Tendenzen wirksam geworden: die Tendenz zur Einengung und die Tendenz zur Entschränkung, die Neigung zum Verbieten und die Abneigung dagegen. Entscheidend an WILLIAM JAMES' Bild vom ‹Guten› ist die Abwesenheit der Distinktion zwischen Verlangen und moralischem Verlangen, zwischen sündhafter und gesegneter Erfüllung.

Es sieht fast so aus, als sei mit der Abwesenheit jeder Bewertung eines Verlangens der Moral ihr Boden entzogen. Und JAMES scheint höchst unlogisch zu sein, wenn er plötzlich ein ‹unbedingtes Gebot› formuliert — und nicht ohne gewaltiges Pathos: ‹Wir sollen unablässig, in Furcht und Zittern, so entscheiden und so handeln, daß wir das denkbar weiteste Reich von Gutem schaffen›; daß wir soviel ‹Verlangen› wie möglich befriedigen. Im Debattier-Klub ließ er sich schrecklich in die Enge treiben, mit vielen formalen Argumenten, die bereits Moos angesetzt haben. Sind hier nicht alle Kategorien in Wirksamkeit, die eh und je Moralen konstituierten: Gut und Böse und Soll? Nur daß hier in einer sehr antikalvinistischen Neigung ungewöhnlich wenig am Menschen herumgemäkelt wird.

Und das ist noch viel zu negativ gesagt. Er war nicht nur tabu-feindlich. Er war betont Abenteuer-freundlich, wenn man mit Abenteuer jenes überschwengliche Offen-sein für Erfahrungen bezeichnet, welches die pragmatische Methode als eine ihrer Konsequenzen entlassen hat. Sie hat zwei Ursprünge. PEIRCES Pragmatismus wurzelt im Benehmen des modernen Wissenschaftlers; JAMES' Pragmatismus wurzelt in einer Neu-Gier, in einem *élan vital*, der jede Stunde als die erste Stunde der Schöpfung empfindet und jedes Faktum als eine Offenbarung, weshalb sein ‹radikaler Empirismus› nichts zu tun hat mit dem ‹Positivismus›. JAMES war nicht so sehr der Interpret einer fertigen Schöpfung — als der hingerissene Zeuge ihrer unablässigen Entstehung.

Das Individuum: ‹Es gibt Neues unter der Sonne› [1]

Eine Moral wird durchschaubarer, wenn man das ihr zugeordnete Bild vom Menschen herausstellt. Man hat gesagt, daß alle Bilder der letzten zwei Jahrhunderte, soweit sie nicht den sündigen *Adam* zum Vorbild haben, nach ROUSSEAU modelliert sind. Das ist nicht richtig, ist zu sehr obenhin. JAMES' Gegen-Bild war der Mensch nach dem Sündenfall, mit den zwei Seelen in seiner Brust, die im Verhältnis von Herr und Knecht leben. Er lehnte die Vorstellung von einer hierarchisch geordneten menschlichen Natur ab. Er war theoretisch und moralisch ‹Pluralist›; er sah in den physischen Phänomenen nicht Fälle eines einzigen, umfassenden Gesetzes und in den moralischen nicht Variationen eines einzigen, umfassenden Ideals. Kein Monismus und kein Dualismus kaserniert Physisches und Moralisches; das Einmalige ist ‹frei›. Dies Wort, so üppig benutzt, verdeckte immer die entscheidendsten Gegensätze. Man muß sie deshalb immer wiederherstellen. In der christlichen Theologie steht ‹frei› für Gehorsam gegen Gott, im philosophischen Idealismus für Gehorsam gegen die Vernunft. Dann wurde das Wort ‹frei› — frei: bei KIERKEGAARD, bei HEINE, bei NIETZSCHE, bei FREUD, bei JAMES; man könnte sagen: das zentrale Problem seit hundertfünfzig Jahren ist diese ernstliche Freiheit.

Sie ist noch nicht in ROUSSEAUS Vorstellung vom Naturmenschen; seine ‹Natur› ist ein unpersönlicher Gott und eine von der logischen Schnürbrust befreite Vernunft. Auch ROUSSEAU formte eine fix und fertige Gattung, die nur etwas heruntergekommen ist; er wollte das Ursprüngliche in alter Reinheit wiederherstellen. WILLIAM JAMES dachte nicht an Wiederherstellung. Er wollte eher einen Impuls geben, das Woher und Wohin liegt nicht fest. Er wollte entfesseln,

---

[1] ‹*The Importance of Individuals*›.

nicht lenken; er wollte Wachstum, nicht Bewahrung irgendeiner Natürlichkeit. Deshalb passen alle politischen Vokabeln nicht, die aus dem Vernunft- und Natur-Mythos stammen. Sein Wortschatz (voll von ‹Demokratie›, ‹Republik› und ‹Tyrannis›, die in nichtpolitischen Zusammenhängen auftreten) legt die Versuchung nahe, diese Grundbegriffe aus einer Politik abzuleiten — und dann ist man bald bei der amerikanischen Demokratie als Ursprung dieses Pragmatismus angelangt. Vielleicht aber ist für JAMES der polemische Begriff ‹Anarchie› aufschlußreicher als die verdeckende ‹Demokratie›. Sie sagt wenig aus, weil man sie überall finden kann — selbst dort, wo nicht alle es vermuten: bei dem Preußen KANT, dem ‹unpolitischen› HÖLDERLIN, dem Monarchisten NOVALIS und dem Sozialisten SHAW. Politische Kategorien verdunkeln eher, als daß sie aufklären, wenn man sie auf fremde Gebiete überträgt. Die ahnungslose Reduzierung aufs Politische wird oft gerade von jenen vorgenommen, welche die Reduzierung aufs Ökonomische als Verärmlichung beklagen. JAMES schuf so wenig eine Ideologie zur politischen Demokratie Amerikas, daß man vielmehr sagen möchte: er versuchte, ihr einen Inhalt zu geben, der weder in der Schrift ‹Vom ewigen Frieden› noch im ‹*Contrat Social*› zu finden ist. Es ist sein ‹Individuum›, in dem dieser Inhalt am ehesten zu greifen ist.

‹Individuum› hat in seiner Sprache einen besonderen Klang — den magischen, der immer verrät, daß eine Gruppe von Buchstaben ein Ideal oder den Teufel buchstabiert. Neben der ‹Heiligkeit der Individualität› gibt es hier keine Heiligkeit des Staats oder der Glaubensgemeinschaft oder der Kirche oder der Kultur. ‹Die Person im Singular› ist ‹ein fundamentaleres Phänomen› als jede Institution, jede Gemeinschaft und Gesellschaft. ‹Die Person im Singular› ist weder ein Charakter noch eine Persönlichkeit, schon ganz und gar keine harmonische, sondern eine einmalige Chance, eine expansive Einmaligkeit. Dies Individuum ist nicht der freie Staatsbürger, der freie Wähler, das Subjekt des Freien Wettbewerbs.

JAMES' Individuum ist kein Bohémien. Sein Freund OLIVER WENDELL HOLMES sagte als Richter des Obersten Gerichtshofs von Massachusetts gelegentlich eines Essens der Juristen-Vereinigung von Boston: ‹Das Leben ist sein eigener Zweck. Die Frage nach seinem Wert wird beantwortet mit der Entscheidung: ob man genug gelebt hat.› WILLIAM JAMES hätte mit dieser Äußerung zufrieden sein müssen. Sie klang ihm nicht ernst genug. So kommentierte er sie: ‹Nichts als aufwühlende Erlebnisse ist ein unreifes Ideal. Der Richter eines Obersten Gerichtshofs sollte sich nicht dafür einsetzen.› Diese Bemerkung, die ungerecht war — gerade in seinem Munde, unterstreicht seine Abneigung gegen die Hochstapelei mit der ‹Lebens-Philosophie›. JAMES gehörte zur Spezies der ernstesten Individualisten.

Fern jeder Libertinage, die immer das träge Individuum als Ideal einsetzt, schwebte ihm die einmalige Erdenfahrt in die Fülle vor: nicht etwas Gegebenes, sondern eine Überraschung, nicht ein So-sein, sondern ein unberechenbares Werden, ein Schneeball, der eine Lawine wird; nicht ein einzelner, der sagt: *my house is my castle...*, sondern dessen Erfahrungen einen immer wachsenden Palast schaffen. Ein Jahr vor seinem Tode fand er der Weisheit letzten Schluß in dem Satz: ‹Es gibt Neues unter der Sonne›; in jedem Individuum verehrte er das (potentiell) Neue. Individuum klingt in seinen Texten weniger nach unantastbarem als nach ausladendem Individuum. Er maß es nicht daran, was es an Werken hinterließ, sondern wie weit es sich gemacht hatte. Unentwegte Soziologen würden etikettieren: das Individuum in der Ära des Imperialismus.

Dies Individuum ist nicht Gemeinschaft-feindlich, wie man unter dem alten Denkzwang denkt: je mehr Individuum, um so weniger Gesellschaft. NIETZSCHES Satz in ‹Schopenhauer als Erzieher›: ‹Der Sinn des Lebens liegt nicht in der Erhaltung der Institutionen oder in deren Fortschritt, sondern in den Individuen› sagt nichts aus über die relative Bedeutung der Erhaltung und Verbesserung von Institutionen. Allerdings ist ein wesentliches Element in jedem Individualismus die Abwehr der Horde. JAMES war Horden-feindlich in seiner Parteinahme für die Minorität; die schmalste ist das Individuum. Er war auf seiten der Buren, der Philippinen, des Hauptmanns DREYFUS und der Juden. Als eines seiner Lieblings-Hotels ein Zirkular versandte, mit der neuen Mitteilung: ‹Anmeldungen von Hebräern können nicht berücksichtigt werden›, schrieb er einem Freund: ‹Ich schlage einen Gegen-Boykott vor›. JAMES nahm Partei: für das Neue gegen das Alte, für die Jungen gegen die Alten, für die Verachteten gegen die Respektablen, für das Publikum gegen die Beamten, für die Häretiker gegen die Orthodoxen, für die Beachtung der okkulten Phänomene gegen die offizielle Wissenschaft, die sie nicht für hoffähig hielt. Er war auch für das Individuum gegen alle ‹Groß-Individuen›, wie FREUD später die Gruppen nannte.

Solch eine chronische Opposition ist nicht ungefährlich, macht es sich oft zu leicht; es waren schon einmal die Alten jünger als die Jungen und die beamteten Wissenschaftler klüger als die Außenseiter. Nicht das Prinzip spricht für ihn — aber doch die Tendenz, gegen das Arrivierte das Ankommende willkommen zu heißen. Er war, wie man in Amerika sagt, auf seiten des *underdog*. Doch sollte man sich dieses Tier etwas genauer ansehen; es hat auch, man kann es verstehen, enorme Ressentiments, die es treiben, neue *underdogs* zu schaffen. Es gilt, auch auf der guten Seite nicht zu vertrauensselig zu sein.

JAMES war nicht ohne ein etwas zu unschuldiges Vertrauen. Die

Verdachts-Psychologie war noch nicht so ausgebildet wie heute, wo jeder bei jeder Gelegenheit fragt: was steckt dahinter? Er sah auf das große Würfel-Spiel mit recht unkritischer Hoffnung. Er sprach nicht vom Gott und nicht vom Weltgeist in der Geschichte; der Begriff ‹Tyche› spielt im Pragmatismus die entscheidende Rolle. ‹Tychismus›: das ist die Lehre von der Abwesenheit eines personalen oder anonymen Sinn-gebers. Aber dann bricht plötzlich ein überschwengliches Zutrauen durch; es unterscheidet sich von früheren Theologien und Idealismen nur darin, daß es nicht zu einem Welt-Begriff gerann. Er sah auf die Szene seiner Tage: auf die Anarchisten, Nihilisten und Propagandisten der Freien Liebe; auf die Verteidiger des Silber-Standards, die Sozialisten und die Lobredner einer Steuer, die nur den Grundbesitz trifft; auf die Gegner des Alkohols und die Feinde der Vivisektion; auf die radikalen Darwinianer, die wollten, daß man das Fallende auch noch stoße... und auf alle Gegen-Parteien. Das ganze Getümmel umfaßte er mit einem einzigen liebenden Blick und zog die freundlichste Bilanz: sie alle zusammen würden durch Ausprobieren entscheiden, welches Verhalten das Maximum an Gutem schafft und bewahrt. Der Ton liegt natürlich auf dem Ans-Licht-lassen aller Anliegen; auf dem Nicht-abdrosseln dessen, was zum Leben will. Aber der Unterton ist doch eben: die Weltgeschichte ist das Weltgericht; recht hat, was sich durchsetzt; man soll den Dingen ihren Lauf lassen, sie werden schon gut laufen. So ähnlich sagte es der HEGEL auch, wenn auch viel bürokratischer. JAMES lebte noch im Zeitalter der summarischen Sprüche, wenn auch an ihrem Ende. Die pragmatische Methode, die mitarbeitete, dieses Ende herbeizuführen, dürfte nicht auf sein unkritisches Kulturbild angewendet werden. Es beherrschte nicht sein Denken. ‹Die Kultur› hatte noch nicht das Individuum als Thema verdrängt.

In den fast fünfzig Jahren seit dem Tode von WILLIAM JAMES ist der Akzent der Diskussion sehr verschoben worden: von der Moral-Kritik zur Gesellschafts- und Kultur-Kritik. Sie richtet sich nicht mehr an den Einzelnen. Sie läßt ihn in Ruhe und wendet sich — gegen einen Schuldigen namens X, ein ‹Großindividuum›, wie groß, wird nicht gesagt. Es ist eine leise Trauer in dieser Anklage, die niemand weh tut. Auf populärerer Ebene werden hausbackener angeklagt: die Munitionsfabrikanten; die Protestanten; die Völker, die Kolonien haben; der Marxismus; die westliche Zivilisation oder, allgemeiner, Gottlosigkeit, Materialismus und Kapitalismus. Der Einzelne steht daneben und freut sich am Gericht; er ist immer der Kläger und nie der Angeklagte.

Weitgehendste Einstimmigkeit besteht in der Meinung, die FICHTE noch theologisch ausgedrückt hat: daß wir im ‹Zeitalter der vollendeten

Sündhaftigkeit› leben. Wir haben es auch darin sehr weit gebracht; dies ‹vollendet› schmeichelt dem *Ego* der Zeit. Die Kultur-Diagnose verdrängte die Frage, die noch JAMES' Ausgangspunkt war: wohin gehe ich? Die Aufmerksamkeit ist gerichtet auf Bewegungen — ohne Füße; Personen sind nicht Träger, sondern Abgeschleppte. Vor den Fragestellungen dieser Tage wirkt JAMES' Ethik recht altväterisch. Er hat es nicht mit Nationen und Klassen und Kulturkreisen zu tun, sondern mit dem Einzelnen.

Er gibt ihm die Richtung: nicht für seine Kultur, seine Gesellschaft — für ihn selbst; er preist den süßen Überfluß der Welt. Das Verhalten zum Andern wurde hier immer die große Krux. Im Individualismus JAMES' gibt es kein kompromißbereites ‹Was du nicht willst, daß man dir tu...› Es wird keine Resignation zu zweit gepredigt: keine eherne Notwendigkeit, kein wohlverstandener Egoismus, keine Verkrüppelung auf Gegenseitigkeit. Die Sympathie-Gefühle werden nicht abgeleitet aus einem primäreren Gegenteil. Sympathie ist eine ursprüngliche Tatsache, die wahrhaft ursprüngliche: ‹Manche haben eine enorme Fähigkeit, an dem Leben anderer Menschen sich zu erfreuen; sie wissen mehr von der Wahrheit als die, deren Herz nicht so weit ist.› Er zitiert den ‹unsterblichen SCHOPENHAUER› mit der Sentenz: ‹Jeder kann Mitleid fühlen; aber zur Mitfreude gehört ein Engel.› WILLIAM JAMES glaubte, daß nur ein Mensch dazu gehört. Es sieht fast so aus, als liefe auch seine Ethik auf die poetische Beschwörung ‹Der Mensch ist gut› hinaus. JAMES erlaubte sich das nicht.

Der Imperativ: Liebe Deinen Nächsten mehr als Dich selbst... ist hier abgeschwächt durch die Abneigung gegen jede Askese. Und dann verraten einige Sätze, daß JAMES (ebensowenig wie FREUD) sich nicht darüber täuschte, wie sehr der Kulturprozeß eine gewaltige Serie unerfüllter, versagter Verlangen ist. Er predigte nicht und wünschte nicht ins Blaue; er machte die Augen auf und lernte. Er war noch nicht so verhärtet, daß er über dem Fortschritt nicht die Opfer sah, die er kostet. Er schrieb tatsächlich hin, daß die Ausrottung der Vielmännerei und der Vielweiberei und der Sklaverei, daß die Ausrottung der Allmacht, mit königlicher Willkür zu regieren, zu töten und zu martern... manches Verlangen unterdrückt hat. Es bezeichnet und ehrt ihn, daß er, ohne wählerische Mäkelei, all diesen Verlangen einen mitfühlenden Nachruf geschrieben hat — wenn auch nur in einem gelegentlichen Sätzchen. Wie FREUD betrauerte er jeden Triebverzicht — und sah die Notwendigkeit, die er dann scharf kontrollierte, auf daß sie sich nicht mausig mache.

Man lese seine Trauer über den Verlust des individuellen Rechts, zu töten, richtig; sie ist, in grotesker Form, eine Hymne auf die Wunsch-Erfüllung. Sie ist die feierlichste Absage gegen alle Inthronisierung des Über-Ich. Der subtilste Herrscher im Wandel der Moralen war zuletzt noch GEORG SIMMELS ‹Individuelles Gesetz› — das philosophische Äquivalent jener Biographien, welche die GEORGE-Schule herstellte. JAMES' Individuum ist auch noch frei vom ‹individuellen Gesetz›. Keine Ethik verdient wie seine das Prädikat ‹human›. Es ist ein einziges Wohlwollen für alle menschlichen Freuden — außer für die, welche Leiden schaffen; genauer: das Wohlwollen bewahrte er auch noch denen, die er ausgetilgt wünschte. Mit Kummer stellte er fest, daß auch dieses Austilgen — Leiden schafft.

Diese Gesinnung, die hier mehr pointiert ist als in den Schriften des WILLIAM JAMES, aber erst durch die Pointierung in ihrer humanen Radikalität voll sichtbar wird, findet heute keine allzu freundliche Aufnahme. Der Leser des neunzehnten-Jahrhundert-Endes und der Leser der zwanzigsten-Jahrhundert-Mitte lesen denselben Text verschieden. Damals wurde das Viktorianische Zeitalter ausgelüftet, heute erlebt es seine Renaissance — in zeitgemäßer Aufmachung. Heute wünscht man sich weniger offene Fenster und offene Türen; man hat genug von den Stürmen, die 1914 und 1939 einsetzten. Damals hoffte man auf das Niederbrechen überalterter Behausungen; heute jammert man über das ‹Unbehauste›. Heute ist man nicht sosehr auf Freiheit aus wie auf Bindung; nicht sosehr auf Fülle des Einzelnen wie auf den Schutz eines Minimums. Die Botschaft des WILLIAM JAMES kommt heute, um es mit einem neu-deutschen Wort zu sagen, nicht recht an.

Der Akzent der Wertung wurde verschoben; um so wichtiger ist es, das heute Unakzentuierte, von der zeitgemäßen Oberstimme Übertönte zu betonen. Auch in Amerika blühte am Ende des vorigen Jahrhunderts die Sozial-Kritik, und auch JAMES kritisierte. ‹Die Verteilung der Güter muß langsam geändert werden›, hieß es; er sprach vom ‹Mißbrauch des Eigentums›. Mit den Kritikern seiner Tage klagte er an: man sähe die wesentliche Aufgabe der Regierung darin, dem ‹wendigeren Bürger zu helfen, reicher zu werden›. Er wies auf die Tyrannei der Ehegesetze hin. Wenn diese Anklagen hier nur beiläufig erwähnt werden, so deshalb, weil sie schon zu seiner Zeit und erst recht in dem halben Jahrhundert seitdem viel differenzierter entfaltet worden sind; und weil inzwischen eine ästhetisierende Soziologie ins Kraut geschossen ist, die sich (statt lyrisch) soziologisch spreizt. In der Gesellschafts-Kritik, die schon zu seiner Zeit selbstverständlich war, war er nur ein Mitläufer.

Ein unentbehrliches Antidot aber ist er jetzt gegen die herrschenden Phrasen dieser Zeit — mit einem Gedanken, der verlorenging im soziologischen Boom unserer Tage. WILLIAM JAMES sagte zu einer Versammlung von Lehrern nach einer Analyse der herrschenden Institutionen: wenn Sie nun erwarten, daß ihre Änderung ‹einen entscheidenden Unterschied› für das Leben unserer Nachkommen machen wird, so verstehen Sie mich nicht. Das Leben ist immer dasselbe: die Ehe eines Ideals mit der Treue, dem Mut, dem Durchhalten dessen, der es bekennt... Solche Sätze sind reaktionär überall dort, wo sie dazu dienen, die Änderung von Institutionen, welche nur partikulären Interessen dienen, aufzuhalten; sind aber heute mehr als notwendig, um dem Einzelnen mitzuteilen, daß das Leben nie ein Geschenk der Gesellschaft sein kann. In Reih und Glied marschieren, die Sehnsucht dieser Tage — ist die große Drückebergerei der Zeit. WILLIAM JAMES gehört zu jenen wenigen Denkern, die schon gegen sie schrieben, als sie noch lange nicht im Politischen, im Religiösen, im Wissenschafts-Betrieb das Ausmaß der Gegenwart erreicht hatte.

Ein Denker der Vergangenheit lebt, wenn er ihr, in die Sprache der Gegenwart übersetzt, etwas zu sagen hat, was sie von ihren Fixiertheiten befreit. WILLIAM JAMES hat denen, die eine Moral der Fülle in einer Welt darbender Kontinente für frivol halten, dies zu sagen: müssen alle Lebenden sich opfern, weil es schon soviel Opfer gibt? Darf das Individuum sich erst wichtig nehmen, wenn dies allen möglich ist? Ist es verboten, das, was auch die Strengsten als Paradies erkennen, vorwegzunehmen — solange man lebt? Für den, der es nicht mehr erlebt, ist kein Unterschied zwischen dem himmlischen Paradies und dem irdischen.

Der wahre Humanismus zerstört zwei Menschen-fressende Götter: das Jenseits — und den fernen Tag, an dem auf Erden die himmlische Anarchie verwirklicht sein wird. Der wahre Humanismus begnügt sich nicht mit der Zukunft.

4. GESTALTWANDEL DER GOTTLOSIGKEIT

Drei Atheismen

Die beiden kennzeichnendsten Züge dieser Moral-Philosophie sind ihre Funktion und ihre Intention. Die Funktion ist, die Nöte zu wenden — eine Notwendigkeit, die hinweist auf den Krücken-Charakter dieser Moral; auch auf die Härte, die Disziplin, die impliziert ist. Der Aufruf aber ist in den stürmischen Bildern des Epikureismus vorgezeichnet worden: die Not ist nicht nur gewendet, sondern verwandelt in den Willen zum Überfluß. Diese Zweiheit von Funktion und Intention erklärt den Widerspruch an der Oberfläche: die spartanische Strenge und die Üppigkeit, die hier miteinander vereint sind. Das Doppel-Bildnis des Kriegers und des Aufnahme-freudigen

Schöpfers sich zur Lust... dies Doppel-Bildnis, das in JAMES' Ethik eins ist, zeigt, daß der Epikureismus nach dem achtzehnten Jahrhundert um eine Dimension umfangreicher geworden ist: um das Wissen von der Fragwürdigkeit aller sogenannten Fundamente. EPIKUR der Erste hatte nur gegen die Tabus philosophiert, noch nicht gegen den schwankenden Boden.

Man kann die berühmten umrißlosen Worte verwenden, sobald ihnen die besondere Gelegenheit einen Umriß gibt. Der Epikureismus war immer schon mit einer Gottlosigkeit verbunden; aber sie wandelte sich. Nicht nur der Begriff Gott, auch sie verdient eine ausführliche Biographie. Es gab viele Bilder des einen Gottes und viele Gottlosigkeiten. Jeder Gott lebt im Bewußtsein klar umrissen, in Bildern und begrifflichen Deutungen; er hat immer einen Eigennamen. Die Gottlosigkeiten werden kaum differenziert. Sie fließen in dem vagsten Abstraktum zusammen; es ist zu einem trüben Gemisch aus Schimpfwort und übermütiger Provokation geworden. Gottlos — das ist heute eine Verfluchung oder ein Stolz. Es war einmal sehr viel mehr, in vielen Zeiten und Kulturen. Das vornehmere Wort, das auch nicht reicher ist — aber neutraler, lautet: ‹Atheismus›; als ‹Atheisterei› suchten THOMASIUS und CHRISTIAN WOLFF es unfreundlich einzudeutschen.

Atheisten waren schon viele Gläubige und Ungläubige. Die Römer nannten die Christen ‹Atheisten›, als das Christentum noch nicht Staatsreligion war. Der große Atheist des siebzehnten Jahrhunderts war SPINOZA. Im achtzehnten war KANT Atheismus-verdächtig und FICHTE wurde unter diesem Titel angeklagt. Die beste Verteidigung, die niedergeschrieben worden ist, findet sich in dem Satz eines Briefes des EPIKUR an MENOIKUS: ‹Gottlos ist nicht, wer die Götter der Menge beseitigt, sondern wer den Göttern die Ansichten der Menge anhängt.› Immer war der Atheist ein Mann, der den offiziell akkreditierten Gott nicht anerkannte. Im charakteristischeren deutschen Wort ‹gottlos› klingt deutlicher der Unterton durch, der stets viel lauter war als die theoretische Aussage: der Fluch.

Die Gottlosigkeit ist von diesen Emotionen zu befreien, wenn man sie theoretisch benutzen will. Der erste Schritt nach dieser Befreiung ist die Angabe, von welcher der vielen Gottlosigkeiten eigentlich die Rede ist. In der Zeit, in der WILLIAM JAMES den berühmten Essay ‹Der Wille zum Glauben› (1896) schrieb — und eine neue Gottlosigkeit schuf, gab es, da man schematisieren muß, drei Atheismen, die profilierter waren als der umfangreiche Rest: den naturwissenschaftlichen, den dialektischen und, könnte man sagen, den poetisch-frommen. Nur noch die letzten beiden sind am Leben. Die HAECKELsche Gottlosigkeit ist tot. ‹Nach meiner Überzeugung›, hieß es in den Welträtseln, ‹ist das, was man die ‚Seele' nennt, in Wahrheit eine Naturerscheinung.› Mit der Seele, die Gott nach seinem Bilde geschaffen habe, wurde auch ihr Gott — eine ‹Naturerscheinung›, besser: die Einbildung des Menschen, eines Wesens, das eine Naturerscheinung war. Was einst Gott gewesen ist, wurde jetzt jene ursprünglichste Kraft, die alle andern Kräfte erst entließ. Diese Vorstellung von der Evolution des Universums, das mit einer einfachen, natürlichen Situation begann und zur heutigen Differenziertheit führte, ist mausetot — und nur noch lebendig in denen, die dagegen kämpfen, um etwas ebenso Unzulängliches auf der idealistischen Seite durchzusetzen.

Die besondere Art des Dialektischen Materialismus ist: daß er gar keiner ist; er hieße besser: dialektisch-idealistische Ökonomie. Sie ist ein utopischer Fatalismus; ein moralisches Fatum gibt dem ökonomischen Prozeß einen menschlichen Sinn. Der Dialektische Materialismus ist nur insofern ein Atheismus, als er den Gott jener Unkultur verneint, in welcher Marx groß wurde; er ist eine Gottlosigkeit aus Moral; theoretisch entspricht ihr eher ein Agnostizismus als eine (materialistische) Haeckelsche Metaphysik.

Es gab neben diesen beiden Gottlosigkeiten schon damals eine, die heute fast die gesamte nicht-marxistische Welt beherrscht: die poetisch-fromme. Sie sucht die Grenze zwischen Glauben und Unglauben zu verwischen, indem sie glaubt — aber nicht an Etwas. Der Glaube hat keinen Inhalt. Keiner hat diesen verkappten frommen Unglauben so enthüllt wie einer, der gewaltigste Aufklärer in dem weiten Bezirk der Pseudo-Religionen: Kierkegaard. Sein Leben und Denken repräsentiert die ernsteste Gestalt der Gottlosigkeit und brachte so einen Maßstab in die Welt, der eine Ordnung und Wertung der Atheismen erst ermöglicht: auch die den ‹Willen zum Glauben› bekundende Gottlosigkeit des William James, wie sie sich in seiner ‹Metaphysik› und ‹Religion› manifestiert.

Kritischer Irrationalismus

Der Gott der Philosophen gebietet: Du sollst Dir kein Bild von mir machen — nur einen Begriff; die Theologen sind an Bilder gebunden.

Die Grenzen werden von beiden Seiten überschritten, wenn Theologen, vor allem entmythologisierende Bilderstürmer, mehr spekulieren als sehen; und wenn, in entgegengesetzter Richtung, die Spekulierer ihre Abstrakta in eine visuell aufzunehmende Transzendenz verwandeln. Jede neue Gottlosigkeit kann den Gott, gegen den sie entstanden ist, entweder in seiner religiös-supernaturalen (theologischen) Sichtbarkeit oder in seiner unsichtbaren (metaphysischen)

Abstraktheit treffen. HAECKEL schrieb, am Ende des vorigen Jahrhunderts: ‹Viele Gläubige behaupten, daß die Mutter der *Jungfrau Maria* ebenso durch den Heiligen Geist befruchtet worden sei wie diese selbst. Danach würde dieser seltsame Gott sowohl zur Mutter wie zur Tochter in den intimsten Beziehungen gestanden haben; er müßte mithin sein eigener Schwiegervater sein.› Das erscheint dem heutigen Leser geschmacklos, weil er in der Zeit der Entmythologisierung sowieso diese Familien-Bezeichnungen nicht mehr ernst nimmt und im Wörtlich-nehmen nichts als einen häßlichen Schuljungen-Streich sieht. HAECKELS Zeit war noch nicht so unreligiös, daß sie die Heilige Geschichte für eine primitiv-dichterische Einkleidung nahm; er wollte zeigen, welche Konsequenzen sich ergeben, wenn man den Himmel mit Irdischen bevölkert. Die Philosophen aber, die nicht gegen Priester schrieben, sondern gegen priesterliche Denker, drückten ihre Verneinung eines bestimmten Gottes immer im Kampf gegen einen Gottes-Begriff aus, gegen einen Gott *in abstracto:* er war in WILLIAM JAMES' Tagen ‹die Vernunft›, vor allem die HEGELsche. Der Atheist JAMES trat als ‹Irrationalist› auf.

Irrationalismus gehört auch zu den herrschenden Vokabeln, denen mehr aufgebürdet wird, als sie tragen können, die deshalb zusammengebrochen sind — und zu überhaupt nichts mehr dienlich, wenn man ihnen nicht hilft. Am besten geschieht das, indem man diesen Irrationalismus auf seine polemische Funktion reduziert: die Kritik an der aufgeschwemmten ‹Vernunft›. Darüber hinaus hat JAMES nichts zu tun mit den vielen Irrationalismen; man verdeckt das am hoffnungslosesten, wenn man ihn einen ‹Mystiker› nennt, nur weil er damals schon offen war für alle okkulten Phänomene. Er aber war mehr als alles andere ein unerbittlicher Feind des Vernunft-Glaubens. Vernunft ist dem Pragmatisten eine Methode: das vielfältige Vorgehen des Wissenschaftlers, dessen Haupttugenden sind: Vorsicht und Geduld... und dessen Aktivitäten sind: Erfahrungen machen, induzieren, hypothetisieren, die Hypothese Prüfungen unterwerfen. Die bekämpfte ‹Vernunft› — das ist: das *Apriori,* das logische Universum und seine Widerspiegelung im universalen Begriffs-System. JAMES hatte Claustrophobia in der ‹philosophischen Höhle›. Ein französischer Philosoph schrieb: ‹Pragmatismus ist eine anglosächsische Reaktion gegen den Intellektualismus und Rationalismus des lateinischen Geistes.› Es war aber nicht der lateinische, sondern der deutsche Geist, in dem der Gott Vernunft einen überschwenglichen Sieg errungen hatte. Und es war dann nicht der anglosächsische, sondern der deutsche Geist, der diesen Überschwang am gründlichsten traf.

Psychologie der System-Schöpfer

Gegen die Schöpfer dieser unumschränkt herrschenden Ratio führte JAMES ihre unwissenschaftlichen Motive ins Feld. Die Neigung zu Klarheit und Einfachheit stecke dahinter; aber Klarheit und Einfachheit, hatte PEIRCE erkannt, sind keine Argumente für Wahrheit. Eine doktrinäre und autoritäre Persönlichkeit stecke dahinter, welche Ruhe und Ordnung wolle. Es stecke dahinter eine alte Übertreibung. Als die ersten Gleichförmigkeiten in der Natur, als die logischen und mathematischen ‹Gesetze› entdeckt wurden, war man so begeistert, daß man in ihnen ‹die ewigen Gedanken Gottes› sah...
JAMES' gelegentliche Andeutungen ließen sich zu einer Psychologie des Webens am Weltzusammenhang verdichten. Wer eine lokale Ordnung entdeckte, hatte oft die Neigung, diese Ordnung bis zum Rand der Welt auszudehnen. Das sei nicht nur eine Tendenz professioneller Denker; es ist vorgebildet im ‹Gemeinen Menschenverstand›. In ihm ist die ‹Diskontinuität der unmittelbaren Erfahrung› von einer bewährten Kontinuität aufgehoben; die Scholastische Philosophie ist, wie in der Betrachtung ‹Die Tiger von Indien› (1895)[1] formuliert wird, ein ‹Gemeiner Menschenverstand, der sich zur Pedanterie ausgewachsen hat›. JAMES' ‹Pluralismus› und ‹Radikaler Empirismus› ist die wissenschaftliche Wiederherstellung der ‹Diskontinuität›, der natürlichen Unordnung.

Daß es Zusammenhänge gibt, wird nicht in radikaler Skepsis geleugnet. Die euklidische Mathematik, die aristotelische Logik, die ptolemäische Astronomie sind ihm größenwahnsinnig geworden — aber innerhalb lokaler Grenzen berechtigte Interpretationen von Erfahrungen. Es ist nicht die Vernunft, es ist ihre Einheit und Allgegenwärtigkeit, gegen die er schreibt. Und er spürt auf, was immer dazu gedient hat, die Diskontinuitäten zu verdecken. Als der Name ‹Semantik› noch nicht *en vogue* war, zitierte er bereits gegen jene Verdeckungen LESSINGS Epigramm:

> Sagt Hänschen schlau zu Vetter Fritz:
> ‹Wie kommt es, Vetter Fritzen,
> Daß gerad' die Reichsten in der Welt
> Das meiste Geld besitzen.›

Und er enthüllt die Moral von dieser Geschichte: das Universum schien den Unbefangenen ein Rätsel zu sein, das man mit einem Namen lösen kann. Die verdeckende Sprache hat die vielen Definitionen der ‹Wahrheit› geschaffen. In RICKERTS ‹Gegenstand der Erkenntnis› ist sie ein Name für alle jene Urteile, die wir abgeben müssen

---

[1] Abgedruckt als Anhang im Band ‹*Pragmatism*›. 1955.

unter einer Art Verpflichtung; und BRADLEY definierte: daß ein wahrer Gedanke einem ‹begrenzten Etwas entsprechen müsse, von dem man nicht sagen kann, daß er es geschaffen hat›. Wie immer die Definition der Wahrheit im Pragmatismus zu bewerten ist, die Kritik an jenen Formulierungen, die den unkritischeren von der Übereinstimmung des Gedankens mit der Realität aus dem Wege gehen wollten, bleibt ein Schritt vorwärts.

Mit dem Kampf gegen die göttliche Vernunft stand der Pragmatismus in der anti-HEGELschen Front: neben KIERKEGAARD, neben NIETZSCHE; man sah aber zu JAMES' Lebzeiten noch nicht die größten Kampfgenossen — erst die vielen kleineren Feinde der rationalistischen Metaphysik unter den Wissenschaftlern jener Tage. Ihre Abwehr war nicht von philosophischem Belang. Sie war weniger ein Sich-losreißen vom Gott der Philosophen als die Forderung einer wissenschaftlichen Autarkie, zur Sicherung des Gebiets. Die Ausweisung nicht bodenständiger Begriffe aus dem wissenschaftlichen Bezirk hatte nicht so sehr ein weltanschauliches Motiv wie ein technisches: die Isolierung reiner Forschung gegen störende Elemente von außen. Die Philosophen hatten zu viel Empirisches deduziert und dabei zu viel Lächerliches produziert. Es war noch die Zeit, da man sich naiv zu Behauptungen vorwagte, die kontrolliert werden konnten. HEGEL hatte sich ausgedacht, in der Schrift ‹De Orbitis Planetarum›, daß zwischen Mars und Jupiter nichts sein kann. Inzwischen hatte man den ersten Planetoid gefunden. Die Wissenschaftler gingen dann in ihrer Abwehr noch weiter; sie verfolgten auf ihren Gebieten die Metaphysik bis in jene Schlupfwinkel, in denen sie sich durch die Jahrtausende wissenschaftlich getarnt hatte: als Substanz, als Gesetz, als Notwendigkeit. Diese Begriffe waren von den Erkenntnis-Theoretikern längst attackiert worden; aber die Wissenschaften hatte das lange Zeit nicht gestört. Die bewußte Trennung zwischen Philosophie und Wissenschaft in der zweiten Hälfte des neunzehnten Jahrhunderts, in dieser Schärfe erstmalig, kam als Protektion exakter Untersuchungen in die Welt. Die Philosophie-Feindschaft der Wissenschaftler war eine Reaktion auf Übergriffe, ein ängstliches Bewachen der Grenzen — nicht mehr. Die Trennung von Wissenschaft und Philosophie war eine Parallele zur Trennung von Staat und Kirche; eine Art von Säkularisierung der Forschung, eine Verteidigung, kein Angriff. Auch war sie eine Gleichgültigkeit gegen die Philosophie.

Pluralismus — nicht Positivismus

WILLIAM JAMES wuchs unter Naturforschern auf: in der Metaphysik-feindlichsten Provinz der Metaphysik-feindlichsten Jahrzehnte. MACH war einer der Männer, die auf ihn Eindruck machten in der sehr wachen Empfindlichkeit gegen fremde Begriffe. Das Wort ‹Radikal› in JAMES' ‹Radikalem Empirismus› war die Radikalität in der Ausmerzung von Kategorien, die aus metaphysischen Theorien stammten. Nachdem aber dies gesagt ist, muß noch lauter akzentuiert werden, daß er nichts mit der anti-philosophischen Partei von MACH bis zu REICHENBACH gemein hat — außer dem gemeinsamen Enthusiasmus für sorgfältig desinfizierte Forschungs-Kategorien. Hier ging er so weit wie nur irgendein wachsamer Positivist. Der einzige Ruhm, den JAMES für seine aufsehenerregende ‹Psychologie› in Anspruch nahm, war — daß er dies Gebiet von philosophischen Spekulationen befreit hätte. Er teilte aber nicht die positivistische Gleichgültigkeit, den ‹philosophischen Puritanismus› dieser Denker. Das wurde übersehen und wird übersehen. Einer seiner ältesten Freunde schrieb ihm vorwurfsvoll: der Pragmatismus enge die Engstirnigen noch ein, indem er alle Fragen ausschließe, an die man wissenschaftlich nicht herankäme... Das ist immer noch das Klischee vom Pragmatismus, in Amerika und Europa.

WILLIAM JAMES war ein sehr unruhiger Agnostiker, der an den Grenzen des Erforschten hinüberzuspähen suchte. Man sollte diesen rastlosen Skeptikern einen Familien-Namen geben: sie sind miteinander verwandt in ihrer philosophischen Ungenügsamkeit, die ebenso groß ist wie ihre Nüchternheit vor allen universalen Lösungen. Sie suchen die Transzendenz und haben kein Vertrauen, sie zu finden. WILLIAM JAMES begnügte sich nicht mit der Sicherung empirischen Forschens. Zwar war ihm der Anspruch der Wissenschaften immer gegenwärtig. Er hätte nie gegen ihn denken, fühlen, handeln können. Es trennte ihn vom Vater, daß der diesen Anspruch souveräner ignoriert hatte; es trennte ihn von der EMERSON-Generation, daß ihre Überzeugungen, Untersuchungen, Analogien, Metaphern und poetischen Worte exakte Beschreibungen ersetzten. Nichts gegen die unabdingbaren Rechte des vorurteilslosen Untersuchens.

Aber hat es allem seinen Segen zu geben? Eine der wertvollsten Einsichten ist seine skizzenhafte Psychologie des chronischen Zweiflers. Er ist davor bewahrt, sich dumm machen zu lassen. Er ist aber auch daran verhindert, eine Einsicht zu wagen, die zwar nicht gesichert — aber trotzdem vielleicht eine ist. Die Angst vor dem Reinfall macht steril. Sein therapeutischer Imperativ lautete: weniger Nervosität, mehr leichter Sinn. Man vermeidet Irrtümer um den Preis, daß man nichts entdeckt. Wer das Imprimatur der Wissenschaft unter allen Umständen braucht, entmannt sich als Wahrheitssucher. Diese Haltung der verarmenden Enthaltsamkeit fand er repräsentiert in seinem großen Zeitgenossen, dem Darwinisten HUXLEY, dessen große Hoffnung auf eine Generation ging, die ‹nicht mehr vorgeben wird, an etwas zu glauben — ohne wissenschaftliche Berechtigung›. JAMES war ein guter Grenzwächter gegen die Invasionen der Metaphysik. Er war aber auch ein guter Grenzwächter gegen die Invasionen der Wissenschaften. Er wollte das ‹wissenschaftliche Fieber› kurieren, die Phantasien, die den Zeitgenossen vorgaukelten, es existiere nichts ohne exakte Rechtfertigung. Der Titel seines Essays ‹Der Wille zum Glauben› hieße besser: das Recht zu glauben. Er begann, dort eine Bresche zu schlagen — speziell für die strengen Forscher, wo heute leider Tür und Tor offenstehen, so daß die verehrtesten Gelehrten die dicksten Aberglauben durchschleusen. Er machte Platz für den Glauben. Dies Platz-machen gehört zu den entscheidenden und problematischsten — am wenigsten untersuchten Vorgängen der Zeit.

Die Sterilisierung des wissenschaftlichen Begriffs-Inventars hatte einen Neben-Effekt, der dem Glauben zugute kam und nicht genügend Beachtung findet; sie zerstörte auch die ‹wissenschaftlichen› Religionen, deren berühmteste der Darwinismus gewesen ist; der Marxismus hat nie so sehr von seinem ‹wissenschaftlichen› wie von seinem autoritären und eschatologischen Element gelebt. Nach der Vernichtung der philosophierenden Wissenschaft predigte man die Koexistenz — nicht resigniert, sondern gläubig. Man hatte die Welt der Frage in zwei Sphären aufgeteilt und verkündete das Prinzip der Nicht-Einmischung. Es blieb nicht dabei. Man fand auch, daß die eine Hälfte ohne die andere nicht leben könne; vor allem die Wissenschaftler fanden das. WILLIAM JAMES ging mit fliegenden Fahnen zu einer Metaphysik über, die sich nicht gegen die Wissenschaft versündigte.

Er hatte seine Vorbilder: LOTZE, vor allem FECHNER, der ‹das Wort Lust wieder zu Ehren brachte›, eine induktive Metaphysik verkündete und mit beidem einer der einflußreichsten (in diesem Einfluß noch nicht genug gewürdigten) Denker jener Generation wurde; den alten spekulierenden FREUD erlebte JAMES nicht mehr und nicht ALDOUS HUXLEY, der in seinen Spekulationen am besten verstanden werden kann von diesen Ahnen her. Wie FECHNER schuf WILLIAM JAMES eine hypothetische Metaphysik, ausgehend von wissenschaftlich untersuchten Tatsachen und dann seinen Flug nehmend zu Vorstellungen, die er nicht für gesichert, aber für möglich, vielleicht wahrscheinlich hielt. Nie verwirrte sich ihm das Gefühl für die Grenze zwischen Denkbarem und Gesichertem. Er war ein empirischer

Metaphysiker: seine Himmelfahrt war nie ohne Rückverbindung zur Erde – in einem Vielleicht. Er schuf, von einem bestimmten wissenschaftlichen Bezirk her, eine hypothetische und außerdem noch sehr lokale Metaphysik, die nicht alles erklären wollte und außerdem noch auf Abruf war.

Daß sie so begrenzt war und so wenig ewig, rückt in den Mittelpunkt die Frage: was ist ein partikularer und nur hypothetischer metaphysischer — Glaube? Die Religion und die Metaphysik, für die hier Platz gemacht wird, verdienen nicht mehr diesen Namen. Nicht, weil sie nur skizzenhaft umrissen, sondern weil ‹Religion› und ‹Metaphysik› historisch eindeutige Gebilde sind, denen man nicht diese Worte, die ihnen gehören, entwenden sollte. Aber an JAMES' (sogenannter) Metaphysik und an seiner (sogenannten) religiösen Mystik ist abzulesen, was aus den alten Worten in diesem Jahrhundert geworden ist.

Die Wahrheit wurde zu Wahrheiten; er gab der Wahrheit im Plural den *terminus technicus* ‹Pluralismus›. Aus Gott wurden Götter; er gab der Gottheit im Plural den *terminus technicus* ‹Polytheismus›. ‹Kein Aberglaube nimmt es auf mit der Vergötzung des Ganzen› — das war das Hauptmotiv seines Denkens. Pluralismus wird in philosophischen Wörterbüchern definiert als: Anerkennung von vielen letzten Elementen; JAMES fügt zu dieser Anerkennung noch eine andere hinzu, die keinen technischen Ausdruck erhalten hat und deshalb nie so sichtbar geworden ist. Den letzten Elementen wird eine Dynamik zugesprochen. So daß man seine Lehre am besten als wachsenden Pluralismus bezeichnen könnte. Auf das Religiöse übertragen: er hatte die Vorstellung von dynamischen Göttern, den epikureischen sehr unverwandt; das sollte eine neue Warnung sein, die sogenannten ‹Heiden› der letzten zweihundert Jahre Heiden zu nennen.

In seinem Kapitel über ‹Das Eine und die Vielen›[1] schreibt er leidenschaftlich gegen die Erhöhung des Einen, wie sie am radikalsten in der Vedanta-Lehre zum Ausdruck gekommen sei, die bis zur Leugnung der Existenz des Vielen ging; er hätte ebensogut die Eleaten zitieren können. Tatsächlich rebellierte er nicht so sehr gegen das Eine als gegen das Ewige, Zeitlose: denn auch das Viele könnte noch ewig sein. Wenn er ‹das philosophische System› als ‹nobel›, ‹reinlich›, ‹fixiert›, ‹ewig›, ‹rational›, ‹tempelartig›, ‹bürokratisch› herabsetzt – und dagegen die große, nicht eingepferchte und nicht angetaute Wildnis der Wahrheiten setzt, so vergißt er allerdings bisweilen – wenn auch nicht immer –, daß ‹Wildnis› als Begriff eine Einheit ist ebenso wie ‹Kosmos›. Vernunft stiftet Einheit.

---

[1] ‹*Pragmatism*›. Kap. IV.

Auch der Pluralismus wäre noch eine Einheit ohne JAMES' Zentral-Kategorie: ‹das Neue›. Sie und nicht ‹das Viele› sprengt den Monismus, die absolute Wahrheit, das System, gegen das JAMES unablässig aufbegehrte. Er brachte das nicht ganz klar heraus. Er sagte: die Entscheidung, ob man an das Primat des Einen oder des Vielen glaubt, hat die zahlreichsten philosophischen Konsequenzen; und er stützte seinen Pluralismus mit dem Hinweis auf die Denker, die von einer Vielheit der Atome oder einer Vielheit der Geister ausgingen. Aber die Vielheit ist immer noch eine Art von Monismus, immer noch in ein vereinheitlichendes System einzuschließen, solange sie unwandelbar, ewig ist. JAMES schuf die expansive Vielheit. Die Welt ist nicht reines Multivers und nicht reines Univers; sondern auf dem Weg vom einen zum andern. Die Welt hat nicht einen Ursprung, wächst aber immer mehr zusammen. JAMES suchte die Welt als eine echte Geschichte zu sehen, eine unausrechenbare Einmaligkeit. Er weigerte sich, zur Ebene der göttlichen Vernunft aufzuschweben und auf die Zeit wie auf eine Angeblichkeit herunterzusehen. Er zerstörte nicht so sehr die Einheit wie die Ewigkeit.

Soweit dieser dynamische Pluralismus nicht nur eine Kritik sein will, sondern eine Metaphysik, ist er hilflos ausgesetzt den elementarsten Argumenten. Wer sich auf Vernunft-Spekulationen einläßt, kann nicht bei einer Ur-Vielheit haltmachen; sie ist noch rätselhafter als die Ur-Einheit, das kompliziertere Rätsel ersetzt das einfachere. Sie hat logisch einen Nachteil und keinen Vorteil. Und weiter: läßt man sich auf Vernunft-Spekulationen ein, so wird von vornherein das Neue negiert. Wer die Wahrheit hat, schließt die Überraschung (eines der strahlendsten Worte in JAMES' ‹Vokabular›) aus. Wer sich auf die über-zeitliche Ebene der Vernunft erhebt, kann dem Noch-nicht-Eingetretenen keine Bedeutung beilegen. Vernunft und Geschichte sind wie Feuer und Wasser, trotz HEGEL und allen, die ihm folgten. Wer an das Neue glaubt, muß jede Metaphysik aufgeben. JAMES glaubte an das Neue. Er war ein Agnostiker mit einer geheimen Leidenschaft für Metaphysik und einem Widerwillen gegen seine eigene (bodenständigere) Skepsis. In dieser Konstitution repräsentiert er bis zu diesem Tage die Zweifler wider Willen und die Gläubigen ohne Glauben.

Es ist deshalb viel fruchtbarer, die Motive zu betrachten, die alle modernen Kritiker der Vorstellung einer ewigen Wahrheit stimulieren, als noch einmal die alten logischen Waffen herauszuholen, und auf dem Boden der Metaphysik sowohl den Pluralismus als auch den Monismus zu schlagen, die beide angreifbar sind. Der Monismus, Dualismus, Trialismus und Pluralismus haben einander nicht viel vorzuwerfen; der Monismus gibt immerhin noch die ausgiebigste Befriedigung. Wer sich auf die Diskussion ‹Das Eine und das

Viele› einläßt, endet bei Schwierigkeiten, die nur Gewaltsprüche aus der Welt schaffen können. Das ist oft genug durchexerziert worden. Die Geschichte der Philosophie ist am nützlichsten im Nachweis dessen, was man endlich lassen sollte.

Wenn man aber den Pluralismus nicht als eine konkurrierende Metaphysik betrachtet, enthüllt er viel. Die Motive, die ihn schufen, sind sichtbarer als ihre Rangordnung. Es war eine Befreiung. Die Begriffs-Hütten waren zu eng geworden; das Auge, das Ohr, alle Sinne, alle Organe der Erfahrung empörten sich gegen die konventionellen Pferche. Rückblickend auf fünfzig Jahre darf man sagen: die Erfahrungen überschwemmten alle Formen – nicht nur die überalterten, auch die neuen, die an ihre Stelle traten. Rückblickend darf man sagen, der alte bekannte Rhythmus von Freiheit und Form setzte sich nicht fort; keine Form bannte mehr die neue Freiheit, es entstand eine ewige Revolution... WILLIAM JAMES war nur ein Beginn an einem der vielen Punkte der Welt, wo sie begann. Die Form wurde unwahr und blieb es.

Die anti-metaphysische Tendenz (eine Parallele zum Zerbrechen der Formen in den Künsten) war nur ein Aspekt. Der Moralphilosoph, der das Verlangen nicht zensuriert, sondern ehrt, sträubt sich, es für eine Exklusivität zu opfern, deren theoretisches Pendant das Eine ist. ‹Die Welt ist plastisch›, sagte der englische Pragmatist SCHILLER zur Freude von JAMES. Die Wertungen sind ebensowenig an eine Ewigkeit gebunden wie die theoretischen Aussagen. LOTZE ist bis zu diesem Tag in Amerika einer der bekanntesten deutschen Philosophen, weil er (wie JAMES sagt) gegen die ‹fertige und vollständige Welt› schrieb. EUCKEN wird zitiert in seiner Wendung von der ‹Erhöhung des vorgefundenen Daseins›. Der Mensch als Schöpfer ist wichtiger als der Mensch als Geschöpf.

JAMES' Universum ist ein demokratisch-föderalistisches Universum: anti-zentralistisch, das Eigenleben der Teile betonend... mit einem Eigenleben, vor dem ‹das Ganze› ganz undeutlich wird: ‹Auf unserer Suche nach der Wahrheit springen wir von einer schwimmenden Eisscholle auf eine andere – in dem grenzenlosen Meer.› Deutlich sind nur die Eisschollen, das Wasser ohne Ufer ist nichts als ein Nebel. ‹Pluralismus› ist wie ‹Radikaler Empirismus› die Befreiung der Fälle vom Gesetz. Deshalb ging er, wenn er spekulierte, hypothetisch spekulierte, selbst nicht so weit wie die vorsichtigen Zeitgenossen LOTZE, FECHNER und FREUD – erst recht nicht so weit wie der unvorsichtige Nachkomme HUXLEY, der ein geheimer Dogmatiker ist.

Hypothetische Metaphysik: auf dem Boden der Parapsychologie

Auch JAMES' Ausgangspunkt waren okkulte psychologische Phänomene, die damals erst von einigen Outsidern einer Prüfung unterzogen wurden. Von hier aus erreichte er dann, sich genau kontrollierend, die Vorstellung vom weiteren Bewußtsein. Es war nicht nur hypothetischer, es war auch lokaler als ‹Das Eine› oder ‹Deus sive Natura› oder der ‹Weltgeist›. JAMES' umfangreicheres Bewußtsein, die ‹Mutter-See›, hat, sollte sie selbst als Faktum bewiesen werden, gar keine Chance, aus sich das ganze Universum zu entlassen. Sie ist in der Mitte zwischen wissenschaftlich gesicherten Resultaten und der alten universalen Metaphysik, lokal und hypothetisch.

Ganz genau: es war nicht die Psychologie, sondern die Parapsychologie, die das Fundament für JAMES' angenommene Metaphysik hergab. In allen Ländern Europas wurden damals die dunklen Kontinente der Seele wissenschaftlich entdeckt. Der geniale Scharlatan MESMER hatte den Antrieb gegeben. In England studierte ihn der Chirurg JAMES BRAID und führte das Wort Hypnotismus ein. In Nancy arbeitete der französische Landarzt LIÉBAULT damit. In der Schweiz schrieb FOREL ein Buch darüber. In Rußland wandte BECHTEREV die neue Methode an. In Paris untersuchte CHARCOT die Hysterie. In Wien gaben BREUER und FREUD die ‹Studien über Hysterie› heraus. Die Unterwelt des wissenschaftlich ausgemessenen seelischen Kontinents erblickte in Laboratorien das Licht der Welt. 1882 wurde in London, 1884 in New York die *Society for Psychical Research* gegründet. WILLIAM JAMES war viele Jahre ihr Präsident. Ein Jahr nach der Schrift FREUDS und BREUERS hielt er Vorlesungen über ‹Abnormal mental states›. 1897 sprach er über ‹Hysterie›. Er machte Erfahrungen mit Heilern und Drogen.

Er war an der neuen Wissenschaft vielfach interessiert: als Kranker, der psychotherapeutisch mit sich herumexperimentieren ließ; als Psychologe, der bereits mit seinem ‹Strom des Bewußtseins› die Grenze erweitert hatte, welche die Klassiker der Seelenlehre gesetzt hatten. Als militanter Parteimann, immer auf seiten dessen, was gegen die Widerstände der Hüter des Akzeptierten ans Licht will, nahm er alle die unfeinen Erscheinungen bereitwillig auf: die Medien und die Hysterie und die Hellseherei und MESMER und das automatische Schreiben. Die Phrenologie akzeptierte er nicht als Erkenntnis, aber als Kunst. An der physiognomischen Praxis versuchte er sich selbst, sammelte die Porträts von Freunden und berühmten Leuten und deutete sie. Er war offen für die ‹Hungerkünstlerin von Wales›, für dämonische Besessenheit, für Hexerei, Gespenster, das zweite Gesicht, Geister und alle Art von Kobolden. Es ist sowohl Spott als auch Trotz in seiner Aufzählung dieser neuen Gäste, die andrängten. Er war distanziert — und aufgeschlossen; und vor allem provokativ vor den Wächtern des akademisch Zugelassenen. Es ist lobenswert, sagte er sarkastisch, daß der Intellekt sich die Welt sauber und ordentlich vorstellt. Aber was in all den unordentlichen Erscheinungen, die erforscht werden sollen, durchbricht, ist sehr individuell und gesetzlos. So sah es wenigstens damals aus. Der Professor HALL, dem der Leser in dem Kapitel über PEIRCE begegnet ist, hielt sich an sein ‹wissenschaftliches Credo›. JAMES war ‹nackt empirisch›. Was immer die Welt an Schönheit besitze, auf jeden Fall habe sie ‹die Schönheit akademischer Nettigkeit verloren›. Man kann diese Position mit der erkenntnis-kritischen Etikette ‹Empirismus› bezeichnen. Sie war viel mehr.

JAMES' Haltung sieht nach ordinärstem Irrationalismus aus — und war viel eher ein geradezu rationalistisches Pathos. Phänomene, die bisher viele Köhlerglauben genährt hatten, sollten für die Welt wissenschaftlicher Klarheit erobert werden. FREUD hätte diesen JAMES-Satz schreiben können: ‹Wenn man den Tatsachen ins Auge blickt, sieht die Welt des Teufels nicht mehr so breit und tief aus.› Wer sich auf unbetretene Pfade begibt, wird immer verdächtigt werden, daß er sich verirrt hat. Auch ist schwer zu sagen, wie weit WILLIAM JAMES gelegentlich einmal sich verlocken ließ. Der Arzt Dr. AXEL MUNTHE berichtet in der ‹Geschichte von San Michele›: am 17. Januar 1901 starb in Rom der amerikanische Forscher FREDERICK MYERS, ein Pionier auf dem neuen Gebiet. Sein Freund WILLIAM JAMES, von Schmerz überwältigt, saß vor der Tür des Sterbezimmers, Notizbuch und Bleistift in der Hand, um die Botschaft aufzunehmen, die ihm MYERS vom Jenseits her senden sollte... Diese Anekdote macht aus JAMES das Mitglied einer Sekte, die an die Kommunikation zwischen Toten und Lebenden glaubt. Hundert Stellen seiner Schriften und seiner Korrespondenz beweisen, daß er eher das skeptische Gewissen des neuen Überschwangs war.

Unablässig tadelte er voreilige Veröffentlichungen, voreilige Generalisierungen: ‹Die paar Pfeiler, die man in den Treibsand gerammt hat, sind nicht ausreichend für einen solchen Bau.› Wir wollen zunächst keine Theorien, wir wollen die Sicherstellung von Fakten. Er kritisierte die schlecht kontrollierten Seancen, die das italienische Medium EUSAPIA PALALADINO 1909 in New York gab. Er predigte noch eine andere Vorsicht. Er wußte um die erschlaffende Wirkung des Verkehrs mit Geistern. Der Kontakt mit einer andern Welt macht passiv in dieser. Er sah die große Gefahr in einem faulen Quietismus und einem Gnostizismus ohne denkerische Anstrengung. Er war ein Feind des leichtsinnig-fabulierenden Spekulierens. Er war ein noch größerer Feind der sedativen, Tat-lähmenden Wirkung des weichlichen Sich-fallen-lassens in eine Welt, die kein Aufraffen erfordert. Wenn er die Verbreiterung der seelischen Welt für ein viel bedeutenderes Unternehmen hielt als DARWINS Eroberung, so setzte er DARWINS Erschließung einer begrenzten irdischen Vergangenheit in Gegensatz zur Eröffnung einer grenzenlosen spirituellen Zukunft. Das eine, dachte er, läßt uns die Vergangenheit besser verstehen. Das andere wird uns neue Möglichkeiten schenken, ein breiteres individuelles Leben. JAMES war ein Enthusiast der okkulten Phänomene, weil er in ihnen das Anzeichen für eine Erweiterung und Aktivierung des individuellen Lebens sah.

Gehirn-Physiologie und ‹Die Unsterblichkeit des Menschen› (1898)

Die Vorstellung, welche die parapsychologischen Phänomene weniger schufen als reicher machten, war nicht sehr original. Er beschrieb sie als Kontinuum eines überindividuellen, umfassenderen Bewußtseins. Unsere Individualität ist ein zufälliger Deich gegen die ‹Mutter-See›, die, könnte man ihn sagen lassen, in jedem von uns zu einem engen, zu engen Tümpel geworden ist. In einer seiner Metaphern sind Gehirne farbige Linsen im Wall der Natur; in einer nicht ganz dazu stimmenden anderen Metapher schlagen ab und zu Wellen über den absperrenden, vereinzelnden Deich. Der Tod ist das Niederbrechen des Deiches. Ins Abstraktere übersetzt: er chiffrierte hier seinen Glauben an die Möglichkeit reicherer, weiterblickender, weiterfühlender, weiterwollender Persönlichkeiten. Hinter den Spekulationen und den Bildern, die sie inszenierten, wirkte der Wille zu einer noch ungeahnten Entfaltung des einzelnen.

Original an dieser Theorie ist nur, wie er für sie Raum zu schaffen suchte in der Ära der Gehirn-Physiologie. Ihre These referierte er in Sätzen wie: geistiges Leben existiert nur mit Hilfe der ‹grauen Substanz›; ‹Denken ist eine Gehirnfunktion›. Wie kann er dagegen seine Vorstellung vom Bewußtsein, das nicht an die Materie gebunden ist, halten? Er versucht die Tyrannei des ‹wissenschaftlichen Puritanismus› mit Argumenten zu brechen. Er beruhe auf Dogmen, nicht auf Erfahrungen. Wir erfahren keine geordnete Welt, wie die Wissenschaft sie konzipiert. Ihre Macht ist nur so lange in Kraft, wie wir ihre Behauptungen nicht untersuchen. Was bedeutet zum Beispiel: Denken ist eine Funktion des Gehirns? Es kann bedeuten: das Gehirn produziert Denken. Es kann auch bedeuten: Denken wird freigesetzt; das Gehirn hat eine ähnliche Funktion wie der Abzug an einer Armbrust. Es kann schließlich auch bedeuten: das Gehirn produziert nicht, setzt nicht frei, sondern kanalisiert. Es läßt einen

Teil von dem durch, was da ist, und andere Teile nicht. Die Individualität ist ein Extrakt, die Auswahl aus einem Umfassenderen.

Was solche Annahmen wert sind, hängt zunächst einmal davon ab, wie sehr sie Annahmen bleiben oder sich unversehens in ‹Wahrheiten› verwandeln. JAMES war nie in Gefahr, die Grenze zwischen Es-ist-möglich und Es-ist zu überschreiten. Erst recht war er nie in Gefahr, von dem konstruierten weiteren Bewußtsein geraden Wegs zum universalen Bewußtsein und von da zur Endstation, dem persönlichen universalen Bewußtsein nach alter Sitte auf den gebahntesten Wegen sich vorwärtsdrängen zu lassen. Er hatte ein Vielleicht gefunden, das am ehesten seinen psychologischen und parapsychologischen Untersuchungen genügte. Vor allem aber genügte es seiner Passion für ein mit Welt und Liebe gesättigteres Individuum.

Bescheiden wie seine ‹Metaphysik› ist die entsprechende ‹Theologie›, die auch diesen prunkvollen Namen nur erhält, um zu unterstreichen, was hier nicht mehr geleistet wird.

WILLIAM JAMES sagt auch bisweilen ‹Religion›, öfter aber die ‹religiöse Hypothese›. Er sagt auch bisweilen ‹Gott›, öfter aber ‹Götter› — und wenn er einen unter ihnen auszeichnet, so doch nicht als den einzigen Gott. Er lehrt einen ‹Polytheismus›, wenn er auch dieses Wort nur selten hinschreibt — und dann noch mit der Warnung: es kränke die Menschen, man verwende es lieber nicht, obwohl es bis zu diesem Tag immer noch die Religion aller Nicht-Gelehrten bezeichne. So bürgerte sich das Wort ‹Pluralismus›, weniger erschreckend, als Ersatz ein. Wo er beinahe so spricht wie ein Monotheist, redet er von einem Gott, der begrenzt ist, in Zeit und Raum; er hat eine Umgebung, für die er nicht verantwortlich ist. Diesen seltsamen Gott setzt er ‹dem hohlen, unwirklichen Gott der Scholastik› entgegen und ‹dem unvorstellbaren pantheistischen Monstrum› — Produkten ‹professoraler Gehirne›. JAMES' seltsamer Gott ist die vergöttlichte Hypothese vom Unbewußten — das auch seine Grenzen hat.

WILLIAM JAMES hat eine berühmte Abhandlung über die hypothetische ‹Unsterblichkeit des Menschen› geschrieben; sie ist die beste Illustration seiner ‹Religion›, seiner ‹Theologie›. Sein Zeitgenosse UNAMUNO hat das zerredetste Wort in geschwätzigster Zeit wieder in seinem vollen Sinn hergestellt: Unsterblichkeit ist Rettung des individuellen Leibes, der individuellen Seele und des individuellen Gedächtnisses. WILLIAM JAMES, ein klassischer Stellvertreter jener Ungläubigen, welche die Vokabeln früherer Glauben nicht aufgeben wollen, schenkte dieser ‹Unsterblichkeit› die traurigste Metapher: der einzelne lebe im Überbewußtsein weiter wie der zurückbleibende ‹Abschnitt› im Scheckbuch, der die Erinnerungen an die Transaktion aufbewahrt. Er hat sogar den Versuch gemacht, mit diesem trostlosen Trost zu trösten. Acht Monate vor dem Tode seiner Schwester ALICE, als sie bereits aufgegeben war, entwickelte er in einem Brief an sie: ‹Wenn das, was du bist, den Körper verläßt, wird es eine Explosion von befreiter Kraft geben und von Leben, das bis dahin nicht zur Entfaltung kommen konnte.› Um in seiner Bilderwelt zu bleiben: der kleine Teich wird überschwemmt vom gewaltigen Meer — was ihn gewiß imposanter macht, aber auch zu nichts. Der Teich von einst lebt im Meer nicht weiter.

Diese sogenannte Religion, diese sogenannten Götter, dieser seltsamste Theismus und diese kuriose Scheckbuch-Abschnitt-Existenz in alle Ewigkeit haben sich zur Seite noch ein Vertrauen auf die Zukunft, ein etwas fragwürdiges. Er benennt es mit dem Namen ‹Meliorismus›. Dies Wort, ein ängstliches Ausweichen vor Optimismus und Pessimismus, indem man versichert, es sei zwar nicht sehr gut um die Welt bestellt, werde aber immer ‹besser› *(melior)*, ist, wo es heute auftaucht, nichts als ein verschämter Optimismus. In JAMES' Übersetzung heißt es: ‹Die Welt mag gerettet werden.› Der Ausdruck ist also skeptischer, aber auch wieder voll von theologischen Versprechen. Sein Wortschatz strahlt mehr Glauben aus als das Werk, in dem er ausgemünzt ist.

Mit diesem Sich-hingeben an alte Träume war er noch kein Christ und noch kein Heide. Das Wort ‹Unsterblichkeit› schafft noch keinen Christen und das Wort ‹Götter› noch keinen Griechen. Man sei besonders mißtrauisch gegen das moderne Heidentum; es ist meistens eitel Prahlerei. Weder der ‹Heide› GOETHE noch der ‹Anti-Nazarener› HEINE, der sich nach GOETHE als ‹der große Heide No. II› zu bezeichnen liebte, noch der ‹Anti-Christ› NIETZSCHE waren Zeitgenossen des EPIKUR. GOETHE schrieb an JACOBI: ich bin Polytheist als Poet, Pantheist als Naturforscher, Monotheist als moralisches Wesen... Hinter dem Neu-Heidentum verbergen sich viele sehr unheidnische Motive. Man hielt die neuen Heiden für Heiden, weil sie es verkündeten; sie verkündeten es vor allem zwecks Ausrottung einiger Askesen. WILLIAM JAMES war ein Anbeter des Vielfältigen, des Vielklängigen, des Vielfarbigen. Er verehrte den Wechsel. Er liebte die Haut der Dinge. Er war den Oberflächen zugetan, ohne oberflächlich zu sein. Er wollte das für den Hausgebrauch Zurechtgemachte, das Zensurierte, das Verstümmelte in der ursprünglichen Fülle wiederherstellen. Viele christliche Heiden übernahmen sich, wenn sie mit ihrer neuen Begeisterung für den Leib und die Natur und vieles Verpönte — gleich die gesamte jüdisch-christliche Problematik loszuwerden gedachten. WILLIAM JAMES war keiner von den neu-heidnischen Befreiern, die noch die alten Ketten spürten und deshalb so unabhängig agierten. Sein Heidentum war zwar auch ohne die Gelassenheit HOMERS und EPIKURS — aber doch auch ohne das Empörertum

NIETZSCHES und GEORGES. Das Wort ‹Götter› ist bei ihm mehr die Entthronung eines Singular als die Verbundenheit mit einer von Göttern belebten Welt.

Religiöse Argumente eines Ungläubigen

Seine Theologie läßt sich nicht entwickeln, weil er keinen Himmel hatte. Aber es gibt eine theologische Kategorie, die ihr einen konkreteren Inhalt gibt — und von höchster Aktualität ist, weil sie das, was heute ‹Religion› genannt wird, wesentlich illustriert. Nachdem alle Inhalte des Glaubens sich zu schattenhaften Schemen verflüchtigt hatten, blieb als entscheidender Rest übrig: dieses Glauben — ohne Objekt. JAMES' Theologie ist die Bestimmung dieses Glaubens: man weiß nicht an wen oder was. Er gebraucht die Worte *Faith* und *Belief* ununterschiedlich; *Webster's New College Dictionary* erklärt sie so: erstens, Glaube an Gott, Vertrauen in Gott; zweitens, Glaube an Dogmen; drittens, Treue oder Vertrauen zu jemand oder etwas. Wenn JAMES das Wort *Faith* oder *Belief* gebraucht, bedeutet es immer ein Vertrauen. Er verharmloste den Glauben, das Vertrauen, um sie zu retten. Wir glauben alle an Moleküle und die Erhaltung der Energie und Demokratie, versicherte er den Zuhörern, um ihnen zu beweisen, daß es auf ein bißchen Glauben mehr schon gar nicht mehr ankäme. Er war auch nicht sehr subtil in seinen ohnmächtigen Anstrengungen, zu retten, was er nicht hatte.

Hatte er Vertrauen? Das ist mehr als eine biographische Frage. Wer leidenschaftlich für den Glauben eintritt, ohne zu glauben, charakterisiert damit eine herrschende ‹Religion›. WILLIAM JAMES gehört in die Reihe der großen Propagandisten des Glaubens im neunzehnten und zwanzigsten Jahrhundert, die sich vergeblich einen Weg zu bahnen suchten — zum Glauben. Sie werden für Religiöse genommen, weil sie so inbrünstig versuchten, es zu sein. In einem Brief vom 17. April 1904 schrieb er: ‹Meine persönliche Lage ist einfach. Ich habe Verkehr mit einem Gott nie erlebt.› Man könnte das übersetzen: auch als Polytheist ist er nur Theologe, nicht Gläubiger. In vielen sprachlichen Wendungen verrät er, wie sehr die ‹Religiosität›, die er seinem Pragmatismus zuschreibt — keine war. Er versuchte nicht, der einzig wahren Religion einen Platz zu schaffen — sondern: ‹der religiösen Hypothese›. Er behandelte ‹positive religiöse Konstruktionen›: *‹cordially›*, freundlich. Er reduzierte die Religionen auf das Essentielle. Das taten schon lange die Moralisten, er tut es menschenfreundlicher: ‹Gott oder nicht› bedeutet: ‹Versprechen oder kein Versprechen.› Es gibt keine Ausführung: was für ein Versprechen? Aber die dringendsten Anliegen haben sich in der Zeit, von der wir wissen, nicht verändert. Er umschreibt die ‹pragmatische Religion› mit dem Sätzchen: ‹Gott ist im Himmel; es ist mit der Welt alles in Ordnung.› Sein ‹Gott› und sein ‹Himmel› sind blaß bis zur Unkenntlichkeit. Er wollte das Minimum retten; er wollte die Hoffnung stärken — man sagte besser: eine hoffnungsvolle Stimmung. Wer ihn bestimmter auslegt, verfehlt ihn. Sein Polytheismus entstammte nicht einer gläubigen Phantasie. Er ist die Übersetzung des Pluralismus in die theologische Sprache.

Um eine Kräftigung der Hoffnung zu erreichen, redete er seinen sehr reservierten Zeitgenossen mit vielen Argumenten zu. Er sprach nicht zu Gläubigen, sondern zu sich und seinesgleichen. Er legte die psychologischen Motive der Zweifler bloß, welche die Einstellung hatten: ‹Besser kein Glaube in alle Ewigkeit — als auf eine Unwahrheit hereinfallen.› Er schrieb gegen die prophylaktische Skepsis. Ein Mann, der in der Gesellschaft von Gentlemen für jedes Versprechen eine Bürgschaft verlange und keinem Menschen ohne Beweise glaube, beraube sich aller Chancen, die eine vertrauensvollere Haltung gewähre. Niemand wird die ‹Götter› kennenlernen, der sie zwingt, sich vor der Logik auszuweisen. JAMES sagte nicht: daß sie existierten; nur daß man sie nicht verjagen solle, falls sie existierten.

In diesen religiösen Bemühungen eines ‹Nicht-Gläubigen›, der vor allem sich selbst zu überzeugen suchte, war die verwirrendste: der pragmatische Begriff der ‹religiösen Wahrheit›. Verwirrend, weil JAMES sehr leichtsinnig war im Jonglieren mit diesem Begriff; seine Gegner aber entweder unfähig waren, zu lesen und aus dem Zusammenhang die korrekte Deutung zu geben; oder aber glücklich, mit Hilfe einer unglückseligen Formulierung den Humanisten JAMES ebenso einleuchtend wie billig zu besiegen. Der berüchtigte Satz lautet: ‹Wenn theologische Ideen sich im Leben als wertvoll erweisen, sind sie wahr.› In dieser ewig zitierten Form aber ist die Sentenz zwar ein sehr brauchbares, aber verkrüppeltes Zitat. Denn es ging weiter: die hilfreichen theologischen Dikta seien wahr — ‹in dem Sinne, daß sie gut seien›, und seien gut, soweit sie das Leben fördern. Wieweit darüber hinaus sind sie wahr? Er macht deutlich, daß andere Maßstäbe angelegt werden müssen, sobald von theoretischer Wahrheit die Rede ist. Damit ist das Wort ‹Wahrheit› in der Wendung ‹religiöse Wahrheit› immer noch nicht gerechtfertigt. Auch ist die Behauptung: ‹Glaube kann Verifikationen produzieren› ganz schlicht falsch. Und schließlich wird sich der Begriff ‹lebenfördernd› als eine der problematischsten Kategorien des praktischen Pragmatismus erweisen, wie ihn DEWEY ausgebildet hat. Aber es bleibt dabei, daß es gelang, bis zu diesem Tage den Wahrheitsbegriff des Pragmatismus mißzuverstehen und umzufälschen und Mißverständnis und Fälschung als Zentrum der Lehre zu verkünden.

Das kann nur korrigiert werden, wenn man erkennt, daß das Periphere dieser Lehre, ihre Erkenntnistheorie, in den Mittelpunkt der Debatte gerückt worden ist und ihr Zentrum (man würde heute sagen: das existentielle Problem) an die Peripherie. JAMES sah auf die Religion weder als Aufklärer des achtzehnten noch des neunzehnten Jahrhunderts. Auch er wußte um ihre Funktion in der Niederhaltung junger, aufstrebender Kräfte. Aber im ‹Jahrhundert der Mönche des Atheismus›, wie HEINE sie nannte, schrieb er gegen die Lehre, daß Religion ein ‹Opium› sei, weil er ihre Leben-weckenden Kräfte sichtbar machen wollte. In seinem stürmischen Platzmachen für den Glauben, in seinem Kreuzrittertum ohne Kreuz, ist WILLIAM JAMES der Kämpe für ein *vital good*. In seinen moralphilosophischen Betrachtungen hatte er die unkantischste aller Wendungen eingeführt: ‹moralische Feiertage›. Man könnte als prunkvolles Beispiel für sie die Saturnalien anführen — Ausnahmen vom Alltag, in denen einige strenge Gesetze des Jahres außer Kraft gesetzt sind. Dieses Schwärmen für ‹moralische Feiertage› war ein Präludium der Klage über das Unbehagen in der Kultur. Parallel zu diesen ‹moralischen› könnte man von theologischen Feiertagen sprechen, wo man die Ansprüche der Wissenschaft vergißt und sich zur Stärkung den Himmel mit Wohlwollen bevölkert. Was hat das noch mit Wahrheit zu tun? Seine Theologie ist die Erfindung eines Samariters.

Er entwickelt solch einen Eifer bei diesem menschenfreundlichen Unternehmen, daß er bisweilen vergißt: aller Wille zur Leichtherzigkeit macht noch nicht leichtherzig. Er propagiert sich selber bisweilen in die Rolle eines Gläubigen. Dabei fehlte ihm die Naivität jener romantischen Poeten, die das mühelos praktizierten. Am 29. Januar 1897 schrieb er an Mrs. GLENDOWER EVANS: ‹Was *‚Faith'* angeht, behandeln Sie es bitte nicht als einen *terminus technicus*.› Er nimmt seinem Glauben alle Aspirationen, die Gewißheit einer transzendenten Wirklichkeit zu sein. Er läßt ihm eigentlich nur die eine psychologische Qualität: ‹eine Art von leidenschaftlicher Abwehr, aufzugeben›. Aber nachdem er diesen Glauben als das charakterisierte, was er wirklich war: ein Mangel an Glauben... ließ er sich von außen in eine Sicherheit hineinmanövrieren, die er gar nicht hatte. Ein Kritiker schrieb ihm: ein Mann, der eine Art von Glauben hat, wie Sie ihn haben — hat gar keinen; Ihr Glauben ist so gestützt, auf Draht gezogen und gepolstert, so um und um gewendet, geebnet — verflucht! das soll ein Glaube sein? Da gibt JAMES nach. Dieser ‹Glaube› sei doch nur präpariert für die Positivisten im Kolleg. Und er schwor, daß auch er einen ‹robusten› Glauben habe. Aber nirgends im Werk erscheint er ‹robust›, nicht einmal weniger robust. Und er schränkt auch seine Überanstrengung sofort ein, mit dem Hinweis: die robusten Glauben führten doch nur zu den Kreuzzügen, in denen die Gläubigen einander die Kehle durchschnitten. Erstens also verkündete er: er habe einen Glauben, sogar einen robusten, der es mit den kräftigsten aufnehmen könne; zweitens erscheint ein solcher Glaube nirgends in seinen Schriften; und drittens fügt er hinzu, daß die robusten Glauben sich immer in ihren üblen Konsequenzen gezeigt hätten.

Will man dieses Sich-übernehmen mit Religion, in dem auch er repräsentativ ist für eine entscheidende Tendenz der letzten hundertfünfzig Jahre, zerpflücken, so kann man eine Distinktion verwenden, die er selbst geschaffen hat: den Unterschied zwischen einer lebenden und einer toten Wahl. Eine Glaubens-Hypothese mag zum Beispiel lebendig sein unter Mohammedanern, aber nicht unter Christen; für Analphabeten, aber nicht für Wissenschaftler. So redete er die Zuhörer des Philosophen-Clubs in Yale also an: ‹Wenn Religion für irgend jemand im Raum auf keinen Fall wahr sein kann, dann hat es für ihn gar keinen Wert, in diesen Überlegungen weiterzugehen.›

Er selbst ging in den Überlegungen weiter, er wandte die Scheidung zwischen einer lebenden und toten Hypothese nicht auf sich an. Für ihn war die ‹Unsterblichkeit› eine tote Hypothese; aber er versuchte, sich glauben zu machen, daß sie eine lebende ist. Wie sehr sie das nicht war, geht (etwa) aus dem Geständnis hervor: ‹Ich habe zu gestehen, daß ich selbst nie leidenschaftlich an der Unsterblichkeit interessiert war.› Er war an keiner Transzendenz ‹interessiert›, weil, um in seiner Sprache zu reden, jede Hypothese über sie – ‹tot› war. Das durchschaute er nicht, weil er nicht wollte. Und er wollte nicht, weil er um die lebenfördernde Kraft der Religion wußte und sie nötig hatte. Auch weil er ein Menschenfreund war – und wie IBSEN in der ‹Wildente› und NIETZSCHE in der ‹Geburt der Tragödie› das Leben wählte und die Wahrheit ihm anpaßte. WILLIAM JAMES: Das war eine der großen Anstrengungen um die letzte Jahrhundertwende, eine Religion zu erzwingen.

Der philosophische Begriff ‹Leben›, der am Ende des neunzehnten Jahrhunderts mächtig wurde, war vor allem beladen mit zwei Bestimmungen: einem Ausbruch von Dankbarkeit, die früher Gott dargebracht wurde; und der Vorstellung von einer Fülle des Lebens, wie man sie vorher nur vom Paradies hatte. JAMES' Gebrauch politischer Vokabeln wird nur durchsichtig, wenn man sie als Metaphern des Erlebnisses der Üppigkeit und der Dankbarkeit entziffert. Er spricht vom ‹demokratischen Universum› – nirgends wird deutlicher als hier, daß dieses ‹demokratisch› eine philosophische und nicht eine politische Kategorie ist. Wie NIETZSCHES ‹Wiederkunft des Gleichen› einen Enthusiasmus in Worte brachte, so JAMES' Idee, daß jedes Blatt, welches je in den Wäldern wuchs und im Winde raschelte, unsterblich ist. Weil er die Verteidiger des Unterschieds von

Erwählten und Verdammten angriff: es wäre ihnen nicht fein genug, zusammen mit den Hottentotten unsterblich zu sein... war es sehr leicht, in ihm so etwas wie einen Anwalt der Gleichberechtigung aller Rassen zu sehen. Er aber traf in dem Wunsch nach universaler Unsterblichkeit nicht nur die Propagandisten einer Elite. Er bezog in seinen Wunsch auch die ‹geduldigen Viecher› ein. Er war um so viel SCHOPENHAUERscher denn SCHOPENHAUER, als er vom Größenwahn der Vernunft geheilt war, die im Werk SCHOPENHAUERS nicht viel weniger herrschte als im Werk HEGELS, des großen Gegners.

Die amerikanische Philosophie, von EMERSON bis JOSIAH ROYCE, so abhängig vom deutschen Idealismus, hat SCHOPENHAUER nicht aufgenommen; WILLIAM JAMES, der ihm am nächsten stand, verriet am deutlichsten: weshalb nicht. Man hatte ihn aufgefordert, dem Komitee beizutreten, das die Errichtung eines SCHOPENHAUER-Denkmals in Frankfurt vorbereiten sollte. Er lehnte ab. Er bekannte sich zur großen Wahrheit dieser Philosophie. Er sagte nicht: zu welcher; aber sein Leben und seine Schriften und ein einsames Zitat bekunden es. Auch JAMES sah die Einheit alles dessen, was lebt, im Erdulden — nicht in der großmächtigen, Privilegien schaffenden Vernunft. Aber er war leidenschaftlich gegen SCHOPENHAUER, wo er von sich abwich. SCHOPENHAUER ließ sich selbst im Stich, in der Verachtung des Menschen, der nicht Künstler, Philosoph oder Heiliger ist. So schrieb JAMES: er könne nicht mitwirken an der Verkündung des Ruhms eines Mannes, der ‹mit Eifer mein Leben und das Leben derer, die mir am Herzen liegen, anspie›. Sein schriller Pessimismus sei das Geheul eines Hundes. Es wäre unmoralisch, den Mann öffentlich zu ehren, dessen Schriften, würde man ihnen folgen, alles Wohlwollen zerstören würden, welches das Leben so süß macht. Und was würde SCHOPENHAUER selbst zu einem solchen Komitee sagen? Drastischeres, als er je hat drucken lassen...

In dem Jahrzehnt, in dem NIETZSCHE sich von SCHOPENHAUER trennte — aus Lust am Leben, schied sich JAMES, ein unauffälliger Schopenhauerianer, von dem Meister, dem Verkünder der Lehre: es ist kein Unterschied zwischen Dir und Mir... weil SCHOPENHAUER sein ‹demokratisches› Prinzip pervertiert hatte in die hochmütige Lehre von den Allzuvielen und den Erlesenen. Sehr zugespitzt könnte man sagen: JAMES sagte sich noch einmal los von jenem Kalvinismus, der die wenigen Begnadeten von den vielen Verdammten schied, wie sich schon sein Vater gelöst hatte — und verkündete: unser Menschentum liegt nicht in dem, worin wir uns unterscheiden, was uns auszeichnet, sondern in der gemeinsamen Erbschaft: Geduld im Leiden und unablässige Anspannung, das Leben zu bestehen.

Noch unkalvinistischer und SCHOPENHAUER-ferner ist er aber dort, wo er diese harte Disziplin mildert im Enthusiasmus des dankbarsten Erdenbürgers — hymnisch im Preis dessen, was er, ein ewig Leidender, empfing aus dem Füllhorn des unbekannten Spenders. Neben ihm aber lebte jener HENRY ADAMS, der, gleich ihm, mehr ein aufwühlendes Ereignis war als ein Forscher auf begrenztem Gebiet, mehr das unamerikanischste Phänomen auf dem Boden Amerikas als ein echt amerikanischer Klassiker — auch er in seinen zentralsten Einsichten ohne Wirkung auf die Generationen, die folgten.

Ein hervorragender Schriftsteller wie JAMES, war er wie JAMES von keiner Erfahrung mehr überwältigt als von dem Erlebnis, daß die Lebensfülle von keiner Religion, keiner Philosophie, auch keiner Wissenschaft und Politik zu binden ist. Auch WILLIAM JAMES hätte schreiben können, was in der ‹Erziehung des HENRY ADAMS› über die ‹Einheit› der Welt geschrieben steht: ‹Anscheinend leugnete man sie nie. Jeder Philosoph, ob vernünftig oder närrisch, bejahte sie selbstverständlich. Der äußerste Ausbruch von Anarchie schien bei der Behauptung von zwei Prinzipien stehengeblieben zu sein, und sogar diese beiden entsprachen einander, wie Gut und Böse, Licht und Finsternis.› Nun aber sei die ‹Einheit› nur noch ein leeres Wort. Die christlich-idealistische Tradition hatte über beide Denker ihre Macht verloren. JAMES ersetzte Gott durch einen Gottesdienst, der das mysteriöse ‹Leben› feierte; er war ein hoffnungsvoller polytheistischer Individualist, der sich nicht um den Gang der Menschheit — nur um das Heil des Einzelnen kümmerte, das in der Entschränkung liege, in der Aufnahme von immer mehr Leben. Als ihm HENRY ADAMS im Jahre 1882 seinen ‹Brief an die amerikanischen Geschichtslehrer› schickte, lehnte sich JAMES heftig auf gegen die tiefe Resignation; und widersprach (in seinem Todesjahr) leidenschaftlich der These vom Untergang der Menschheit, als HENRY ADAMS das zweite Gesetz der Thermo-Dynamik auf sie anwandte.

HENRY ADAMS aber war die Endstation aller amerikanischen Versuche, den Fortschritt der Gattung im allgemeinen und des amerikanischen Jahrhunderts im besonderen nachzuweisen. Man ist zuerst sehr sicher gewesen. Dann wurde die Sicherheit etwas verdeckt von einer Betrachtung der Stagnationen, der Rückläufigkeiten. Aber erst in HENRY ADAMS brach das Wort durch, das wohl bei keinem anderen amerikanischen Denker ein Zentrum des Denkens wurde: Anarchie ist die Wahrheit. ‹Er war›, sagte er von sich, ‹krankhaft darauf aus, am Horizont etwas Licht zu sehen›; am Horizont seines Daseins und des Lebens der Rasse. Er sah es nicht. Diese Resignation schildert das nächste Kapitel.

IV.

AMERIKANISCHE ZWEIFEL AM FORTSCHRITT

1. Geschichtsphilosophische Zuversicht: auf theologisch, metaphysisch und wissenschaftlich

> ‹Alle modernen Revolutionen, welche die Welt bewegt haben, sind von Geschichtsphilosophien inspiriert und gerechtfertigt worden.›
> Der Historiker Charles A. Beard

Es scheint zum eisernen Bestand des Selbstverständlichen zu gehören, geradezu zur völkerpsychologischen Dogmatik: daß die Amerikaner nur wenig Beziehung zur Vergangenheit haben. Jacob Burckhardt nannte sie deshalb ‹ungeschichtliche Bildungsmenschen, welche es dann doch von der alten Welt her nicht ganz loswerden. Es hängt ihnen alsdann unfrei als Trödel an›.

Oft genug nannten sie selbst den ‹Trödel› — Trödel. Das meist zitierte Wort in diesem Zusammenhang ist Henry Fords ‹Geschichte ist Mumpitz›... Man pflegt den geistigen Zustand, wie er sich in jener berüchtigten Sentenz überlaut ausdrückt, auf zweierlei zurückzuführen: in Amerika gäbe es nur wenig Historisches, das an ein Einst erinnere — auch gehe es, soweit es sichtbar sei, nicht sehr weit zurück; und da in diesem Lande die Technik, für welche doch Vorgänger nicht zählten, im Mittelpunkt des Daseins sei, so habe man nur sehr wenig Veranlassung, Gewesenem nachzuhängen.

In der Tat war die amerikanische Verzauberung durch die Vergangenheit, wie sie sich etwa in der Romantik Washington Irvings manifestierte, nur ein schwacher Abglanz der europäischen Sehnsucht nach der verlorenen Zeit, die ihren stärksten Ausdruck fand in einer Sentenz Hofmannsthals: ‹Wenn es einer Epoche nicht mehr der Mühe wert erschiene, sich mit der Vergangenheit zu beschäftigen, fiele sie der Verzweiflung anheim.› Die ‹Beschäftigung mit der Vergangenheit› kann aber in vielen Gründen wurzeln: in der Sehnsucht nach ihr — aber auch in dem Stolz auf eine Gegenwart und in der Hoffnung auf eine Zukunft. In Amerika entstand mit dem Beginn des neunzehnten Jahrhunderts eine Fülle von Deutungen der Geschichte, belebt von demselben Selbstvertrauen, das in den Theorien von Herder bis Auguste Comte Ausdruck gefunden hat.

Für die Generation, die noch theologisch redete, sprach George Bancroft (1800—1891), der in einem guten Verhältnis zwischen Gott und den Menschen das glückliche Ende voraussah. Dahin gehe es ‹unwiderstehlich aufwärts›. Eine Generation reiche der andern die Fackel, die nie verlösche. Der ‹Fortschritt› sei gesichert... Der Kern dieser Zuversicht ist offenbar: BANCROFT gab der göttlichen Vorsehung amerikanische Züge. Die Institutionen des Landes entwickeln sich nach dem Willen des Herrn. Die Prosperität ist sein Segen. Die Mayflower wurde (so könnte man sagen) zur Arche Noah; sie hatte die Spezies Mensch zu einem besseren Kontinent hinübergerettet, für eine besondere Zukunft. In diesem Preis auf die ins Amerikanische einmündende Entwicklung wird die Naivität der Geschichts-Spekulation höchst sinnfällig; spätere Auslegungen im selben Sinne scheinen nur deshalb seriöser, weil die Wortgebung komplizierter wurde und kindlicher Stolz, primitives Vertrauen sich verbargen hinter einer kniffligeren (HEGELschen und SPENCERschen) Terminologie.

Die abstraktere Gläubigkeit der FRANKLIN und JEFFERSON war klassisch niedergelegt in CONDORCETS ‹*Esquisse d'un tableau des progrès de l'esprit humain*›. Der Autor dieser einflußreichen Schrift war Held einer Tragikomödie: in den Wochen, in denen er, geächtet, sich vor den Mördern aus den Reihen des Konvents verstecken mußte, schrieb er seine Hymne auf die Französische Revolution und ganz allgemein auf die ‹grenzenlose Vervollkommnungsfähigkeit› des Menschen. Neun Epochen habe er bereits hinter sich. Die zehnte, deren Champion die Franzosen und die angelsächsischen Völker seien, werde drei Aufgaben lösen: die Aufhebung der Ungleichheit zwischen den Individuen, zwischen den Nationen; und die Vollendung des Menschen. Noch sei eine gewaltige Kluft zwischen den Franzosen von 1794 und den europäischen Sklaven unter der Knute von Königen, den afrikanischen Horden und anderen ignoranten Wilden; aber nach und nach werde sie sich schließen. Der Zeitgenosse JEFFERSON fand eine ausgezeichnete Illustration zu CONDORCETS begeisterter Rück- und Vor-Schau in der Entwicklung des heimatlichen Staates Virginia. Später fand dann ein amerikanischer Historiker in AUGUSTE COMTES Konstruktion des Fortschritts die Entwicklung Amerikas wieder; die drei berühmten historischen Stadien des französischen Denkers hätten ihr Abbild in den drei amerikanischen Jahrhunderten: dem theokratischen siebzehnten; dem achtzehnten der Vernunft-Metaphysik; und dem neunzehnten, welches das Zeitalter der wissenschaftlich-industriellen End-Zeit einleite.

Ein Vertrauen kann sich in vielen Bildern spiegeln: in theologischen, metaphysischen und wissenschaftlichen. Vielleicht hat kein Konstrukteur des Fortschritts — selbst HEGEL nicht — die amerikanischen Geschichts-Deuter (auch Dichter wie JACK LONDON und THEODORE DREISER) so beeinflußt wie HERBERT SPENCER. Zwar sagte er: ‹Ich nehme nur geringes Interesse an dem, was man geschichtliche

Ereignisse nennt.[1] Aber seine Parallelisierung von Organismen und Kulturen (schon im Jahre 1857) ermutigte manchen Historiker, den biologischen Prozeß der Evolution vom Einfachen zum Differenzierten auf die Geschichte anzuwenden. SPENCERS großer Herold in den Staaten, der Amerikaner JOHN FISK (1842–1901)[2], setzte nicht nur Evolution und Fortschritt gleich, sondern erfand auch noch eine schöpferische Person, Gott, der sich in der biologisch-historischen Evolution manifestiere: es ist der lebende, vitale und zeitliche Gott CALVINS — in evolutionistischer Gestalt. FISKS Darwinismus war nicht der Dschungel-Kampf ums Dasein, der zum Überleben des Kräftigsten führt. Er schuf einen darwinistischen Theismus: unterhalb des Lärms, der den Kampf ums Dasein begleitet, hörte er einen dominierenden Ton, der ihm das ethische Ziel verriet. Das Übel, von Gott geschaffen: Krieg und alle Arten von Streit... sei zunächst sehr notwendig gewesen, als Triebkraft für den Kultur-Prozeß; nun aber, nachdem die Kultur sich der Vollendung nähere, wäre es entbehrlich und würde mehr und mehr verschwinden. Man darf vielleicht, in Parenthese, darauf hinweisen, daß dies genau die Argumentation des Dialektischen Materialismus ist: Dialektik war bisher am Platze, nun aber werde sie bald verschwinden.

Sieht man auf die freundlichen amerikanischen Geschichtsbilder von BANCROFT bis FISK, so scheint es, als hätte Amerika in den Variationen europäischer Motive nicht viel Eigenes beigesteuert. Doch brachte es etwas Entscheidendes hinzu: sich, als leuchtende Illustration für die europäischen Theorien des Vertrauens. Amerika erhielt von zwei Franzosen, einem Deutschen und einem Engländer eine sehr schmeichelhafte Deutung der Wanderung des Menschengeschlechts, die zu den jungen Jahren der Staaten ganz vorzüglich paßte, viel besser als zu dem abgekämpften Europa. Der begriffliche Überschwang der europäischen Geschichtsphilosophen war der amerikanischen Realität wie nach Maß gemacht. Dieser ‹Fortschritt› war also sowohl eine europäische Sehnsucht als auch eine amerikanische Wirklichkeit. Es war nicht nur amerikanische Eitelkeit, es war die Überzeugung sehr vieler Europäer — von LAFAYETTE bis zu NIETZSCHE: daß in Amerika der ‹Fortschritt› am sichtbarsten fortschreite. EMERSON gab nicht einer patriotischen Beschränktheit Ausdruck, sondern einer allgemeinen Überzeugung, wenn er in dem Essay ‹Fortschritt der Kultur› schrieb: waren je auf Erden soviel Chancen da wie heute in Amerika? Er pries die Mischung der Rassen und

---

1 HERBERT SPENCER, *Progress, its Law and Cause.*
2 *The Destiny of Man.* 1884; *The Idea of God.* 1885; *Through Nature to God.* 1899; *Life Everlasting.* 1900.

Religionen; die Leichtigkeit der Einwanderung, die jedem gestatte, sich sein Klima und seine Regierung auszusuchen; das billige Land und die billige Erziehung; die Frauen-Emanzipation und die Sklaven-Befreiung; die Abschaffung der Todesstrafe und des Schuldturms und die verbesserten Armenhäuser. Er sang eine besonders ergreifende Hymne auf die Schicht der Gebildeten; und wenn man den Kreis um EMERSON betrachtet — wo in der Welt gab es das? Der Enthusiasmus war nicht blind. Wie der Enthusiasmus CONDORCETS nicht blind war, wie der Enthusiasmus FICHTES in den ‹Reden an die Deutsche Nation› nicht blind war. ‹Fortschritt› war noch keine Phrase im Munde von Leuten, die gar nicht mehr hinsehen.

Nachträglich erklärte man den amerikanischen Erfolg und die Zuversicht, die wahrscheinlich breitere Schichten erfaßte als je in Europa, mit der Unerschlossenheit der Neuen Welt und einer recht geringen Fixiertheit ihrer gesellschaftlichen Struktur. Damals sah man noch nicht die zufällige Gunst eines räumlich und zeitlich begrenzten Abenteuers — nur, daß es geglückt war. Es war keine Rede davon, ob das Glück dauern werde. Es war selbstverständlich, daß es sich steigern wird. Die europäischen Utopien wuchsen aus dem Elend und der Sehnsucht, die amerikanischen aus der Fülle. Sie waren keine Eschatologien, sondern die Verlängerung einer Gegenwart über den Tag hinaus. Später und besser wurde identisch. TOCQUEVILLE erzählte: ich frage jemand, ‹warum die Schiffe so gebaut sind, daß sie nur kurze Zeit halten; er antwortet ohne Zögern, die Kunst der Schifffahrt mache jeden Tag so schnellen Fortschritt, daß das schönste Schiff fast nutzlos werden würde, wenn es über eine bestimmte Zahl von Jahren hinaus brauchbar wäre›. Es wurde dann fast zum amerikanischen Axiom: Haltbarkeit soll nicht sein! Und wenn man heute nicht imstande ist, die Automobil-Motoren vergänglicher zu machen, als sie sind, so schafft man wenigstens eine ästhetische Vergänglichkeit — und wechselt den Schnitt der Karosserien; so daß ein Wagen, der nicht von diesem Jahr ist, wie verstorben aussieht.

TOCQUEVILLE leitete aus seiner Erfahrung das allgemeine Gesetz ab: ‹aristokratische Nationen sind von Natur aus allzu bereit, die Perspektive menschlicher Perfektibilität einzuengen; demokratische Nationen, sie über Gebühr auszudehnen›. Man darf dies vielleicht so übersetzen: Kasten-Gesellschaften haben kein Interesse an der Veränderung. Eine Pionier-Gesellschaft hingegen wie die amerikanische mußte glauben: daß es keine Grenzen gibt für den Tatendrang, daß jede Zukunft jede Vergangenheit überflügeln wird. Diese Zuversicht wurde von amerikanischen Geschichts-Philosophen in immer neuen Theorien vom ‹Gesetz der Geschichte› ausgedrückt. Einer schrieb noch im ersten Jahrzehnt des zwanzigsten Jahrhunderts, daß

‹Werte laufend gesteigert werden durch die ursprüngliche Ausdehnung von Macht und den daraus resultierenden Gewinn von Freiheit›[1]. Man darf solche Formeln nicht zu kritisch anschauen. Man nehme sie eher für Symbole der Hoffnung.

Es lebt aber auch eine berechtigte Zuversicht länger als berechtigt. Sie erhält sich nach dem Gesetz der Trägheit — noch lange, nachdem sie der wirklichen Stimmung nicht mehr zu entsprechen beginnt. Sie erhält sich übrigens auch, wenn Interesse daran besteht, sie künstlich am Leben zu erhalten. Dann kommt der ‹Fortschritt› auf den Festredner herunter.

Leise Zweifel wurden schon früh im Jahrhundert geäußert. Der Kern des Zutrauens zur Geschichte war immer und überall die Gleichsetzung von Fortschritt und zunehmender Beherrschung der Natur gewesen. Ein amerikanischer Historiker verriet dieses geheime Dogma in dem Satz: den entscheidenden Fortschritt habe die menschliche Gesellschaft vor 3500 und nach 1750 (unserer Zeitrechnung) gemacht. Ein sehr klares Bekenntnis zu dem Maßstab, der nur selten so sichtbar wird.

Die Geschichte der amerikanischen Unterhöhlung des nationalen Zentral-Dogmas ist fast ebenso alt wie die Nation. Die Kritik setzte an den verschiedensten Punkten an. Das Maschinen-Zeitalter wurde auch in Amerika nicht nur mit Enthusiasmus begrüßt. Er entlud sich (zum Beispiel) in dem Pamphlet eines Deutsch-Amerikaners, dessen Titel schon den ganzen Jubel fassen mußte: ‹Das Paradies in Reichweite der Menschheit, ohne Arbeit betrieben, nur von Naturkräften und Maschinen.›[2] Die Festrede begann: ‹O Mensch! Ich verspreche hiermit zu zeigen, wie man innerhalb von zehn Jahren ein Paradies schaffen kann. Das Antlitz der Erde wird in viele Schönheiten verwandelt werden, die Menschen können in den glänzendsten Palästen leben, in erlesenstem Luxus. Ohne Arbeit wird man in einem Jahr mehr zustande bringen als in den Jahrtausenden bisher...› Abgesehen davon sichtete der Schwärmer von 1841 bereits das Telephon, die Badewanne und das Flugzeug.

Gegen diesen ‹mohammedanischen Himmel› rebellierte der Dichter THOREAU. Sein wilder Protest verteidigte den Menschen gegen die ‹minderwertigen Gottheiten› — wie er sowohl die mechanischen Giganten nannte als auch die nicht weniger mechanischen und gigantischen neuen Organisationen. Er predigte leidenschaftlich gegen ‹die schreiende Sünde des Zeitalters›: den ‹mangelnden Glauben an das Primat des Individuums›. Der Aufstand des Einzelnen hatte auch

---

[1] WILLIAM ERNEST HOCKING, *On the Law of History*. 1909.
[2] 1841. Der Autor heißt J. A. ETZLER.

in Amerika seine großen Verkünder: ‹Korporationen werden die Welt nicht besser machen.› Die Maschinenstürmer stürmten immer auch gegen die unsichtbaren und ebenso unmenschlichen Riesen, die Organisationen.

Romantische Poeten waren nicht die einzigen, welche die Entwicklung mit nicht gerade freundlichen Blicken ansahen. In denselben Jahren schrieb ein Gesellschaftskritiker aus dem Kreis der Transzendentalisten [1]: wer im Wohlstand lebt, wird seine Gesellschaft für vollkommen halten — und nicht sehen, daß der Mitmensch ihm nur ein Mittel zum Zweck ist; wer aber seine Familie kaum durchbringen kann, wird ein anderes Bild gewinnen... So wäre also die Deutung BANCROFTS und FISKS und der vielen Kollegen, die am schönen Gewebe der siegreich dahinziehenden Menschheit gewoben haben, nichts als die Perspektive von Göttern auf goldenem Thron, wie GOETHE sie in der ‹Iphigenie› so plastisch beschrieb?

Die amerikanische Zukunfts-Gläubigkeit wurde in Amerika um so mehr gedämpft, als einige Rückschritts-Phänomene sich sehr bemerkbar machten: zum Beispiel die zunehmende Verarmung der Armen. Es war, paradoxerweise, gerade eine Analyse der Prosperität, die zu einer sehr skeptischen Deutung der Entwicklung führte. 1879 schlug HENRY GEORGE in dem Buch ‹Fortschritt und Armut› vor, ‹das Gesetz zu suchen, welches Fortschritt und Armut verknüpft und den Mangel mit zunehmendem Reichtum steigert›. Es gibt Stellen, wo er bereits die zyklisch-pessimistische Geschichts-Theorie von HENRY und BROOKS ADAMS vorwegzunehmen scheint: ‹Die Erde ist ebenso das Grab toter Imperien wie toter Menschen.› Aber dieser trübe Blick ist hier erst eine ephemere Stimmung. Es leuchtet noch eine Hoffnung: der Zusammenschluß zum Ziel eines ‹Bundes der Gleichen› ist möglich. HENRY GEORGE machte praktische Vorschläge, um die Gesellschaft auf diesen Weg zu bringen. Trotz seiner düsteren Ahnungen war er noch ein hoffnungsfreudiger Reformer, wenn auch nicht mehr in gläubiger Anlehnung an die versunkene Geschichts-Metaphysik. Der Historiker CHARLES A. BEARD [2], der ihm sehr nahestand, definierte einmal den Fortschritt viel bescheidener als es im theologisch-metaphysischen Zeitalter geschehen war: ‹man könne sich mehr und mehr freimachen von Seuchen, Hungersnot und sozialen Katastrophen und mehr und mehr die Mächte der Erde dem Ziel eines guten Lebens unterwerfen›. Ob man es wirklich kann, ob bewiesen ist, daß man es kann, ist selbst BEARD zweifelhaft. Wer ihn fragt: ist die Theorie vom Fortschritt wirklich wahr? — dem antwortet er: ‹sie ist zweckdienlich›. Der ‹Fortschritt›

---

[1] ORESTES A. BROWNSON, *Progress of Society*.
[2] ‹*The Myth of Rugged Individualism*›. 1931.

ist ein ‹zweckdienlicher› Begriff geworden. Der Politiker kann mit ihm viel anfangen. Der Philosoph nichts.

Bevor also der Erlösungs-Aspekt der Geschichte völlig aufgegeben wurde, war er bei HENRY GEORGE und bei BEARD und auch bei VEBLEN eine Art von fortschrittlicher Arbeits-Hypothese. Sie wird immer darin bestehen, daß man Stagnationen und Rückwärtsbewegungen als vorübergehende Stockung im hoffnungsvollen Ablauf deutet — und im geheimen voraussetzt, daß, wenn nur der Fluß der Geschichte an diesem bösen Punkt flott gemacht wird, der Fortschritt ungehemmt prozedieren kann. Diese Blockierung fand VEBLEN in seinem sehr einflußreichen Buch ‹The Theory of the Leisure Class›[1] in der Kaste der Überernährten, der Parasiten, die den Gang der Entwicklung blockieren. Alle diese Kritiker räumten zwar mit der Fortschritts-Phantastik auf, aber nicht mit dem Fortschritt. Sie fanden, daß man nicht auf dem ‹rechten Weg› sei, hatten keine rechte Vorstellung von ihm — aber wohl unrechten. Deshalb waren ihre geschichts-philosophischen Kategorien verworren. VEBLEN definierte den Fortschritt: ‹die Richtung der Abweichung von einem uranfänglichen Ausgangspunkt›. Eine einzige Verlegenheit in Worten. Sie sagt nur eins: man versucht, die philosophische Frage: was denn eigentlich der rechte Weg sei?... zu neutralisieren. Und das muß jeder progressive Schriftsteller tun, der nicht mehr strenggläubig ist.

Erst HENRY ADAMS erkannte, nach lebenslangem Herumirren, nach Jahrzehnten politischer Abstinenz und meditativer Anstrengung, daß es diesen rechten Weg gar nicht gibt.

2. DER HANNO BUDDENBROOK DER FAMILIE ADAMS: HENRY ADAMS (1838—1918)

> ‹Er fand mehr Vergnügen im Schreiben als die Welt im Lesen dessen, was er geschrieben; denn weder sein Werk noch er war amüsant.›
>
> HENRY ADAMS über HENRY ADAMS

Er war der Urenkel des Präsidenten JOHN ADAMS, der Enkel des Präsidenten QUINCY ADAMS und der Sohn des Botschafters CHARLES FRANCIS ADAMS. Das Regieren und das Nachdenken über den Staat waren in dieser Familie erblich.

Es war eine aufsässige Familie. Es vererbte sich von den Vätern auf die Söhne der Grundsatz: daß man auch gegen die Konstitution leben müsse, wenn es das Gewissen befiehlt; und man war militant gegen die Neger-Sklaverei, längst bevor sie eine brennende Frage wurde. Sie dachten sehr

---

[1] Ins Deutsche übersetzt unter dem Titel: ‹Theorie der feinen Leute›, 1957.

hoch von sich. Ein Freund des Hauses gab einmal diese Erklärung des Klimas von Boston: ‹Boston war 1 187 453 Jahre unter Eis. Dann kam die Familie Adams.›

Henry lernte Politik als Sekretär seines Vaters, der, während des Bürgerkriegs amerikanischer Gesandter in London, zu verhüten hatte, daß England dem Süden helfe und Amerika so entzweibräche. Dann betätigte sich Henry als politischer Journalist, als Herausgeber einer großen amerikanischen Zeitschrift und als Universitäts-Historiker. Man darf sagen ‹betätigte›; denn er hospitierte nur in den verschiedenen Berufen. Er war ein Einspänner und wohlhabend; der erste Adams, der, dank dem Gelde seiner Mutter, unabhängig geboren war.

Er wurde einer der seltsamsten Professoren; nur sein Kollege in Harvard, William James, tat es ihm gleich in ketzerischem Verhalten. Während einer Fakultäts-Sitzung schrieb Henry Adams an einen Freund: ‹Ich glaube nicht an das System, in dem ich zu einem Partikelchen geworden bin.› Damals, lange vor dem Zeitalter der Massen, erklärte er: man kann nicht mehr als ein halb Dutzend Studenten zu gleicher Zeit unterrichten. Er meinte es noch ernst, auch wenn sich sein Ernst in ironischen Grimassen maskierte. So drückte er seine Freude darüber aus, daß er am nächsten Tag über eine Geschichtsperiode zu reden habe, von der er bis dato noch nichts gehört hätte; er lernte lehrend. In den Prüfungen stellte er Fragen, die er selbst nicht zu beantworten wußte; so war er mit Leib und Seele dabei. Professor Adams war keine Schallplatte, sondern ein überlegener Student. Als man ihn im Hörsaal nach der Transsubstantiation fragte, erwiderte er: ‹Mein Gott! Wie soll ich das wissen? Sehen Sie in Büchern nach.› Er teilte seinen Studenten mit, daß er für die Aufstapelung reiner Fakten im Gedächtnis eine gründliche Verachtung habe; er war der erste Harvard-Historiker, der auf ein Schulbuch verzichtete. Was er wollte — und was das System wollte, war in schreiendem Widerspruch. Er machte sich lustig über das, was er sah: die Professoren murmeln ihre Kommentare; die Studenten schreiben nach oder tun als ob; sie könnten viel mehr aus Büchern lernen, müssen aber zahlen und absitzen, wenn sie einen Titel oder einen Schein wollen. Wenn die Eltern ihre Söhne, Generation auf Generation, weiter nach Harvard schicken wegen des gesellschaftlichen Prestiges, werde man einen inferioren sozialen Typ künstlich am Leben halten; der taugt für die Zukunft ebensowenig wie der Oxford-Student.

Dabei war dieser Henry Adams nur ein ‹Assistent-Professor›, der unterste Rang in der Hierarchie. Er blieb nicht lange. Er fühlte sich in der akademischen Welt nicht zu Hause. Er weigerte sich später sogar, von Harvard einen Ehren-Doktor anzunehmen; er hätte nie dazu gehört. Bisweilen wurde er sogar pathetisch in seiner Antipathie: ‹Ohne Zweifel ist der Lehrer der schlimmste Verbrecher; aber die Welt deckt ihn und läßt zu, daß der Student von seinem Weg weggeschleppt wird.› Das letzte Wort über seine sieben Jahre als Harvard-Lehrer lautete: es waren verlorene Jahre. Er hielt sich für einen Versager. Er hielt das System für falsch. Er war ein Versager in einem falschen System.

Mittel und Neigung ermöglichten ihm, ein Zuschauer zu werden — ein denkender und schreibender Kommentator seiner Jahre und des verflossenen Jahrtausends. Seine historischen Arbeiten, seine Romane, die Schrift über seine sentimentalen Reisen zu den französischen Kathedralen, seine geschichtsphilosophischen Betrachtungen, seine Lebensbeschreibung sind Reflexionen zur Politik in Washington, zur Richtung des Weges, den die Menschheit nimmt, und vor allem zur Geschichte des HENRY ADAMS. Er lebte in Washington und Paris, auf den Inseln des Süd-Pazifik, in Chartres — ein Angehöriger der *Vieillesse dorée*, ein Sonderling, ein Stiller, der die Situation lauter aussprach und deutlicher und wahrer als die, deren Namen jene Zeit beherrschten und die Geschichtsbücher noch immer füllen mit ihren vergänglichen Taten. Er spielte nicht mit. Er studierte das Spiel und den Wahn der Akteure.

Sein äußeres Leben kreiste um zwei Fakten: daß er ein ADAMS war und ein reicher ADAMS. Aber außerdem und vor allem war er auch noch der *Hanno Buddenbrook* dieser Familie. Der Zerfall des Glaubens, den ihm das achtzehnte Jahrhundert noch vermacht hatte, wurde im neunzehnten in ihm, einem Überbleibsel des achtzehnten, manifest. Nie kam er zur Ruhe zwischen Vergangenheit und Zukunft, beiden verhaftet. Dann, am Ende des Jahrhunderts, verstärkte der Zerfall des naturwissenschaftlichen Weltbildes, das auch er geerbt hatte, das große Erlebnis seines Lebens: die Anarchie ist die Wahrheit. Den Gegenpol aber schufen seine Erfahrungen mit den zeitgenössischen (archaischen) Gesellschaften des Süd-Pazifik und der versunkenen Kultur des europäischen Mittelalters: er lernte das Gegenstück zur modernen Anarchie kennen. Er wurde zum Romantiker — der aber wußte, daß es vergeblich ist, sich in die Vergangenheit zurückzuwünschen, weil sie nur eine mächtige Illusion war, wie die Gegenwart eine unaufhaltsame Auflösung ist.

Auflösung, Dekadenz, Untergang, Verzweiflung ... sind sehr abgezogene und recht anrüchige Worte geworden: was sie hervortrieb, wird schon nicht mehr gefühlt, so daß man glaubt, sie sind nichts als gedankenlose Floskeln einer modischen schlechten Laune oder die übliche Ideologie der Reaktion. HENRY ADAMS gehörte zu denen, die durchlebten, in einer spezifischen amerikanischen Situation, was später dann zur schnellen literarischen Münze verkümmerte. Er sah zurück und fand: Religion und Wissenschaft des Viktorianischen Zeitalters hätten konspiriert, um ihn irrezuführen — als ob die menschliche Natur sich in die Richtung aufs Gute entfalte, Wahlrecht, Schule und Presse würden es befördern, die Göttin, die führe, sei die Erziehung. Die gute Stube, in der HENRY ADAMS das Licht der Welt erblickt hatte und herangewachsen war, hatte so ausgesehen: Gott war der Vater, die Natur die Mutter, in einem wissenschaftlich erhellten Universum geschah alles zum besten.

Die Jahre, die dem amerikanischen Bürgerkrieg folgten, öffneten dem Dreißigjährigen die Augen. Die Epoche, die Revolutionen und Kriegen folgt, war schon oft die Ära der zerstörten Illusionen. Ein Enthusiasmus hat die Möglichkeiten phantastisch aufgeblasen; nun zergeht der schöne Schein, der das stürmische Geschehen farbig eingehüllt hatte. HENRY ADAMS machte die bitterste Entdeckung der amerikanischen Geschichte: daß der Glaube, mit Amerika habe die Welt neu und besser angesetzt, ein liebenswerter Wahn gewesen sei.

Die Zersetzung des angeborenen Vertrauens zur amerikanischen Demokratie bestimmte die erste Hälfte seines Lebens. Dann wurde auch das bescheidenere Vertrauen zur Gesetzlichkeit des Universums erschüttert — eine Erschütterung, die nur verständlich ist, wenn man sich erinnert, daß dieser ‹Mythos Atheos› (wie man ihn genannt hat) dieselbe Funktion hatte, die vorher Religion und Philosophie erfüllten. ‹Wie die meisten Menschen seiner Generation›, schrieb er im Rückblick, ‹hatte HENRY ADAMS den Wissenschaftlern geglaubt, daß sie die neue Einheit so gut wie gefunden hatten.› Die ‹neue› Einheit ist die sehr verblaßte Variante der ursprünglichen Vorstellung von Gott gewesen; aber immerhin noch ein Gott. Nun aber ging eine neue Lawine von unbekannten Kräften über die Zeitgenossen hinweg, die versucht hatten, mit einer naturwissenschaftlichen Ordnung auszukommen. Armes, altes, idyllisches neunzehntes Jahrhundert! Es ist (schreibt er schon im ersten Jahrzehnt des zwanzigsten) so weit weg wie NEWTON und DESCARTES. Und dieser Satz war ihm noch viel zu schwach. Er fand einen stärkeren, den pathetischsten Ausdruck seiner Erschütterung: der sechsundsechzigjährige HENRY ADAMS sei vom sechzehnjährigen durch eine größere Zeitspanne getrennt gewesen als der sechzehnjährige vom Jahre Eins. Denn Professor LANGLEY, der Astrophysiker, hatte versichert: die neuentdeckten Kräfte, vor allem die Strahlen, seien anarchisch. Das ganze Gewebe von Ursache und Wirkung ist zerrissen. Selbst die Zeit-Folge wurde ein Problem. Die einzige Solidität, die noch verblieben war, bröckelte ab: ‹Die moderne Wissenschaft bot weder den geringsten Beweis noch eine Theorie vom Zusammenhang der Naturkräfte.› Bis zu den letzten rührenden Bemühungen PLANCKS hin kann man studieren, wie sehr man fühlte, daß die letzten Pfeiler der Religion — mit der Naturgesetzlichkeit bedroht waren. HENRY ADAMS fand diese endgültige Überschwemmung jeder Ordnung in der hoffnungslosen Verfassung seiner Gesellschaft wieder. ‹Nicht eine einzige Handlung, nicht eine einzige Gebärde, nicht eine Vorstellung verraten Tiefe des Glaubens, Vitalität einer Hoffnung.› So trieben ihn die Vorgänge innerhalb der Naturwissenschaften in dieselbe Richtung weiter, in welche ihn vorher schon die Einsicht in die Vorgänge innerhalb der amerikanischen Demokratie gezwungen hatte; er erkannte in allen Ordnungen: religiösen, philosophischen, politischen und nun auch den wissenschaftlichen ... einen vergeblichen Versuch.

Seine Herkunft aus dem achtzehnten Jahrhundert, das man auch das amerikanische nennen könnte, weil es Amerika ins Leben gesetzt hat — und nicht nur im körperlichen Sinne des Wortes, hatte ihm auch das geheiligte Wort ‹Erziehung› mit auf den Weg gegeben; es blieb selbst dann eine Hauptvokabel, als er ihr nur noch einen negativen Inhalt geben konnte; ja, als er ‹bereute, je eine Erziehung angefangen zu haben›. Das großartigste Buch, das einer Erziehung gewidmet ist, seine Autobiographie, urteilt: ‹Neun Zehntel der Erziehung, die er erworben hatte, war nutzlos, der Rest schädlich.› Der Titel ‹Die Erziehung des Henry Adams› will sagen, daß er nicht erzogen, zu keiner Reife aufgezogen wurde, daß er nur durch viele Bezirke gestolpert war; daß er, am Ende seines Lebens zurücksehend, keinen Zusammenhang fand, nur einen Scherbenberg — oder, in seinem leidenschaftlicheren Bild: nur eine Serie von mächtigen Brandungen. Es gab da keine ‹Moral von der Geschichte›. Er suchte vergeblich einen roten Faden in dem länger und länger werdenden Gespinst seines Daseins. Und wie mit dem Rückblick auf das eigene Leben ging es ihm mit dem Rückblick auf die Weltgeschichte. Kein Plan wurde sichtbar. Was hatte die Biographie von Rom einen jungen Menschen zu lehren? Die Ruinen! Sie machen es zum ‹Evangelium der Anarchie›.

Man wird die realistische — Donquichotterie dieses Lebenslaufs erst richtig erkennen, wenn man ihn vor dem Hintergrund der Taten seines Volkes in jenen Jahrzehnten sieht. Zwischen der Geburt des HENRY ADAMS und 1918, dem Ende des Ersten Weltkrieges und dem Lebensende des HENRY ADAMS, eroberte man einen dreitausend Meilen breiten Erdteil und machte in achtzig Jahren aus der abgelegenen unabhängigen Kolonie die zentrale Weltmacht. Dieses Geschehen also begleitete ein Mann, der, trotzdem er ein ADAMS war, trotzdem er von Geburt dazugehörte, trotzdem es ihm in die Wiege gelegt wurde, auf der Kommandohöhe seines Staates zu leben, der gerade die glänzendste Karriere machte — an der Peripherie dachte und schrieb. Er wurde nicht nur der ‹Letzte der Familie›, der Hanno Buddenbrook der ADAMS': vielleicht auch der Letzte der weiteren amerikanischen Familie. Doch erst spätere Zeiten werden sagen können, ob er nur ein amerikanischer Melancholiker gewesen ist, hoffnungslos an die große Zeit des Beginns gefesselt — oder der Mann, der am frühesten und klarsten das Ende vorausgesehen hat.

Es sieht an der Oberfläche aus, als hätte er aus diesem Ausgesetztsein die beiden breitesten Straßen der Flucht gewählt, welche diese Zeit gebaut hatte: den Weg in die Ferne zu den Exoten und in die verlorene Zeit, ins Mittelalter. Da strömten die Romantiker hin in dichten Scharen. Japan wird von ihm gepriesen: damals noch ein Platz für Faule, nichts treibe einen zu Anstrengungen, buddhistische Kontemplation sei das Natürliche. Energie ist ein Traum der rohen Jugend; so roh ist noch das tölpische Amerika. Eine verrottete tropische Insel, Kuba, ist nach seinem Herzen; das Leben in London, Paris, New York und Washington ist ihm zuwider. Die Gesellschaft Samoas und Tahitis, ihre klare Ordnung, sprachen ihn an; sie war seine Zuflucht vor der unfaßbaren Turbulenz in den Zentren der westlichen Welt.

Von ihnen ruhte er sich aus, in den vielen Ferien von der unerträglichen Gegenwart: im westindischen Archipel, auf manchem südpazifischen Eiland, wo er auch GAUGUIN traf; und dann gaben ihm Frieden die französischen Kathedralen der Normandie. Sie brachten ihn zurück in die Zeit, da Europa ebenso wohlgeordnet war wie heute nur noch die abgelegene Insel im weitesten Ozean. Mont Saint-Michel, Chartres, Coutances, Caen und ihre Zeitgenossen ABAELARD, THOMAS, FRANZISKUS ... befreiten ihn von dem atemberaubenden Sturz, in dem man begriffen war. In denselben neunziger Jahren, in denen die Röntgenstrahlen, der drahtlose Telegraph und der Diesel-Motor zur Welt kamen, fand er in den alten französischen Behausungen Gottes die Ruhe und die glückliche Bindung, die ihm der Gegenpol seiner Zeit zu sein schienen.

Das sieht alles so bekannt aus und wäre es auch, wenn HENRY ADAMS nicht so unromantisch-distanziert — geschwärmt hätte. Er war ein höchst skeptischer Schwärmer; einer, der in keiner Sekunde vergaß, in welchem Jahre und welchem Lande er lebte. ‹Meine Vorstellung vom Paradies›, schrieb dieser nüchterne Romantiker recht selbst-ironisch, ‹ist ein vollendetes Automobil, das mit dreißig Meilen pro Stunde› (es war das Jahr 1902!) ‹auf einer guten Straße zu einer Kathedrale des zwölften Jahrhunderts läuft.› Er war kein Dachstuben-Poet ... und erst recht keiner, der es sich weiszumachen suchte.

Nie redete er sich ein, daß solch eine Flucht die Gegenwart wegzaubern könne; daß die Geschichte rückwärts dirigiert werden könne, bis man sie auf dem gewünschten Platz hätte. Vielleicht wünschte er, damals gelebt zu haben; gewiß wünschte er nicht mehr, die Illusion von damals über das Wissen von heute zu stülpen. Die Legende vom ‹tumben› Romantiker ist viel zu primitiv, um die ganze Vielfalt der historischen Erscheinungen zu umfassen. HENRY ADAMS ist einer der unentdecktesten Fälle innerhalb der Romantik. Sein Mittelalter war nicht eine illusorische Identifikation: als wäre er der Erbauer von Chartres und könnte Frieden finden in diesem schattenhaft-bunten Raum. Seine Romantik war eher Erbauung — aus nie aufgegebener Distanz. Das unterschied ihn von allen, welche die Begabung hatten, kleine Kinder zu werden und sich fröhlich auszusiedeln in ein paradiesisches Einst. Begeistert studierte er das bewunderte Jahrhundert, beneidete es in seiner Unzerstückeltheit — und schuf es langsam um, nach dem Bilde des HENRY ADAMS, eines Anarchisten am Beginn des zwanzigsten Jahrhunderts, dem nichts fernerlag als die mächtige Klause mit bunt-verdunkelnden Fenstern, welche die Welt ausschließt.

In einer großartigen Prägung nannte er sich einen ‹konservativen christlichen Anarchisten›. Dies kürzeste Selbst-Porträt wird vollendet deutlich, wenn man sich das besondere Christentum dieses Ungläubigen verständlich macht. Als Junge ging er sonntags zweimal zur Kirche. Er hatte die Bibel zu lesen und lernte religiöse Poesie auswendig. Sein Glaube war ‹ein milder Deismus›. Er sprach sein Gebet; aber das Religiöse sagte ihm und den Geschwistern nicht zu. Selbst die harmlose Kirchen-Disziplin, welche die Unitarier den Ihren auferlegten, war den ADAMS-Kindern noch lästig. Bei erster Gelegenheit machten sie sich frei von dem, was sie nicht sehr gedrückt haben kann; und gingen nie wieder in ein Gotteshaus. ‹Der religiöse Instinkt›, erläuterte er, ‹war nicht mehr da und konnte auch nicht mehr erweckt werden, obwohl im späteren Leben manche Anstrengungen unternommen wurden.› So wurde ADAMS ein Mann ohne Religion, der sicher war, daß Dogma und Metaphysik nichts wert sind. Er sah dieselbe Entwicklung rundum und fragte: wie ist es möglich, daß unsere Gesellschaft jene Dringlichkeit, die einst die Religion hervorgebracht hat, nicht mehr spürt? Er spürte die Dringlichkeit. Er war ein Christ, was die Fragen anbetrifft. Vor den christlichen Lösungen und Erlösungen war er ein Anarchist.

Das Hauptstück dieser agnostischen Theologie war sein Bild von der *Jungfrau Maria*. Sie habe, meinte er, in einigen Jahrhunderten den Christen mehr bedeutet als Vater, Sohn und Heiliger Geist. Seine *Maria* sah von einem verödeten Himmel hernieder auf eine leere Kirche, einen toten Glauben ... und Ungläubige wie diesen HENRY ADAMS. ‹Der erstaunliche Mißerfolg des Christentums› und ‹der schmähliche Mißerfolg ihrer Gnade› wurden der Hintergrund seiner Anbetung. Wen betete er an? Keine Göttin! Aber auch nicht etwa die Ausgeburt einer Sentimentalität! Nicht eine ästhetische Schöpfung! ADAMS war kein sogenannter Kunstgenießer. Wen betete er an? Die schönste Gestalt, welche die Rebellion des Menschen gegen das Fatum, gegen das Gesetz Gottes und das darauf errichtete Menschengesetz hervorgebracht hat. Die *Jungfrau Maria* — das war der Ausbruch aus dem Gefängnis der ehernen Notwendigkeit. Sie stand über jedem Gesetz. Sie setzte sich über jede irdische und überirdische Unerbittlichkeit hinweg... Sie war ‹eine wirkende Kraft›, die stärkste, welche ihre Zeit zusammengeballt hatte. Sie war die mächtige Helferin, die zum Weitermachen ermutigte. Wohin, fragte der Historiker, sind die unbändigen Energien entschwunden, die in ihr gebunden waren?

HENRY ADAMS spielte nie einen mittelalterlichen Gläubigen; es gab ein unüberwindliches Jahrtausend zwischen ihm und der beglänzten Zeit. Noch ferner war ihm der Wille, eine politisch-christliche Restauration der himmlischen Einheit ins Werk zu setzen; denn ‹der Historiker wußte, was für Ströme von Blut› sie gekostet hatte. Mit NOVALIS' ‹Europa oder die Christenheit› verband ihn nur die Leidenschaft für die Ordnung — und die Vorstellung, daß es sie einmal gab. Es trennte ihn aber von allen, die das Verlorene nicht als verloren erkennen wollten, daß er nie den Kalendertag vergaß. Er negierte nicht die Spannung zwischen dem Bürger des zwanzigsten Jahrhunderts und dem Bild vom zwölften, er machte sie zum Problem: was sagt, fragte er, das geschichtliche Ereignis der Wandlung von der Anbetung der *Jungfrau* zur Anbetung des Dynamo über den Gang der Menschheit? Er phantasierte sich nicht zurück. Er studierte im Lichte des Gewesenen seine Tage.

Das konnte er, weil er es, obwohl verzaubert von dem Jahrhundert der Kathedralen, ebenso unsentimental durchschaute wie die zeitgenössischen Produkte der Weltausstellungen. So schrieb er vom Jahrhundert seiner Sehnsucht: ‹Es war sehr kindlich, sehr töricht, sehr schön und sehr wahr — wenigstens als Kunst.› Wo es aber nicht Kunst war, schien es ihm eher sehr unwahr. Er liebte die Einheit — wie nur irgendein NOVALIS; und wußte, daß sie immer nur ein sehr fragliches Gebilde ist, immer bedroht und schließlich mit Recht zersprengt. Er wußte, daß jede Harmonie — nicht endgültig ist, nur ein glücklicher Moment zwischen Disharmonien. Er war sich klar, daß auch das Zeitalter der *Jungfrau* sterblich war. Er war kein Moralist wie seine christlichen Geistesverwandten, die immer nach menschlichem Verschulden suchen, um die Zersprengung der Kultur-Einheit zu erklären. Sie fanden den Protestantismus oder im schlimmsten Falle die Ursünde. Er war ein Tragiker, der wußte, daß die vollendetsten Kulturen ebenso sterblich sind wie die vollendetsten Menschen. Der Mythos, der im zwölften Jahrhundert seinen vollen Glanz zeigte, war herrlich. Der Zerfall, der die Menschheit in die Zerstreuung schickte, ist schrecklich. Aber Einheit und Zerspaltenheit sind gleich notwendig. Die Einheit ist nicht wahr und die Zerspaltenheit nicht schön und lebenswert. Es gibt kein Entrinnen aus diesem Zyklus. Er fand in der Anarchie die tiefere Weisheit hinter jeder Ordnung und liebte sie mit allen Kräften, die nicht der Wahrheit dienten. Er sah in der Geschichte einen Weg von dem einen zum anderen und von dem anderen zum einen — und interpretierte in diesem Sinne die Strecke, die ihn am meisten interessierte: die letzten achthundert europäischen Jahre.

Die *Jungfrau* war weder eine Göttin noch die Materialisation eines Gefühls; sie war eine ‹wirkende Kraft›. In dieser Wendung hatte er den Generalnenner für die beiden Endpunkte der Zeitreihe, die er studierte: auch der ‹Dynamo› war ‹eine wirkende Kraft›. Er liebte das eine und haßte das andere — und fragte sich sehr kühl: wie ging die Transformation vom einen zum anderen vonstatten?

3. Geschichtstheorie zwischen Wissenschaftsreligion und Resignation

‹Der Krieg wird den Fortschrittsglauben erledigen — und es war höchste Zeit.›
SANTAYANA über den Ersten Weltkrieg, 1922

HENRY ADAMS schuf keine (ausgeführte) Philosophie der Geschichte, nur ein Schema; es ist denkwürdig, weil es den Übergang anschaulich macht zwischen dem Glauben an die Allmacht des mathematisch-physikalischen Denkens, den FREUD, selbst ein Gläubiger, auf den Namen ‹Wissenschaftsreligion› getauft hat, und einer radikalen Resignation vor allen Versuchen, ewige Ordnungen in Raum und Zeit zu entdecken.

Es gibt in HENRY ADAMS' kurzen Essays, welche diese zwielichtige Geschichts-Theorie skizzieren, es gibt an vielen Stellen des Werks und der Briefe manchen Satz, der — in seiner akademischen Verspieltheit — nur als ulkiges Zitat gut zu sein scheint. Vielleicht aber hat kein anderer Geschichts-Deuter (JACOB BURCKHARDT ausgenommen) die wirkenden Kräfte der Zeit so deutlich wahrgenommen — wie die Gegenwart beweist, die, zwar skurril, aber haargenau, hier abgezeichnet ist.

Der lebende Impuls aller Geschichtsbilder ist der Wille zur Diagnose einer Gegenwart, der wiederum motiviert ist von Fragen wie: was kann man erwarten und unternehmen? Den Geschichtsprofessor HENRY ADAMS hatte die Historie eher verwirrt; sie hatte ihm ihr Geheimnis nicht anvertraut. Weshalb nicht? Da er ein Wissenschaftsgläubiger des neunzehnten Jahrhunderts war, führte er zuerst die Rätselhaftigkeit auf die Rückständigkeit der historischen Forschung zurück. Sie arrangiere Sequenzen, von denen man vorgebe, sie stünden im Verhältnis von Ursache und Folge — kindliche Kombinationen. Die sogenannte Geschichtswissenschaft sei weniger informativ als WALTER SCOTT und ALEXANDRE DUMAS... Auch der Harvard-Professor HENRY ADAMS hätte nach altem Brauch gearbeitet; seine Serie von Bänden über die amerikanische Geschichte zur Zeit

JEFFERSONS sei recht unbefriedigend. Er fand — unter dem überwältigenden Eindruck: was die Naturforscher doch alles zuwege bringen! — in der Methode der sogenannten exakten Wissenschaften das Heil der Historiker. Er war nicht der einzige, der diesen Heilsweg beschritt, aber vielleicht der Tollkühnste. Er hielt sich nicht an die Biologie oder Psychologie, sondern gleich an die strengste Theorie, die Physik. Alles habe seine Gezeiten: Elektrizität, Ton, Wind und jeder Teil der organischen Natur sind einem einzigen universalen Gesetz unterworfen; eines Tages wird man nachweisen können, daß es auch im Wandel der Kulturen wirksam ist. Schon der Fünfundzwanzigjährige hatte dieses Credo der Epoche unterschrieben. Aber erst in den letzten beiden Jahrzehnten skizzierte er die Anwendung. Die Geschichte ist ‹ganz einfach die Entwicklung der Gesellschaft nach dem Gesetz des geringsten Widerstands›; sie findet ihren Weg ‹ebenso unbewußt› wie das Wasser und ebenso mechanischen Gesetzen folgend. In der Demokratie ist diese ‹rein mechanische Abwicklung› besonders klar zu erkennen, weil sie nicht verdeckt ist von Elementen, die das Bild verwirren. Feierlich verkündete er 1894, in einer Adresse an die ‹Historische Gesellschaft›: man stünde vor einer großen Entdeckung, die alle Geschichte unter ein Gesetz von ebensolcher Eindeutigkeit bringen werde, wie sie die Gesetze der materiellen Welt zeigen.

Er gab noch mehr, als er versprochen hatte. Er interpretierte die Geschichte mit Hilfe von mathematisch-physikalischen Symbolen. An ihrem Substanz-Begriff kann man die Geschichts-Philosophen erkennen. Was macht die Summe der Menschen, die Summe ihrer Gesellschaften und Kulturen zur Menschheit? Was ist die unterliegende Substanz, so daß die lange Folge der Generationen als Biographie eines Über-Individuums dargestellt werden kann? Einst hatte der göttliche Plan diese Einheit in der Vielfalt und Breite hergestellt. Dann war CALVINS ‹lebender Gott› imstande gewesen, die Jahrtausende der Menschen zu einer Einheit zu machen. Glasklar wurde das Gemeinsame in der Fülle der vielen Zeiten erst in HEGELS geschichtlich sich entfaltender Vernunft. Auch HENRY ADAMS suchte die Menschheit, vor der ihre Vielfältigkeit nur folgerichtige Abwandlungen wären. Er wählte das seelenloseste Wort, obwohl es (ihm verborgen) noch ebenso anthropomorphisch war wie jeder Name zuvor: die Grund-Kategorie der damaligen Physik, ‹Energie›. (Sie wurde damals auch, unter dem Namen ‹Macht›, die zentrale Kategorie einer neuen Psychologie.)

Geschichte ist nun nicht mehr die Entfaltung eines göttlichen Plans oder gar eines Gottes oder der göttlichen Vernunft, sondern: die Transformation der Energie, eine Reihe von ‹Phasen›. Dies Wort ‹Phase› nahm er in dem Sinne, in dem ein Yale-Professor für mathematische Physik es definiert hatte: als Gleichgewicht. ‹Jedes Gleichgewicht›, heißt es bei dem Physiker, ‹beginnt und endet mit einer Krise, die unter einer bestimmten Temperatur, bei einem bestimmten Druck in eine andere Phase mündet.› Was ADAMS gesucht hatte, war gefunden: ‹eine historische Formel, welche die Menschen-Geschichte so gut beschrieb wie das Sternen-Universum›.

Das Pathos dieses Unternehmens aber zeigte sich im Widerruf alles dessen, was der zünftige Historiker mit Hilfe der konventionellen Methoden bisher, respektiert von der akademischen Welt, geleistet hatte. Mit einer verächtlichen Handbewegung tat er den ‹Fortschritt› ab; sie war so flüchtig, daß sie recht unernst wirkt. Es sei lächerlich, von Fortschritt zu reden, wenn zweitausend Jahre nach ALEXANDER und CAESAR der General GRANT Präsident der Vereinigten Staaten würde — obwohl er wirklich die Quintessenz des Landes sei. Er maß nun das Schreiten der Geschichte an wertfreien Maßstäben, zum Beispiel am Gesetz der Beschleunigung. Er verglich den langen Prozeß menschlichen Denkens mit dem Lauf einer Kanonenkugel. Man kann, heißt es, eine ‹Kurve› von fünftausend Jahren beobachten: ‹Ihre erste heftige Beschleunigung in historischer Zeit hatte mit der Katastrophe von 310 geendigt. Die nächste Richtungsänderung erfolgte um 1500. GALILEI und BACON gaben der Kurve eine weitere Krümmung, die ihre Werte wechselte. Aber aller Wechsel hat nie die Kontinuierlichkeit beeinflußt. Erst im Jahre 1900 brach sie ab.›

Mit diesem letzten Satz fiel er aus der Rolle, aus der naturwissenschaftlichen: in dem Augenblick, wo er zu dem Tage kam, an dem er schrieb. Es ist eine alte und bekannte Eigentümlichkeit aller Sinngeber des Historischen, daß sie ihre eigene Zeit auszeichnen: im Guten oder im Bösen; die Selbst-Unterschätzung kann sich auch als negativer Superlativ manifestieren. HENRY ADAMS machte keine Ausnahme. Hatte FICHTE seine Zeit ‹Das Zeitalter der vollendeten Sündhaftigkeit› genannt, so sagte ADAMS dasselbe auf mathematisch-physikalisch. Das sah dann so aus. Mit der Entdeckung des Elektro-Magnetismus und der Strahlen sei nicht nur die schärfste Richtungsänderung der Lebens-Kurve eingetreten — natürlich nach unten hin, sondern es ginge nun auch in atemberaubendstem Tempo abwärts. Ganz exakt werden die Zahlen für die Geschwindigkeit in der Richtung auf den Abgrund angegeben: ‹Rechnen wir für die Mechanische Epoche 300 Jahre, 1600—1900, so wird die nächste, die Elektrische, eine Lebensspanne von $\sqrt{300}$ oder etwa $17^{1}/_{2}$ Jahre haben; dann, 1917, wird der Prozeß in eine andere Phase übergehen, die ätherische, welche die Wissenschaft seit einem halben Jahrhundert versprochen hat. Sie wird nur $\sqrt{17{,}5}$ oder etwa vier Jahre währen. 1921 wird die Historie die Grenze des Möglichen erreicht haben.› Diese groteske Stelle ist unschätzbar. Sie illustriert dreierlei.

Man kennt viele wilde Spekulationen von Astrologen, Theologen und Metaphysikern; die wissenschaftlichen Ausschweifungen sind weniger bekannt — und um nichts wissenschaftlicher. Man beachte dann auch, daß sich ADAMS zwar exakter festlegte als FICHTE, HEGEL und MARX vor ihm und SPENGLER später; aber nur deshalb erscheint er skurriler. Wer immer die Endzeit hinter der nächsten Ecke erwartet, ist in ADAMS' Formel mit-karikiert. Zum dritten aber offenbarte er nichts anderes als jeder große Interpret der Geschichte vor ihm; er sprach die Weltenstunde aus — in der Sprache seiner Zeit, und das war gerade die mathematisch-physikalische. Wer aber von der Abstrusität seiner Formel abgestoßen ist, möge bedenken, daß es weit ehrenvoller ist, diese letzte Anstrengung unternommen zu haben, die Fülle vergangenen Geschehens zu ordnen — als ewig unempfindlich zu sein für die Fragen, die hier gestellt werden. Eine solche Unempfindlichkeit ist nicht nur die gedankenlose Arbeit an der wahllosen Aufspießung toter Ereignisse, sondern auch die Erkenntnis-Theorie der Geschichte, soweit sie glaubt, alles getan zu haben, wenn sie ‹die Grenzen der naturwissenschaftlichen Begriffsbildung› festgelegt hat. HENRY ADAMS gehörte noch zu einer Generation, welche die Jahrtausend-Fragen bedrückten.

Die methodischen Fehler des Geschichts-Philosophen HENRY ADAMS sind so offensichtlich, daß sie niemand dazu berechtigen, seine Einsichten zu übersehen. Vielleicht sind es auch weniger methodische als linguistische Fehler. Die Sprach-Gebräuche einer vergangenen Wissenschaft sind bisweilen ebenso komisch wie die Bart-Trachten der dazugehörigen Wissenschaftler. HENRY ADAMS' Geschichts-Philosophie trat zwar in mathematisch-physikalischer Rüstung auf; aber seine Einsichten wurden durch sie nicht offenbart, sondern verdeckt. Die Rüstung mußte so ehern sein, weil der Mann so anfällig war — man könnte auch sagen: er war ein Sammelpunkt aller Anfälligkeiten der letzten hundert Jahre. Sie werden schon deutlich in den Beschreibungen der niedergehenden Kurve und der zunehmenden Geschwindigkeit im Tempo. Sie treten weniger formal in Erscheinung in seinen Prophetien. Die besten Historiker zeigen am sichtbarsten in ihren Voraussagen, wie sensitiv ihr Organ für die entscheidenden Tendenzen einer Zeit ist. Man mißtraue allen Geschichtsschreibern, welche ihre Zukunft falsch visierten; sie waren wahrscheinlich nicht besser in ihren Konstruktionen der Vergangenheit. Nachdem HENRY ADAMS' und JACOB BURCKHARDTS Zukunft Gegenwart geworden ist, können wir sie kontrollieren. Gewiß, es bedeutet einer Gegenwart nichts, daß sie ein Jahrhundert zuvor vorausgesagt worden ist. Aber so langweilig eine alte Voraussage ist, sie stützt das Vertrauen noch über das hinaus, was nachgeprüft werden kann.

Henry Adams sah bereits in der zweiten Hälfte des neunzehnten Jahrhunderts: West-Europa wird zugrunde gehen wie im vierten Jahrhundert. ‹Die Welt wird jedes Jahr lustiger›, schrieb der trübe Hellseher; ‹ich werde hoffentlich noch erleben, wie man sich den Hals bricht. Das wird so um 1932 sein.› Im Jahre 1862, er war damals fünfundzwanzig, schrieb Henry Adams an seinen Bruder: ‹Die Menschen haben sich an die Wissenschaften gekettet und werden nun mitgerissen. Ich bin ganz sicher, es sind keine Jahrhunderte mehr nötig, und die Wissenschaften werden kommandieren. Dann lassen sich die Maschinen, die erfunden worden sind, nicht mehr kontrollieren. Die Existenz der Menschheit ist in ihrer Hand; man wird Selbstmord begehen, indem man die Welt in die Luft sprengt *(by blowing up the world).*› Je älter er wurde, desto deutlicher sah er die Richtung, in die es ging — und schließlich heißt es: der Mann, der 1930 lebt, wird wünschen, es wäre ihm erspart geblieben. Und Henry Adams richtet an die großen Dynamos der Jahrhundert-Wende die Frage: worauf will das hinaus, in Teufels Namen? ‹Ich sehe›, schrieb er 1902, ‹in diesem Jahrhundert einen endgültigen kosmischen Zusammenbruch; aber nicht einen nach berühmten Mustern. Die Wissenschaft wird uns zugrunde richten. Wir sind Affen, die mit einem geladenen Gewehr spielen. Wir haben nicht die geringste Ahnung und kümmern uns nicht darum, woher die (praktisch unbegrenzten) Energien kommen und wohin sie uns bringen werden.›

So nahe er diesen Tagen in seiner Warnung steht, so fern ist er ihnen in seinem Fatalismus; denn die herrschende Stimmung ist: es wäre bare, selbstmörderische Unvernunft, machte man nicht aus dem lebensgefährlichen Atom das wohltätige. Wie das anzustellen ist, sagen die lauten Prediger nicht. Henry Adams war kein Verfasser populär naturwissenschaftlicher Moral-Traktate — einer Literatur, die das Letzte auf dem Felde der Bomben zusammenkoppelt mit dem Ältesten auf dem Feld der Missions-Schrift. Nach allem, was er erfahren und studiert hatte, glaubte er nicht an menschliche Zielsetzungen auf dem Boden der Geschichte... eher an einen vorgezeichneten Prozeß, der sich von Äon zu Äon wiederholt. Der Zyklus, in dem Henry Adams lebte, hätte in der Epoche zwischen 1150 und 1250, ‹wie sie sich in der Kathedrale von Amiens und den Werken des heiligen Thomas von Aquino ausdrückte›, seinen Gipfel erreicht. Es war ‹der Zeitpunkt, da der Mensch die höchste Idee von sich selbst als einer Einheit in einem geeinten Universum hatte›. Er beschrieb diese ‹religiöse Phase› in seinem Kathedralen-Buch mit dem Untertitel: ‹ein Studium in der Einheit des dreizehnten Jahrhunderts›. Den Tiefpunkt, die Gegenwart, untersuchte er in seiner Autobiographie, die den Untertitel hatte: ‹ein Studium in der Vielfalt des zwanzigsten Jahrhunderts›. Das Wort ‹Vielfalt› war ein Euphemismus; er gebrauchte viel emotionellere, schmerzlichere Worte.

Die Lehrer der Zyklen-Theorie sind unbeliebt — nicht so sehr, weil der Gang des Menschengeschlechts determiniert ist (das ist er auch, wenn er von Gott geplant ist), als weil die Wiederkehr des Gleichen jede Unternehmungslust lähmt, vor allem die moralische. Es ist zu beachten, daß man die Freiheit nicht bedroht sieht durch böse naturwissenschaftliche Prognosen — solange die Menschengeschichte einen ‹Fortschritt› zuläßt. FREUD sagte einmal, in einer großartigen Bemerkung, daß man sich wohl abfinde mit der ehernen Welt der nicht-menschlichen Natur, daß man aber eine Grenze der Menschen-Natur als Beleidigung empfinde. Man pflegt heute diese Beleidigung mit dem Vorwurf zu beantworten, daß sich hinter ihr der bösartige Wille derer verberge, die ein Interesse daran haben, daß nichts geändert wird. Das ist auch wahr — und kann nie die Gegen-These von der unendlichen Plastizität der Natur des Menschen rechtfertigen. HENRY ADAMS sah gerade in dieser Vorstellung das Zentrum der amerikanischen Illusion.

Die Illusion von der Herrschaft des Natur-Gesetzes gab er nie so eindeutig preis. Aber es gibt ein Wort, das spielt eine sehr zentrale und sehr verwirrende Rolle in seiner Biographie der Menschheit: das Wort ‹Anarchie›. Es steht für zwei sehr verschiedene Vorstellungen. Sehr oft wird es in dem abgeschwächten Sinn gebraucht, in welchem ‹Anarchie› nur Leugnung eines Sinn-Zusammenhanges ist. Von dem Begriff einer göttlich-humanen Ordnung her gesehen sind alle Gesetze der Physik bereits — anarchisch, nicht menschlich, sinnlos. Diese Bedeutung hat ‹Anarchie› in einem Satz wie: ‹Ich versuche die Formel der Anarchie auszuarbeiten; das Gesetz des Übergehens von Einheit, Einfachheit, Moralität zu Vielfalt, Gegensatz, Polizei.› ‹Das Gesetz der Anarchie› — das scheint ein Widerspruch zu sein; er verschwindet, wenn man einen Sprach-Gebrauch versteht, der sinnlose Ordnung — ‹Anarchie› nennt. Der Geschichts-Philosoph HENRY ADAMS suchte nicht mehr einen Sinn, nur noch eine Ordnung: ‹eine Spule, um den Faden der Geschichte auf ihr aufzurollen, ohne ihn abreißen zu lassen›. Auch damit folgte er den exakten Wissenschaften, die darauf aus waren, in allen Schlupfwinkeln der Theorien die anthropomorphen Begriffe aufzustöbern.

Aber dasselbe Wort ‹Anarchie› wird auch in einem radikaleren Sinn gebraucht — von den Jahren an, da er auch noch den Glauben an die exakten Wissenschaften verlor; oder wo er offenbarte, daß er ihn nie recht gehabt hat. Ein verdächtiges Wort gibt es in der 1903 geschriebenen Skizze ‹Die Grammatik der Wissenschaft›: ‹Chaos ist das Gesetz der Natur, Ordnung der Traum der Menschen.› Es ist wohl anzunehmen, daß hier schon jenes Chaos gemeint ist — auf das KIERKEGAARD eine Generation früher hingewiesen hat: ‹Die Natur hat vergessen, daß sie Chaos war, und doch kann ihr das auch wieder einfallen.› HENRY ADAMS hat zwar versucht, die Entdeckung der neuen Natur-Kräfte als ‹Elektrische Phase› nach der mechanischen einzuordnen. Aber diese Einordnung scheint oberflächlich zu sein vor der tieferen Ahnung, daß dieses Auftauchen immer neuer Kräfte anzeigt: Ordnung ist eine Illusion. Die sinnlosen Ordnungen, so könnte man ihn sagen lassen, sind nicht wahrer als die sinnvollen. Die universale wissenschaftliche Theorie ist nicht wahrer als die Metaphysik, ihre Vorgängerin. Die Ordnung ist das, was nicht wahr ist: diese Einsicht, die längst Theologie und Philosophie unterhöhlt hatte, zerstört nun auch noch seine Geschichts-Philosophie der Energie-Phasen, die schließlich auch nur eine (um eine Schattierung weniger anthropomorphe) Metaphysik war.

HENRY ADAMS durchschaute, wie sehr jede Ordnung Menschenwerk gewesen ist. In Jahrtausenden habe jeder Philosoph am Ufer der Unordnung, ‹am Ufer dieses sonnenlosen Ozeans›, gestanden. Alle hätten erkannt: sie müßten einen Boden annehmen, da sie keinen finden können... Ob diese Psychologie der Philosophen zutreffend ist, ob sie sich wirklich bewußt waren, daß sie die Wahrheit nicht fanden, sondern setzten — ist nicht so wichtig wie HENRY ADAMS' Entdeckung, daß die philosophischen Fundamente weniger Erleuchtungen als Aktionen waren. Auch die Kirche habe behauptet, einen Boden gefunden zu haben; aber seit 1450 habe er nicht mehr tragen können, was man auf ihm errichtete. Nach den Theologien und Philosophien sind nun auch die Wissenschaften in den Strudel der sich ewig durchsetzenden Unordnung hineingerissen worden. Für den Historiker folgte: die Weltgeschichte ist ohne Zusammenhang; entweder lehrt man sie so oder — fälscht sie. Diese radikale Resignation ist nur eine Unterströmung unter seiner zyklischphysikalischen Beschreibung, die vor dem konsequenten Verzicht noch wie ein starker Glaube wirkt.

In Europa war dieser Geschichts-Nihilismus eindeutiger im Dritten Buch der ‹Welt als Wille und Vorstellung› ausgeformt worden. Unter amerikanischen Historikern war niemand SCHOPENHAUER näher als HENRY ADAMS: er war allerdings durch seine Wissenschafts-Religion noch gehemmt, den letzten Schritt zu tun. Er war sich nicht voll bewußt, daß er in ihr ‹das Amüsement der Philosophie› genoß. Er glaubte, daß er sich dieses Vergnügen versage, das doch hauptsächlich darin bestehe, daß man unlösbare Probleme unverständlich beantworte. Er erkannte wohl nicht, daß sein mathematisch-physikalischer Geschichts-Mythos von derselben Art war wie der ‹Welt-Geist› und die ‹Dialektik›. Die mathematisch-physikalischen Götter hatten sich im Zentrum seines Herzens angesiedelt. Daneben aber lebte auch schon das Wissen, das er einmal in einem schönen Bild ausgeformt hat: von der Mensch-Spinne, welche das Unendliche in ihr Gewebe hineinzubringen sucht — in ewiger Vergeblichkeit. In großartiger Inkonsequenz zerreißt er bisweilen mit einem einzigen Satz das Gewebe der geschichts-philosophischen Spinne Henry Adams und sagt: ‹Die Behauptung oder Annahme einer schließlichen Einheit lebt ebenso im Gesetz von der Energie wie in der Definition Gottes, welche die Theologie gibt.› Er sah auch schon in der umfassenden naturwissenschaftlichen Theorie die *Imitatio Theologiae*. Er schuf noch einmal eine umfassende Konstruktion des historischen Geschehens — ohne Glauben daran, daß sie möglich ist: ‹Er fühlte›, sagte er von sich, ‹er habe keinen Glauben.›

Solch ein Unglauben, das wußte er, war seit je als Verbrechen, als Sakrileg verfemt worden. Er hätte sich nicht gewundert, wenn man ihm gesagt hätte, daß er mit dieser Haltung nicht viel Ruhm ernten werde. Vierzig Jahre nach seinem Tode sind seinen Landsleuten zwar Spengler und Toynbee geläufig, die beide mit ihrem Jahrhundert zufrieden sind, aber nicht Henry Adams: auch wenn die Zunft alle paar Jahre ihn mit gelehrten Büchern beehrt. Aber sie sagen eben nicht, daß er (um innerhalb seiner Metapher zu bleiben) am Rande des sonnenlosen Ozeans stand und es aufgab, festes Land zu sichten.

Er war ein sehr seltenes Ereignis in der Geschichte Amerikas: ein leibhaftiger tragischer Philosoph.

V.

DIE PHILOSOPHIE DES ‹RADIKALEN LIBERALISMUS›

1. Der denkende Menschenfreund John Dewey

> ‹Meiner Ansicht nach hat Amerika in diesem Jahrhundert die beste Arbeit auf dem Gebiete der Philosophie und Psychologie geleistet. Das ist nicht so sehr ein Verdienst individueller Talente. Es ist der Unabhängigkeit von gewissen Traditionen zuzuschreiben, die der europäische Denker vom Mittelalter geerbt hat. Wo das intellektuelle Amerika imstande war, die europäischen Fesseln zu brechen, wurde man frei für einen neuen Blick, vor allem dank James und Dewey.›
> Bertrand Russell

Als Dewey (1859–1952) siebzig wurde, ein Vierteljahrhundert vor seinem Tod, erschien eine Bibliographie seiner Arbeiten in Buchform. Die Liste der Bücher, Büchelchen, langen Essays, kurzen Artikel umfaßte schon damals 155 Druckseiten. Die Lektüre des Titelverzeichnisses ist sehr geeignet, einen ersten Eindruck von der Art dieses Denkers zu geben.

Die Gattung Philosoph zeigt viele, sehr verschiedene Spezies. Im sechsten Jahrhundert vor Christi hatte das thrakische Dienstmädchen eines nachdenklichen Herrn eine sehr deutliche Anschauung von dem, was ein Philosoph ist: er starrt fasziniert in den Himmel — und fällt in die Grube zu seinen Füßen... was den Dienstmädchen aller Schichten in allen Zeiten immer sehr lächerlich vorkam. Es ist nicht zum Lachen — aber Dewey gehörte nicht zur Rasse der Grübler. Auf keinen Fall fiel er in die ordinären Schlingen, in die schon manche Philosophen gingen.

Ein sehr großer Teil seiner Schriften hat nicht die Jahrtausend-Fragen zum Thema, sondern: die Probleme der amerikanischen Schule, die Resignation des Historikers Beard von der Columbia Universität, das Deutschland des Ersten Weltkriegs, die Vierzehn Punkte Wilsons, die Aufgaben Japans und Chinas um 1920, seine russischen Impressionen 1928, den Fall Leo Trotzki, die Antwort auf die Frage: warum er, Dewey, kein Kommunist sei. Bis zum letzten Tag war er an den Debatten des Tages, des Monats, der Woche beteiligt; er sagte sein Wort in Tageszeitungen, Wochenschriften und populären Monatsheften. ‹Seien Sie nicht solch ein Bücherwurm›, hatte der Präsident von John Hopkins den Studenten Dewey ermahnt. Niemand wurde jenem Wurm unähnlicher als der Philosophie-Professor DEWEY. Dem war, ein Leben lang, nichts fremder als ‹die mönchische Unberührtheit›.

Seine Reportagen, seine Äußerungen zur Zeitgeschichte, sein Eingreifen in öffentliche Konflikte hatten ihren philosophischen Ausdruck in Abhandlungen, die im technischen Sinne des Wortes ‹Philosophie› waren: Logik, Erkenntnistheorie, Ethik, Ästhetik. Sie erschienen als Bücher in wissenschaftlichen Verlagen, als Artikel in Jahrbüchern, gelehrten Lexika und Fachzeitschriften. So gelangte seine umfangreiche Produktion sowohl an die Leser von *Ladies Home Journal* (mit einem — 1911 aktuellen — Artikel ‹Kann es den Mädchen schaden, in denselben Klassen zu sitzen wie die Jungens?›), an die Leser der linken Wochenschrift *New Republic* (‹Unsere Mitschuld an der Überschwemmung Chinas mit Rauschgiften›, 1919) und an die Leser des *Journal of Speculative Philosophy* und der *Philosophical Review*.

War er ein Philosoph, der sich nebenbei recht oft politisch und in anderen schwebenden Fragen des Tages vernehmen ließ? War er ein Journalist, der nebenbei auch unter den Philosophen vom Fach hospitierte? Es ist charakteristisch für diesen Mann, daß man Untersuchungen wie ‹*Essays in Experimental Logic*› und ‹*Peirce's Theory of Linguistic Signs, Thought and Meaning*› nicht als Hauptwerke bezeichnen kann und die Briefe an die Herausgeber der New Yorker Zeitungen nicht als reizvolle Nebenbeis — in dem Sinn, in dem etwa KANTS Kritiken die Lebensarbeit darstellten und die kleineren Schriften Arabesken, die in jeder Beziehung kleiner sind als das monumentale Werk, das sie zieren.

Im Sinne einer solchen Scheidung hat DEWEYS Lehrer PEIRCE kaum ‹Kleines› geschrieben, so klein vieles dem Umfang nach war. Im Sinne einer solchen Scheidung hat DEWEY nichts geschrieben, was kleiner oder größer genannt werden kann. Hier gilt nicht die übliche Trennung zwischen dem *Opus Magnum* und den *Paralipomena* — Überbleibseln, Restbeständen, wertvollen Spänen, die beim Hobeln abfielen. Und da er nie *sub specie aeternitatis* dachte (und das war einer seiner Hauptpunkte), ist es schon ganz und gar hoffnungslos, eine Scheidung zwischen den ewigen und den vergänglichen Themen vorzunehmen. Seine fachlichen Untersuchungen und seine populären Stellungnahmen zu den Gegenständen der Tageszeitungen waren wie Innen- und Außenseite ein und desselben und beeinflußten einander wechselseitig; das eine war nicht der Hintergrund, das andere war nicht die Anwendung. Philosophie war ihm eine der Funktionen kulturellen Lebens, wie sie es zur Zeit PLATONS gewesen war, in der Epoche zwischen BACON und JOHN STUART MILL, im Jahrhundert, das ‹*les philosophes*›, die Enzyklopädisten, mitgeformt hatten. Die Philosophie hingegen, die eine Zwiesprache mit der Ewigkeit war, schien ihm nur eine üble Angewohnheit zu sein, die sich soziologisch erklären lasse; er nannte sie mit zwei zentralen Worten seines polemischen Vokabulars ‹mittelalterlich› und ‹romantisch›. Will man DEWEY verstehen, so darf man nicht an einen abseitigen Gelehrten denken, der sich außerdem auch (wie etwa EINSTEIN) um die Sorgen seiner Mitmenschen zu kümmern pflegte.

DEWEY malte einmal ein großartiges Selbst-Porträt in dem einen Satz: ‹Ich bin mehr ein Yankee und weniger ein ‚Philosoph', als es manchmal aussehen mag.› Er hätte auch sagen können: ich bin mehr ein Yankee und weniger ein Schriftsteller — trotz meiner vier Dutzend Bücher und der tausend Artikel. Das Wort ‹Yankee› ist in diesem Zusammenhang zu interpretieren mit Hilfe der (bereits erwähnten) Selbst-Interpretation amerikanischer Intellektueller; sie haben immer wieder bei sich die Abwesenheit jener Verfeinerung festgestellt, die eine Folge der klösterlichen Isolierung und Konzentration war, in der europäische Künstler und Denker ihre Werke schufen. Der ‹Yankee› JOHN DEWEY warf nie dem Teufel sein Tintenfaß an den Kopf und sperrte sich nicht ein Leben lang in ein Städtchen und ein Problem ein; er opferte nie einen ganzen Tag, um einen Satz zu modellieren. Die Geschichte seines Lebens spielte sich nicht auf einer inneren Bühne ab, sondern war die Serie seiner Einmischungen. Er mischte sich ein: in die Sorgen der deutsch-gebürtigen Amerikaner während des Ersten Weltkrieges, in die ‹literarische Revolution› Chinas, in die amerikanische Sowjet-Diskussion der zwanziger Jahre, in die Probleme der Nachkriegs-Situation in den vierzigern. Er mischte sich auch in die Frage nach dem Charakter der Wahrheit ein; er stand in der ersten Reihe an der Front gegen die Verächter des Pragmatismus und baute ihn um unter dem Feuer der Gegner. Alle diese Einmischungen (die theoretischsten und die aktuellsten) waren verschiedene Facetten desselben Willens. Wenn man ihn als liberal bezeichnet, muß man diesem Wort die Nuance geben, die es durch ihn erhalten hat — die er in dem Adjektiv ‹radikal› ausgedrückt hat; es wird noch von ihm die Rede sein.

Vielleicht schriebe man am besten die Geschichte dieses Mannes, der ein idealer Yankee war, nicht so sehr ein Philosoph und ein Schriftsteller — als die Reihe seiner Reaktionen auf die große und die kleine Geschichte der Zeit. Seine Vitalität war gewaltig. Als er Siebenundachtzig war, heiratete er zum zweiten Male. Als er Neunundachtzig war, adoptierte er noch zwei Kinder. Zwischen Achtzig und Neunzig schrieb er zwei Bücher. Sein Wahlspruch lautete: ‹Es ist besser zu reisen, als anzukommen.› Er konnte die Ankunft bis zu seinem dreiundneunzigsten Jahr hinausschieben. Er reiste nach Europa, nach Rußland, nach Japan, nach China, nach Mexiko, nach der Türkei — und nie als Tourist. Er war nie ein Zuschauer. Er war nie neutral. Er war nicht nur ein amerikanischer Bürger, er war der Bürger jedes Landes, dessen Hoffnungen er zu den seinen gemacht hatte. Er fuhr in andere Reiche — nicht als Amerikaner, sondern als einer, der in allen Teilen der Welt dasselbe verlangte wie zu Haus. Er zeigte auch in Stunden nationaler Gereiztheit, daß seine Politik nie den Aufgeregtheiten des Tages unterlag. Er gab sich nie für die Hetz-Parolen der Kriegs-Propaganda her.

Im Ersten Weltkrieg hatte er viel Verständnis für die Gefühle der amerikanischen Bürger deutscher Herkunft: für die gekränkten Plädoyers, mit denen sie das Land ihrer Herkunft verteidigten, für die gekränkten Attacken auf die amerikanische (zweite) Heimat. Er sagte damals über die Deutschen nichts, was er nicht ebenso hätte im Frieden sagen können — und was vor ihm BISMARCK und BÜLOW, die er zitierte, hatten drucken lassen: daß die Deutschen keine Begabung zur Demokratie haben. Eng verbunden seien bei ihnen innere Freiheit — ‹der undisziplinierte Geist des Mittelalters› — und Sklaverei. Er bezog sich in diesem Zusammenhang auch auf den verehrten KANT (mit seinem kategorischen Verbot der Vertreibung oder gar Hinrichtung des Souveräns — einer Todsünde). Es gibt, folgerte DEWEY, keine Verständigung mit den Deutschen, weil sie (politisch) nicht dieselbe Sprache sprechen. Er pries die ‹heroische Zeit deutschen Denkens›, rühmte, daß die Deutschen ‹Philosophie im Blut haben› — und machte es sich nicht leicht mit der Phrase von den zwei Deutschlands. Er sah die Kontinuität des einen; die großen Philosophen waren Produkte ihrer Gesellschaft — und mitverantwortlich für sie. Noch sechs Jahre nach dem Ersten Krieg, zum zweihundertsten Geburtstag KANTS, sah er in den Jahren 1914 bis 1917 auch ‹eine Abrechnung mit KANT›, dem Erben des Mittelalters; er wäre nie imstande gewesen, einer Gegenwart direkt ins Auge zu sehen — immer nur im Medium der Denker früherer Jahrhunderte. DEWEY hatte den Mut, KANT und BETHMANN-HOLLWEG nicht nur in Gegensatz zu setzen.

Wie er aber in keinem Bezirk feste, unvergängliche, unveränderliche Gebilde anerkannte, machte er auch aus der deutschen Seele kein ehernes Schicksal. Er verurteilte ihre Gegenwart — nicht aber die Deutschen in alle Ewigkeit. Er war zu tief eingeweiht in deutsches Denken, als daß er nicht die gewaltigen Möglichkeiten hätte erkennen können (wie ein anderer scharfer Deutschland-Kritiker vor ihm, HEINRICH HEINE). DEWEYS Buch über Deutschland, geschrieben 1916, war keine Metaphysik des Deutschen-Hasses. Mag sein, daß er sich über die politische ‹Reife› Amerikas, Englands und Frankreichs damals Illusionen hingab. Mag sein, daß er recht naiv war in der Aufforderung an die Deutsch-Amerikaner, sie mögen nach dem Krieg ihre Landsleute von einst belehren, daß ohne Demokratie eine Kultur kulturlos sei. Das wilhelminische Deutschland traf er genau — und traf es noch in seinen besten Ahnen.

Er war, 1916, eine seltene Stimme in seiner unrachsüchtigen Zurückhaltung gegen Deutschland und in seiner phrasenlosen Einsicht, daß die Wurzeln des Bösen bis in die gepriesene Klassik zurückreichten. Er war, 1928, eine seltene Stimme in dem Bericht über seine Rußland-Reise. GIDE schwärmte, bevor er in die Sowjet-Union fuhr. DEWEY schwärmte überhaupt nicht, sondern — gab seinen Landsleuten eine Lektion. Er schrieb weniger für Rußland als gegen Amerika. Im elften Jahr der Sowjet-Republik fuhr er mit einer Gruppe amerikanischer Erzieher nach Leningrad und Moskau. Er urteilte nicht unter dem Eindruck der russischen Propaganda, die er erkannte, eher unter dem Eindruck der amerikanischen, die ihn verführt hatte. Seine Begeisterung war eine Reaktion auf die Verzerrungen der Heimat, die ihn getäuscht hatten. Er besuchte die Eremitage. Er sah Gruppen von russischen Bauern, Arbeitern und Schülern, die sich mit den

Kunstschätzen der Welt vertraut zu machen suchten — und schrieb: ‹Das gibt es nirgendwoanders in der Welt.› Er sah, 1928, das Entscheidende nicht in der ökonomischen Umgestaltung, sondern in dem Willen, die neue Ökonomie in den Dienst einer echten Volks-Kultur zu stellen — ‹wie sie die Welt noch nicht kennt›. Er war ‹überwältigt› von dem, was er nicht erwartet hatte — und registrierte seine ‹schockhafte› Überraschung. Er übersah nicht die Manöver der Beeinflussung; hatte aber das Vertrauen, sie würden in dem Maße verschwinden, in dem Rußland sich sicherer fühlt. Der Pädagoge war besonders angetan von dem ‹Haus der Kultur› — dem Zentrum aller kulturellen Aktivitäten. Legte er diesen Häusern sein Ideal einer freien (vom Staat nicht dirigierten) Assoziation nur unter oder gab es damals noch solche Tendenzen im jungen Staat? Sein Urteil lautete: ‹eine Demokratie über alles hinaus, was die ehrgeizigsten Demokratien der Vergangenheit zu erreichen suchten.› Man könnte sagen: er fand in Rußland alle demokratischen Impulse, die er, 1928, in Amerika vermißte ... Man ehrte ihn sehr. LUNATSCHARSKY, damals an der Spitze des Erziehungswesens, war ein großer Bewunderer DEWEYS. Die konservative Presse Amerikas nannte ihn einen ‹Bolschewik›.

In seinem Buch ‹Reconstruction in Philosophy› (1920) steht der folgende Satz: ‹Irrtümer sind nicht nur unvermeidliche Unglücks-Fälle, die zu betrauern — oder moralische Sünden, die zu sühnen und vergeben sind. Sie sind auch Lektionen, daß man seine Intelligenz falsch gebraucht hat, Instruktionen, wie man es besser machen kann.› In welcher Beziehung hat DEWEY damals ‹seine Intelligenz falsch gebraucht›? Vielleicht hat er sie gar nicht falsch gebraucht — und es ist eher falsch, das erste Sowjet-Jahrzehnt mit dem zweiten zu verwechseln. Wie auch immer, die größte Fehler-Quelle seines (und manchen anderen) Urteils war die lügenhafte Hetze zu Hause, die den gewissenhaften Beobachter DEWEY mehr die Unwahrheiten der Heimat als die Lügen der Sowjet-Propaganda beachten ließ. In den Jahren nach 1928 erhielt er mehr und mehr Informationen, daß die russischen Schulen von Tag zu Tag ausschließlicher Stätten der Indoktrination würden. Die volle Abwendung von dem Experiment, das er so sehr bewundert hatte (aber nicht mehr als zum Beispiel der große Skeptiker FREUD), erfolgte dann, als er ein Mitglied der *Commission of Inquiry into the Charges against Leon Trotzky at the Moscow Trial* wurde. Er fuhr nach Mexiko, wo die Verhandlung stattfand. Er las die Prozeß-Berichte. Er studierte LENINS Schriften und die Veröffentlichungen anderer revolutionärer Ideologen. Und setzte die ‹Radikalität›, die er forderte, in Gegensatz zu jedem Radikalismus, der die Gewaltanwendung rechtfertigte. Er verleugnete nicht die fortschrittlichen Züge der Sowjet-Kultur, die er 1928 gesehen hatte. Aber er glaubte nicht mehr an ein System, das sich nach fünfzehn Jahren nur mit Gewalt und Lüge halten könnte. Ein Teil der amerikanischen Presse begrüßte freudig die Rückkehr des verlorenen Sohnes. Man hatte nichts gelernt.

Die Enttäuschung machte ihn nicht zu einem blinden, von Phrasen triefenden Parteigänger auf Seiten der Antis. Er gab sich besonnene Rechenschaft auf die Frage: weshalb bin ich kein Kommunist? — eine Frage, die für die meisten Anti-Kommunisten gar keine ist, weshalb sie sie auch nicht sinnvoll beantworten können. DEWEY zählte fünf Punkte auf; sie charakterisieren ihn im knappsten Umriß. Punkt Eins: der Kommunismus, der existiert, ist russisch — unübertragbar russisch. Punkt Zwei: die kommunistische Philosophie ist monistisch in ihrem Dogma von der einheitlichen Entwicklung aller Gesellschaften — und also (könnte man DEWEYisch hinzufügen) ein Aberglaube wie jeder Monismus. Punkt Drei: die These, der Klassenkampf sei der Weg zur Aufhebung aller Klassenkämpfe ... ist falsch und gefährlich. DEWEY sah im Konflikt der Klassen einen entscheidenden Zug des Lebens; und MARX hatte schon darauf hingewiesen, daß dieser Zusammenprall nicht seine Erfindung gewesen sei, sondern die Entdeckung der bürgerlichen Wissenschaft vor ihm. Doch DEWEY erkannte, im Jahre 1934, wohin die aktive Verschärfung des Konflikts führt: zum Faschismus; und fügte hinzu: als sein unbeugsamer Feind bin ich gegen den Kommunismus. Punkt Vier: die emotionale, dem nüchternen und gerechten Urteil abholde Atmosphäre des Kommunismus ist jedem Aufbau abhold. Punkt Fünf: Gewalt, das große Mittel des Kommunismus, führt zum Chaos...

Die Kommunisten stempelten ihn zum Trotzkisten und den Pragmatismus zur ‹Philosophie des Imperialismus›. Sein Urteil über die Sowjet-Union, zehn Jahre nach den Tagen der ersten Liebe, lautete: ‹Wer mich auffordert, zwischen Bolschewismus und Faschismus zu wählen, verlangt von mir, daß ich mich entweder für die G. P. U. oder für die Gestapo entscheide.›

Wofür entschied er sich?

2. DER ALTE UND DER NEUE GLAUBE

> Pragmatismus: ‹*Un Romanticisme Utilitaire*›.
> RENÉ BERTHELOT

Das Entweder-Oder von Glauben und Unglauben gehört zu den Alternativen, in welche die Auseinandersetzungen der Zeit gepreßt werden. Es ist immer das Zeichen unabhängiger Denker, sich in die festgefahrene Diskussions-Spur nicht hineinzwingen zu lassen.

DEWEY war selbständig genug, nicht Glauben und Unglauben einander entgegenzusetzen, sondern den Alten Glauben und seinen, den Neuen. Er gab dem Wort ‹Glauben› den Ernst, den er nur noch selten hat — mit der Definition: ‹*Faith is tendency toward action*[1].› Man sollte den Satz frei übersetzen: erst im Handeln zeigt sich, woran man glaubt. Damit ist ausgemerzt: alles spielerische Liebäugeln mit Bildern von transzendenten Realitäten (es bleibt ungewiß, ob sie wortwörtlich gemeint sind oder nur symbolisch); auch alles Tändeln mit feierlich-vagen Abstraktionen, die das Jenseitige nur noch unanschaulich abzubilden wagen.

Der Alte Glaube, wie DEWEY ihn zeichnet, ruht; ruht auf autoritären Sätzen. Die Autorität hinter ihnen, könnte man in seinem

---

[1] ‹*The Question of Certainty*›. 1929.

Sinn hinzufügen, war bisweilen offenbar, bisweilen verkappt — zum Beispiel in den Dogmen der Vernunft. Der Alte (autoritative, unveränderliche) Glaube, den Statthaltern Gottes oder der Vernunft offenbart, wurde nun abgelöst vom Neuen: in keiner Zeit verkündet, nirgends kodifiziert — und vor allem nicht ruhend. Es ist der Glaube an die unvorhersehbaren Offenbarungen der Erfahrung, immer neu und nie abgeschlossen. Die Einheit eines fix und fertigen Universums zerging vor der Unabsehbarkeit der einströmenden Erscheinungen. DEWEY nennt den Neuen Glauben ‹eine Philosophie der Erfahrung›; deutlicher sagte man: die Ohnmacht der Philosophie vor der Erfahrung. Der Alte Glaube war eingeritzt in die ehernen Tafeln der Religions- und Philosophie-Stifter. Der Neue Glaube ist die Bekundung, daß die Zeit der ehernen Tafeln vorbei ist. Er ist auch noch mehr. Das Wort ‹Erfahrung› hat ein religiöses Pathos. Das wird allerdings bei JAMES vernehmlicher als bei DEWEY, der nichts weniger war als ein Poet.

Der Neue Glaube wird zusammengerückt mit dem Industriellen Zeitalter. Obwohl auch vor ihm schon Erfahrungen gemacht worden sind, so würde DEWEY dennoch darauf hinweisen, daß sie nie so systematisch, so vorbedacht, in solcher Fülle produziert worden sind. Erst das Zeitalter der Industrie brachte diese organisierte Fülle von Offenbarungen, welche der Neue Glaube Erfahrung nennt. Entsprechend sieht er im Alten Glauben den Geist vor-industriellen Daseins. Die klassische Philosophie habe in ihrem Kosmos die gesellschaftliche Ordnung des Feudalismus abgebildet, in der ‹Projektion des Prinzips der Familie› auf das All. Die Familie, die Verwandtschaft, das Hoch und Nieder seien hier in die Natur hineingelesen worden. Macht und Würde der feudalen Gesellschaft hätten ihre Entsprechung in der Rangordnung der Naturkräfte gefunden. Allgemein: jede Gesellschaft forme sich das All nach ihrem Bilde; deutlich verrät der Begriff ‹Gesetz›, woher die Kategorien der universalen Theorie stammen. So hätte zum Beispiel das Mittelalter zur griechischen Vorstellung von der Herrschaft des Gesetzes, in dem der persönliche Wille eliminiert ist, die Idee vom höheren autoritativen Willen hinzugefügt.

Mit den vergangenen Gesellschaften sind auch ihre Philosophien gegangen — und ihre Philosophen. Die neue Gesellschaft hat auch einen neuen Denker-Typ hervorgebracht. Was bisher unbewußt war: der Zusammenhang zwischen der Gruppe und ihren Philosophen... muß von den Philosophen des Neuen Glaubens ins Bewußtsein gehoben werden. Sie sind nicht mehr Sprachrohre der Ewigkeit, sondern einer Zeitlichkeit. DEWEY machte keine Anstalten, die Ewigkeit auszudenken — nur noch: die besten Wege in die Zukunft der industriellen Gesellschaft.

Der Neue Glaube kennt nicht mehr den geschlossenen Raum und die begrenzte Zeit und den *Numerus Clausus* der Elemente. Er wird auf das Überraschende gerichtet sein (hier etwas konservativ ‹Erfahrung› genannt) — nicht auf Immer-Dasselbe in immer neuen Konstellationen. ‹In der Geschichte›, heißt es, ‹hat man immer den Wechsel gefürchtet› als Quelle der Unordnung, des Chaos, der Anarchie. Das Wort ‹Relativität› sei immer als ‹Vogelscheuche› verwandt worden; man wollte kritische Denker verhindern, einen ‹Absolutismus› anzugreifen, in dem sich immer ein Klassen-Interesse verschanzt habe... Die Frage aber (möchte man hinzufügen) ist schon nicht mehr: ob diese soziologische Interpretation richtig ist — nur noch, ob sie allein imstande ist, den Ursprung der Vorstellungen vom Sein, vom Vergehen, vom Ewigen zu erhellen. Die Frage ist auch: welchen Sinn das Wort Philosophie noch hat — vor einer Lawine, von der nichts weiter zu sagen ist als: daß der Begriff ihr nie gewachsen sein wird, weil nichts da ist, was festgehalten werden kann.

Soweit also dieser Neue Glaube die Destruktion einer prophylaktischen Ideologie für Thron und Altar ist, hat er eine eindeutige Funktion. Er zerstört die künstlichen Verfestigungen. Dewey nannte Hegel auch ‹den größten Realisten› — einen ‹*brutalist*›: den Verherrlicher des *Factum brutum*. Der Kreuzzug des Neuen Glaubens ging gegen die Philosophien, die eine schlimme Wirklichkeit schützend einhegten. Aber was war er darüber hinaus? Dewey wußte, daß jeder Glaube, auch der Neue, ‹Sicherheit und Verankerung in etwas Ruhendem will›. Auch er befriedigte diesen Willen — nur nicht so ausgesprochen. Deshalb müssen seine heimlichen ewigen Wahrheiten zur Sprache gebracht werden.

Sein Neuer Glaube, im Polemischen sooft ins Zentrum treffend, ist recht fragwürdig in der immer wiederkehrenden Wendung von der ‹vernünftigen Lenkung› des Menschen — eine Art von Halt in dem All aus fliehenden Erfahrungen. Eigentlich ist jede Lenkung ‹vernünftig›; sie hat immer die spezifische Vernunft des Lenkers. Sollte aber Dewey eine Vernunft über allen als vernünftig anerkennen, so ersetzt er eben alte ewige Wahrheiten durch neue ewige und verdeckt es, nur weil er die von ihm ausgezeichnete Vernünftigkeit nicht im Detail auswickelt. Diese Schwierigkeit gilt allerdings nicht für seinen Pragmatismus.

Er ist nicht (wie man zu denken pflegt) dazu da, den Neuen Glauben zu unterbauen. Er ist nur dazu da, den Alten zu zerstören. Er ist ein Instrument des Abbaus, nicht das Fundament für einen neuen Aufbau. Man tut dieser Lehre unrecht, wenn man ihr eine Theorie der Wahrheit abzwingt. Dewey hat das ‹Denken› mit einem ‹Organ› verglichen, wie ‹Glieder› und ‹Zähne›. Der Dewey-Schüler Sidney Hook hat in dem aufklärenden Buch ‹*Metaphysics of Prag-*

matism› den grundlegenden Begriff ‹Instrument› analysiert. Dort, wo das Denken die Magd des Willens ist (und wie oft hat sie diese Funktion!), haben die Untersuchungen des Instrumentalismus ihre Gültigkeit. Aber nicht dort, wo der Wille die Magd ist — wie bei allen Moralisten, wie auch bei DEWEY. Deshalb spielt dieser Pragmatismus — wenn man um der Deutlichkeit willen überbetonen darf — in DEWEYS Werk nur eine untergeordnete Rolle, obwohl viele seiner Arbeiten ihn zum Thema haben; er war übrigens auch im Werke des WILLIAM JAMES nur ein Nebenbei, das ihn allerdings populär machte.

DEWEYS Pragmatismus ist nichts als eine Zerstörungs-Maschine am theoretischen Front-Abschnitt, muß als solche gewürdigt und darf nicht als logische Grundlegung des Neuen Glaubens mißverstanden werden. In einem der entscheidenden Sätze heißt es: ‹Theorien sind keine Ruhe-spendenden Antworten auf Rätsel, sondern Gebilde, die als Instrumente zu benutzen sind.› DEWEY wählte den Namen ‹Instrumentalismus›, weil in diesem Wort die Theorie ihres Charakters als Speicher von Einsichten beraubt wird. Ein Instrument ist nicht konsumierbar; es gibt keinen Ausdruck für das Denken, der dieses Reich mehr als Produktion eines ewigen Schatzes entwerten könnte.

Als Pragmatist war DEWEY ein Reformator, der die von PEIRCE geschaffene Methode in ihrer Ursprünglichkeit wiederherstellen wollte. DEWEY hat die Lehre nicht erfunden; er machte sie haltbar und verteidigte sie gegen falsche Auslegungen. Er versuchte vor allem, sie vor den Mißverständnissen rund um das Wort ‹praktisch› zu befreien. Er hatte böse Vorahnungen in bezug auf den Erfolg. ‹Es ist leicht›, schrieb er, ‹eine Legende in die Welt zu setzen, und schwer, sie aus der Welt zu schaffen.› Er schaffte es nicht. Gemeint war die Legende vom Pragmatismus, der im Wissen nichts als einen Durchgangspunkt zur Befriedigung von Hunger und Durst sieht. Gegen diese Verballhornung bot DEWEY manchen Satz auf — zum Beispiel: ‹Pragmatismus ist ein Denken, das jede Reflexion deutlich macht an ihren Konsequenzen — sie mögen ästhetischer Natur sein oder moralischer, politischer oder religiöser.› Ein anderer Satz, geschrieben gegen den Vulgär-Pragmatismus, lautet: ‹Eine Aktion, die nicht von einem Ziel, von Phantasie und Überlegung genährt ist, wird wahrscheinlich eher Konfusion und Konflikte erzeugen, als von Wert sein.› Mit Mißvergnügen zitierte er einen deutschen Kritiker, der den Pragmatismus mit folgenden Worten als ein komplettes philosophisches Gebäude aufrichtete: ‹Erkenntnis-theoretisch ein Nominalismus, psychologisch ein Voluntarismus, kosmologisch eine Philosophie der Energie, metaphysisch ein Agnostizismus, ethisch ein Meliorismus.› Soweit PEIRCE, JAMES und DEWEY Pragmatisten waren, bekannten sie nichts als die Methode: Begriffe und Theorien in der Entwicklung ihrer Konsequenzen zu bestimmen... ein ausgezeichneter Weg. Daneben aber waren sie viel, viel mehr — jeder von den Dreien etwas ganz anderes. Das Wort Pragmatismus ist nicht geeignet, einer umfassenden Denk-Haltung den Namen zu geben.

Dewey war mehr als alles andere — viel mehr als ein Pragmatist — der Verkünder des ‹Radikalen Liberalismus›. Kann diese Prägung zur Bezeichnung eines Philosophen dienen? Man charakterisiert einen solchen Mann am besten in seiner (ausgesprochenen oder implizierten) Definition der Philosophie. Die wesentlichen dieser Definitionen sind nicht wahr oder falsch; sie sind, wie Nietzsche wußte, Perspektiven und Willensakte. Man darf Dewey nicht messen an einer Vorstellung von Philosophie, die für ihn keine Geltung hatte.

Er teilte ihr vor allem zwei Aufgaben zu: der Philosoph habe ein ‹Verbindungs-Offizier› zwischen den verschiedenen Bezirken der Kultur zu sein; und: er habe die Welt in Richtung auf die Hervorbringung des Freien Individuums zu ändern, in der Erziehung. An diesem Auftrag an die Philosophie ist besonders bemerkenswert, was er ihr nicht aufträgt: die Schaffung eines Weltbildes. Noch bemerkenswerter ist, weshalb er nicht darauf aus war. Es ist zu wenig zu sagen: es interessierte ihn nicht. Es ist auch noch zu wenig zu sagen: er hielt ein solches Unternehmen für hoffnungslos. Es heißt bei ihm: ‹Der entscheidende kennzeichnende Zug des pragmatischen Begriffs ‚Realität' ist haarscharf der: daß eine allgemeine Theorie der Realität weder möglich noch nötig ist.› ‹Nicht möglich›, das ist agnostisch gedacht. Er lehnte aber gerade diese Bezeichnung heftig ab, wohl weil das *A privatum* einen Mangel ausdrückt. Für Dewey war das Nicht-gewachsen-sein des Denkens vor dem umfassenden Gegenstand des Denkens kein Mangel. Dewey sah im ‹metaphysischen Bedürfnis›, das Kant noch für eines der entscheidenden menschlichen Bedürfnisse gehalten hatte, eine Marotte. Jedenfalls spüren der Mann auf der Straße und der Wissenschaftler weder metaphysische Probleme noch eine ‹metaphysische Furcht›. Das ‹wirkliche Amt› des Philosophen habe damit nichts zu tun.

Es ist wenig gesagt, wenn man hier eine partielle Blindheit feststellt. Es liegt etwas viel Eindeutigeres vor: es soll etwas nicht gesehen werden. Daß Metaphysik nicht möglich ist, scheint viel weniger wichtig, als daß sie ‹nicht nötig› ist. ‹Nicht nötig› — weil die Erfahrung ausreicht für die Leistung, die Dewey allein für wichtig hält: die Änderung der Welt. Wir sind mit diesem ‹Nicht nötig› im Zentrum seines Denkens. Das Gesamtwerk sagt noch mehr als: daß das Ergreifen einer ewigen Wahrheit ‹nicht möglich› und ‹nicht nötig› ist. Es sagt (wenn auch vielleicht nicht an einer bestimmten

Stelle, in einem zitierbaren Satz): es gibt gar keine Wahrheit über die Welt, weil sie nicht fertig ist. Es ist nichts Absolutes da, worauf sich eine absolute Wahrheit beziehen könnte. Und — hier liegt DEWEYS geheimes Pathos (denn er war ein sehr nüchterner Schreiber): gerade diese Situation ist großartig. In seinem Denken lebt FICHTES Vergottung des unablässigen Überwindens, auch LESSINGS berühmte Konfession: daß er das Streben nach der Wahrheit dem Haben der Wahrheit vorzöge, auch die romantische Begeisterung für das Fragment. DEWEY war ein ‹romantischer› Pragmatist — und ein theologischer. Wie der deutsche Idealist mit seinem Preis auf die Not (KANT), auf die Negation (HEGEL) verherrlicht auch DEWEY die Hindernisse und schreibt, ‹daß der Fortschritt der menschlichen Rasse durch Schwierigkeiten gefördert worden ist›. So verfertigte auch er, ganz im geheimen, eine Apologie Gottes, zur Rechtfertigung des Übels in der Welt.

Das agnostische Pathos hat eine ehrwürdige Geschichte — seit MEISTER ECKHART, seit KIERKEGAARD. In ihren Fällen war das Bekenntnis der Ohnmacht des Erkennens verwoben mit der Sehnsucht nach dem, was nicht möglich war. DEWEY läßt nie das Gefühl aufkommen, daß die Philosophie den Anstrengungen, welche die Philosophen machten, nicht gewachsen ist. Er läßt nie ahnen, daß das Philosophieren im Staunen eine der tiefen Wurzeln hat. Sein Werk ist ohne Geheimnis und von einer artifiziellen Über-Helle. Er denkt nie in die Richtung der Problematik; immer nur in die Richtung der Gestaltung konkreter Situationen — es sei denn, er schärfte jenes Instrument, daß die schädlichen Begriffs-Gewächse wegoperieren sollte.

So ist in der DEWEY-Tradition (wenn auch nicht nur hier) eine feindselige Haltung gegen die Vorstellung von unlösbaren Problemen; man schafft sie mit der Semantik aus der Welt — auch mit der magischen Formel *diseased formulations*... pathologische Formulierungen. Diese Wendung gehört zum Wahrzeichen des DEWEY-Reichs; man sucht die Sphinx nicht mehr mit Antworten in den Abgrund zu stürzen, sondern mit der Versicherung, daß sie nichts als ein Produkt verpesteten Denkens ist — eines Denkens nämlich, das mehr sein will als ein Instrument zur konsumierbaren Zubereitung der Natur- und Menschen-Welt. Daß die Jahrtausend-Fragen bleiben, obwohl alle Antworten auf sie verstorben sind, obwohl diese Antworten psychologisch und soziologisch erklärt werden können, obwohl die Klugheit gebietet, Antworten nicht mehr zu geben... diese Einsicht liegt außerhalb der Grenzen des Neuen Glaubens. Man kennt nur beantwortbare und degenerierte Fragen. Daß die durch die Jahrtausende erfolglos beantworteten, unbeantwortbaren gerade zur Gesundheit des Menschen gehören, einer sehr fragwürdigen allerdings, daß ihre Nicht-Beantwortung in Zukunft sein Schicksal nicht weniger bestimmen wird als bisher die allzu menschliche Lösung... liegt außerhalb des Horizonts dieses philosophischen Reichs.

Der Philosoph, den DEWEY kennt, gibt sich nur mit Aufgaben ab, die scharf zu umreißen und heute oder morgen zu bewältigen sind. Allerdings unterliegt vielleicht seine Funktion als ‹Verbindungs-Offizier› auf dem Gelände der Kultur einigen Zweifeln. Verbindungs-Offiziere pflegen hin- und herzusprengen und einer Gruppe Nachricht zu geben, wie es bei den anderen steht. Gibt es noch solche Leute beim Militär? Jedenfalls sind sie im Reich der Erkenntnis ersetzt durch pompöse Sammelwerke, in denen der Einband die Verbindung herstellt. Wie soll der Philosoph die physikalische Astronomie zusammenbringen mit dem Zwölf-Ton-Komponieren? Es steckt wohl hinter diesem philosophischen Verbindungs-Offizierstum die WUNDTsche Konzeption vom Philosophen als Universalwissenschaftler seiner Zeit; aber der philosophische Alleswisser hat sich nicht bewährt — und wäre bedeutungslos, wenn er möglich wäre. Ganz gewiß aber war DEWEY selbst nicht der geeignete Mann, ein philosophischer ‹Verbindungs-Offizier› zu sein.

Eher porträtierte er sich in der Identifizierung von Philosoph und Sozialwissenschaftler. Die Philosophie brachte alle Einzelwissenschaften zur Welt; aber sie waren nicht mehr Philosophie, nachdem sie geboren waren. Die Philosophie nahm sich immer des Herrenlosen an, schuf ihm ein wissenschaftliches Reich, verließ den also Bestallten und pickte Neues auf, das noch nicht auf den Weg gebracht war. Aber die Physik ist nicht Philosophie, weil von ihr in die Welt gesetzt; und so ist auch die Sozialwissenschaft nicht Philosophie. Außerdem unterschätzte DEWEY die bereits vorhandenen Leistungen, als er glaubte, eine solche Disziplin gründen zu müssen. Dieser Irrtum stammt aus der falschen Parallele mit den Naturwissenschaften. DEWEY wies immer wieder auf ihren stolzen Gang hin. Noch 1946 heißt es: ‹Heute sind die Sozialwissenschaften, soweit eine wirksame Forschung in Frage kommt, erst dort, wo die Naturwissenschaften drei Jahrhunderte zuvor waren.› Das ist nach MARX, nach FREUD eine zu kühne Behauptung gewesen. Aber DEWEY erbaute auf dieser Unterschätzung sein philosophisches Programm: ‹Die Aufgabe der künftigen Philosophie ist es, die Ideen der Menschen zu klären, soweit die sozialen und moralischen Ziele und Konflikte ihrer Zeit in Frage kommen.› Dieses Programm war weitgehend erfüllt, als er es aufstellte. Unerfüllt allerdings war jene grandiose Umsetzung in die Praxis, wie sie die Naturwissenschaften exekutiert hatten. Aber lag das an der Sozialwissenschaft?

Er sah in ihr den ‹Messias der Zukunft›. Er sah in der sozialwissenschaftlichen Forschung — ‹sozialen Fortschritt›, nicht erst die Vorbedingung. ROBERT HUTCHINS, damals Präsident der Universität Chicago, eine der lautesten Stimmen im Anti-DEWEY Konzert, entgegnete: ‹Die Frage, wie bekommen wir, was wir wollen, läßt ganz gewiß eine wissenschaftliche Antwort zu. Aber nicht die andere: was sollen wir wollen? und in welcher Rangordnung?› Und bevor zu zeigen ist, wie man DEWEY verkannte, ist darauf hinzuweisen, wieweit man recht gegen ihn hatte — gegen seine Überanstrengung der Wissenschaft. Wenn DEWEY in einer Wissenschaft den ‹Messias› sah — sieht es nicht so aus, als hätte er nichts gewußt vom Dasein folgenlosen Wissens? Wenn DEWEY den Erziehern das Ziel setzte: ‹das wissenschaftliche Denken zur Gewohnheit zu machen› — sieht es nicht so aus, als hätte er nichts gewußt von jenen Gewohnheiten, die immer stärker sind ... noch bei den wissenschaftlichsten Wissenschaftlern? Wenn DEWEY ‹die Korrektur religiöser Ziele unter dem Gesichtspunkt der Wissenschaft› forderte — sieht es nicht so aus, als hätte er in der Religion (bestenfalls) nur eine Form vorwissenschaftlichen Denkens gesehen?

Seine Gegner aber übersahen (manchmal ahnungslos und sehr oft beflissen): daß DEWEY weniger zur *Societas Scientiae* gehörte als zur alten Sekte der Menschen-Befreier. Die großen Gläubigen der ‹Wissenschafts-Religion› (auch FREUD, der dies Wort prägte) haben nie die Wissenschaft vergottet, hielten sie nur für den besten Weg dorthin, wohin sie wollten. Sie haben allerdings nur gelegentlich über das alte Ziel gesprochen und viel über den jungen Weg der Wissenschaft — und das täuschte die Kritiker. So konnte der Präsident HUTCHINS seinen richtigen Prämissen die falsche Anwendung auf DEWEY folgen lassen. ‹Für moralische Fragen gibt es keine wissenschaftliche Antwort. DEWEY aber behauptet, man müsse Religion und Moral aufgeben und der Wissenschaft folgen. Er fordert nicht nur Glauben an die Wissenschaft, sondern nichts anderes.› So ähnlich wurde es durch die Jahrzehnte wieder und wieder gesagt. Die unfruchtbarsten Debatten aber sind jene, wo beide Seiten recht haben — nur nicht gegeneinander.

DEWEY hat nie seine ‹Moral› plakatiert. Aber zu welchem Zweck wollte er die Sozialwissenschaft, wenn nicht zur Enthüllung aller Verstecke der Unmoral? Wenn wir ihn nun zwingen, das zu benennen, um dessentwillen er die Erhellung der gesellschaftlichen Situation und ihrer Konflikte wollte, so gelangen wir allerdings nur zu kümmerlichen Prägungen wie ‹die Befriedigung menschlicher Bedürfnisse› oder zu einer Sentenz wie: ‹Wachstum ist das einzige moralische ‚Endziel'›. Es lohnt sich nicht, diese schnellen Wortgebungen zu zersetzen. Das gäbe einen billigen Sieg, der das Entscheidende verdeckte. Lehrreicher ist, darauf hinzuweisen, daß seine Wirksamkeit diesen unscheinbaren Sprüchen einen großen Inhalt gegeben hat; und genau diese Art von Inhaltgeben entsprach seiner Definition des Philosophen... dem Philosophen-König verwandter als dem PLATON, der ihn erdachte.

Im Jahre 1946 stellte die *American Philosophical Association* das Thema: ‹Man unternehme eine Untersuchung über den gegenwärtigen Stand der Philosophie und die Rolle, die sie in der Nachkriegswelt spielen kann.› Schon die Fragestellung atmet DEWEY-Geist; die soziale Funktion der Philosophie steht im Mittelpunkt. DEWEYS ganzes Werk war eine einzige Antwort auf diese Einladung. Sowohl nach dem Ersten als auch nach dem Zweiten Krieg kümmerte er sich vor allem um die Richtung-gebende Rolle des Philosophen. Kümmerte sich, indem er durch schriftstellerische und organisatorische Beeinflussung die Dinge in Richtung seines Bildes von der Zukunft vorzutreiben suchte. Während die Moral-Philosophen (soweit sie nicht nur Formalisten waren) die begrifflichen Fundamente legten, auf denen ihre Aktionen und Urteile ruhen könnten, wenn sie handeln und Stellung nehmen würden (was nie zu oft vorkam) — war DEWEY mehr interessiert an der Reaktion auf den konkreten Fall, die seine Philosophie zwar implizit enthielt, aber nur gelegentlich und nie sehr originell und nie bis zur Fragwürdigkeit explizierte. Von weniger philosophischen Streitern unterschied ihn sein Wissen um die Situation der zeitgenössischen Welt, um die Vorurteile, die man mitschleppte, um ihre Verankerungen in den philosophischen Abstraktionen. Von der professionellen Ethik aber unterschied ihn sein Denken in Richtung auf das Ereignis, dem es dienen sollte — nicht aber in Richtung auf die Enthüllung der Struktur des Fundaments. Viele große Philosophen nahmen kaum Stellung zur großen und kleinen Weltgeschichte ihrer Zeit; und ihr bißchen Stellung-nehmen war nur ein Nebenbei neben ihrer theoretischen Leistung. Sie untersuchten nur: was wären die tiefsten Grundlagen ihrer Handlungen, wenn sie handeln würden. DEWEYS abstraktes Denken war immer gesättigt mit den Situationen, denen es zu dienen hatte; und gelangte deshalb nie bis zu den letzten, fernsten Kategorien, in denen es wurzelte. Die nähere Theorie aber hinter seiner Moral, seiner Pädagogik und Politik (drei Worte für dasselbe) bezeichnete er als ‹Radikalen Liberalismus›.

Das Adjektiv ‹radikal› könnte man als Gegen-Begriff zu dem Adjektiv ‹viktorianisch› definieren. Der viktorianischen Freiheit schrieb er den Nachruf: ‹Die Erwartung, welche hochherzige Männer gehegt haben, kann man vor allem so charakterisieren: die Dinge haben sich genau (und zwar heftig) in die entgegengesetzte Richtung bewegt.› Nichts ist in Erfüllung gegangen, heißt es 1944: nicht die Hoffnung, daß es keinen Krieg mehr geben wird; nicht die Zuversicht, daß die Wissenschaften den Menschen zur Vernunft bringen werden. Er kannte die nihilistische Situation, beschrieb sie — und bejammerte sie nicht.

Und ließ sich nicht von ihr erschüttern. HORACE M. KALLEN, ein Freund und Anhänger DEWEYS, drückt diese Unerschütterlichkeit so aus: unser Humanismus ‹behält seine Nerven›; ‹seine Auffassung des Lebens ist nüchtern, nicht tragisch, und dem Lachen weit mehr geneigt als den Tränen›. Wesentlich an diesen (dem Lachen zugeneigten) Philosophen ist, was sie mit weniger vergnügten Kollegen gemeinsam haben: das offene, unberechenbare Meer. Hinter die Serie der zuversichtlichen Geschichtsbilder vom historischen Fortschritt, von HERDER und CONDORCET bis zu HEGEL, machte DEWEY den Schluß-Strich: ‹Wir haben gelernt, daß der Mensch ein Geschöpf der Gewohnheit und des Affekts ist› — also nicht im Schoße eines göttlichen Plans und einer wachsenden Vernunft. Die alte beruhigende Geschichts-Philosophie ist tot. Es lebe die neue, amerikanische, ruft DEWEY: ‹Eine amerikanische Geschichts-Philosophie muß eine Philosophie der Zukunft sein, nicht der Vergangenheit.› Überträgt man diesen Satz in seine Konsequenzen, so lautet er: die Vergangenheit hatte keine Vernunft (weshalb man sie auch nicht herausschälen kann), der Zukunft soll eine gegeben werden. Es gibt keine sinnvolle Geschichte, aber wir werden eine beginnen. Dieser Radikalismus, den viele Absagen an viele Himmel auszeichneten, behielt doch das Vertrauen, daß man auch ungeschützt — nur im Schutze seines Plans — vergnügt leben kann. Daß sich das All diesem Menschen-Plan schließlich fügen wird, ist der letzte Glaube der entmythologisierten Welt.

DEWEY knüpfte sogar beherzt an die Vergangenheit an. Er brachte den verwelkten Liberalismus unters Mikroskop, isolierte, was sein Illiberales gewesen war — und rettete so das Lebendige. Da war zum Beispiel der viel beschimpfte Utilitarismus. DEWEY pries ihn nicht und verhöhnte ihn nicht. Er erkannte seine liberalisierende Funktion: den Verzicht auf hochtrabend-vage Generalitäten, die Konzentration auf die Kreatur, die vom Idealismus so hochmütig übersehen war. Aber er durchschaute in diesem Utilitarismus auch die ‹unverzierte Philosophie des Schacherns›, die jeden rechtfertigte in der rücksichtslosen Ausbeutung des Seinen, sofern es nur in freier Konkurrenz erworben war.

Die Radikalität seines Liberalismus hatte also diese Züge: sie stellte die illiberalen Elemente heraus, die ihn entstellt hatten; sie vertraute nicht einem göttlichen Plan, nur menschlicher Planung; sie verließ sich nicht auf gute Absichten, sondern wollte ‹eine gründliche Änderung der Institutionen›. Wollte aber diese ‹Änderung› nicht mit Hilfe von Gewalt — wie denn? Der ‹Radikale Liberalismus› ist mehr als alles andere ein Anti-Kollektivismus, der zugleich um die Gefahren der wilden Konkurrenz weiß.

Dewey erkannte, daß sich im sogenannten Individualismus die Zweideutigkeit des illiberalen Liberalismus verbarg. Es war die Zeit, da in Amerika das Wort vom ‹rugged individualism›, von der rücksichtslosen Durchsetzung des einzelnen, geprägt wurde. Es war die Zeit, da Darwin herhalten mußte, eine Moral vom Recht der kräftigeren Bestie zu schaffen. Nicht nur Dewey sah in dieser Entfesselung des wirtschaftlichen Siegers ein Element der Illiberalität. So nahm er die Partei der Gemeinschaft gegen die losgelassenen ökonomischen Giganten. Dann aber, in den Dreißigern, unter dem Eindruck des Stalin-Staates, unter dem Eindruck des Nationalsozialismus, sah er sich veranlaßt, sein Bekenntnis, ‹Was ich glaube›, zu revidieren — und das Individuum (natürlich ein anderes Individuum als das des ‹rugged individualism›) mehr als früher zu verteidigen. ‹Jetzt›, sagte er in den Dreißigern, ‹wünsche ich mehr denn je zu unterstreichen, daß die Individuen die entscheidenden Elemente des Lebens in der Gemeinschaft sind.› Sie werden immer ‹das Zentrum› sein; sie allein machen Erfahrungen. Dewey war immer geschützt vor der phantastischen Interpretation, die im Individuum den isolierten Einzelnen sah, der spricht: ‹Ich hab' meine Sach' auf nichts gestellt.› Aber er wurde zum großen Anwalt des Individuums erst vor den beiden Bedrohungen, denen es ausgesetzt war... vor den beiden herrschenden Kollektivismen. Er differenzierte sie in dem großartigen Satz: die *Haves* sind für den ‹privaten Kollektivismus› (womit die Herrschaft der Konzerne gemeint war), die *Have-nots* für den ‹Staatskollektivismus› (die Herrschaft der Funktionärs-Oligarchie). Er kannte den Ursprung der Attraktion beider Herrschaftsformen: jeder möchte im Bunde sein mit der Macht. Die Zukunft, in die sie führen, scheint ihm — hier und dort — gleich trübe: der ‹private ökonomische Kollektivismus› tendierte zur sozialen Anarchie, der ‹öffentliche› zur ‹Unterdrückung jeder Individualität›. (Er hätte es auch umgekehrt sagen können.)

Diesen zwei Umwegen stellt er den königlichen Weg entgegen: den ‹funktionellen Sozialismus›, der sich vor allem darin auszeichnet, daß er weder von Giganten noch vom Staat hergestellt wird — sondern von Einzelnen und freiwillig. Deweys Credo liegt in der kleinen Wendung: ‹freiwillige Zusammenarbeit von Individuen›; die vier Worte tragen drei Akzente: freiwillig, zusammen, Individuen. Er vergleicht die unscheinbaren freiwilligen Assoziationen seiner Tage (er selbst hat einige ins Leben gerufen) mit den bescheidenen Händlern von einst, die sich am Fuß der Burgen mächtiger Herren angesiedelt hatten. Niemand hätte damals geglaubt, daß ihnen einst die Welt gehören werde... Aber: an diese Hoffnung sind zwei skeptische Kommentare anzuschließen. Nicht aus jeder Eichel wird ein Eichbaum. Und dann: man darf nicht vergessen, um welchen Preis die bescheidenen Händler am Fuß der feudalen Kastelle die Welt erobert haben — um den Preis ihrer Bescheidenheit, zur Erbauung nicht-feudaler Kastelle. Auch dem Sowjet-Staat lag einmal die Idee eines Aufbaus aus demokratischen Zellen, ‹freiwilligen Assoziationen›, zugrunde.

In diesen ‹freiwilligen Assoziationen› sollte man auch das letzte Aufbau-Element der DEWEY-Schule sehen [1]. Zwar ist die Schulklasse im Beginn nicht das, was man als ein Zusammenkommen aus eigenem Willen zu einem selbstgesetzten Ziel bezeichnen könnte. Aber DEWEY hatte die Idee, sie in diesem Sinne zu gestalten. Die Schule war für ihn das Laboratorium, in dem die Experimente gemacht werden könnten, die schließlich entscheidend würden für die Gestaltung der umfassendsten Menschen-Organisation. Deshalb hatte DEWEY im Feld der Erziehung (nicht der pragmatischen Erkenntnis-Theorie) sein philosophisches Hauptquartier. Man lese diesen Satz: ‹Die prägnanteste Definition der Philosophie, die man geben könnte, wäre: Philosophie ist die Theorie der Erziehung in ihrer allgemeinsten Phase.› Das besagt nicht nur: daß die Richtung-gebende Funktion der Philosophie im Vordergrund steht; auch, daß dieses Richtung-geben entscheidender dort ist, wo der Einzelne — als wo die Gesellschaft gelenkt wird. Wenn andere fragen: wohin gehen wir? fragte er: auf welchen Weg wollen wir die nächste Generation bringen?

Der Grund-Pfeiler, auf dem die DEWEY-Schule errichtet wurde, war die These: es gibt keine niederen nützlichen Fertigkeiten und daneben eine höhere Bildung; es gibt keine niedere Praxis und daneben einen höheren Geist. Diese Entzweiung geht zurück auf die ‹sozial bedingte Trennung› von Leuten, die dachten, und Leuten, die taten. DEWEY aber ließ es sich angelegen sein, das Nützliche, das Tun wieder zu rehabilitieren. Sein Stundenplan war darauf aus, die alte Entzweiung rückgängig zu machen.

Im Mittelpunkt dieser pädagogischen Reformation stand dann die Kritik an der traditionellen Bildung. Er setzte sie in Gegensatz — nicht zum Brauchbaren im Sinne des Vorwärtskommens, sondern zum Brauchbaren im Sinne des Nicht-Toten. ‹Viele meiner Schüler›, schrieb der Lehrer, ‹darben. Sie benutzen jede Gelegenheit, sich dessen, was ihnen aufgebürdet wird, zu entledigen und an ihr eigenes Leben zu glauben.› Die kritisierte ‹Bildung› ist also hier der Gegensatz gegen das ‹eigene Leben›: ist fremdes Leben, Leben von einst. Die DEWEY-Schule sollte den Ihren die verkrüppelnde Bürde

---

[1] JOHN DEWEY, *Problems of Men. (Part. I)*, 1946.

ersparen. Es war, in der guten, alten amerikanischen Tradition, ein Aufstand gegen die kulturelle Fremdherrschaft Europas. Er war gut EMERSONsch, dieser Aufstand. War er nicht auch gut NIETZSCHEsch, also mehr als amerikanisch? Auch NIETZSCHE hätte schreiben können: die Quelle der griechischen Kultur war nicht Tradition, sondern Natur; jene Alten nährten sich aus einem unerschöpflichen Born, er lag nicht in der Vergangenheit und war nicht von Traditionalisten bewacht. Der Pädagoge DEWEY war eine Rebellion der Enkel – nicht nur der amerikanischen. Wie weit reichte sie zurück! DESCARTES hatte schon in der ‹Abhandlung über die Methode› geschrieben: ‹Die, welche zu eifrig die Aktionen der Alten studieren, haben keine Ahnung von dem, was unter uns heute vor sich geht.› Gegen das hergebrachte Pensum setzte DEWEY die ‹Freiheit zu Initiative und Neugier›. In unseren Tagen der Unbildung erkennen wir allerdings, daß die Abwesenheit einer Bürde noch nicht unternehmend macht.

In der farbenreichen Allianz der DEWEY-Gegner gibt es keinen Frontabschnitt, an dem lauter und erfolgreicher gegen ihn gezetert wurde als hier. Es kam immer wieder darauf hinaus: der Pragmatismus hätte nur Augen für das Praktische – und das Praktische sei: zu lernen, wie man barbiert; und solch eine Erziehung sei nichts als Banausentum. Feiner wurde es ausgedrückt in den eleganten Wendungen der Gebildeten. So beschwerte sich im Jahre 1949 gerade ein Industrieller – und gerade im Rahmen von Massachusetts berühmtem *Institute of Technology*: die Erziehung hätte sich von einem *training for living* zu einem *training to make a living* entwickelt. Das heißt: in den guten alten Tagen hätte die Schule die Kunst zu leben gelehrt; jetzt lehrt sie nur noch, wie man einem Erwerb nachgeht. Eine andere Klage lautete: ‹Der moderne Universitäts-Katalog, mit Kursen in allem und jedem von der Sorge um den Fötus bis zur Lehre in der Lenkung von Begräbnissen, sieht wie ein Sears and Roebuck-Katalog aus› (bei Sears and Roebuck kann man alles kaufen). Es ist Zeitverschwendung, länger darauf einzugehen, daß die Vor-DEWEY-Schule durchaus nicht die Kunst zu leben lehrte. Es ist Platzverschwendung, eingehender darauf hinzuweisen, daß hier nicht ein spezifisch amerikanischer Kampf ausgekämpft wird. So soll statt vieler Argumente der Satz eines deutschen Lehrers aus diesen Jahren stehen. Ein Rektor der Universität Frankfurt, Professor HELMUT COING, erklärte bei der Immatrikulation der neuen Studenten: ‹Die deutschen Universitäten der Gegenwart vermitteln keine Allgemeinbildung mehr, wenn man darunter einen fest abgegrenzten Bestand an repräsentativem Wissen versteht.› Er fügte hinzu: ein *Studium generale* neben dem Fachstudium ist nicht mehr möglich; die Zeit des HUMBOLDTschen Bildungs-Ideals ist vorbei.

Dewey ist heute mehr europäisch als seine Gegner mit ihren hundert großen Büchern und ihrer Allgemeinbildung, die in den amerikanischen Universitäten in Kursen wie ‹Man and Civilization› verabfolgt werden. Gerade sie sehen wie ein Sears and Roebuck-Katalog aus; den Studenten wird in einem Jahr vor Augen gestellt, was sie sich auch in siebzig Jahren nicht leisten könnten.

Was aber heute als *Progressive School*, als Dewey-Schule, existiert, ist tatsächlich ein Unglück. Aber nicht, weil sie auf Deweys sehr gesunde Ideen zurückgeht, sondern auf ein sehr ungesundes, amerikanisches Ereignis, das mit Dewey nichts zu tun hat: die Diktatur der Minderjährigen in Amerika. Sie ist es, die jedem, der nicht in diesem Land aufgewachsen ist, das phantastischste amerikanische Ereignis zu sein scheint. Sie bestimmt die Herrschaft der Schüler über den Lehrer, der keine Disziplins-Gewalt hat und ebenso ohnmächtig ist wie Vater und Mutter, die in der Abdankung den Kindern gegenüber eines der Zentren der Demokratie sehen. Dies Verhältnis der jüngeren Generation zur älteren bestimmte den Mißerfolg der sogenannten Dewey-Schule, nicht Deweys großartiges Konzept. Wenn die *Progressive School* nicht progressiv wurde — und überhaupt keine Schule, so liegt das nicht an Deweys Rebellion gegen eine tote Tradition und auch nicht an seiner Aufhebung der ehernen Grenzen von Nützlich und Gebildet — sondern an der Eroberung der Schule durch die kleinen Barbaren, die das Heft solange in der Hand haben, bis es ihnen eines Tages von ihren kleinen Barbaren aus der Hand genommen wird.

Nicht alle Abschnitte an der Dewey-Front sind so leicht zu durchschauen wie dieser.

3. Sturmzentrum Dewey

Die Kritik des Idealisten, Thomisten, Protestanten, Marxisten und Ex-Pragmatisten

> ‹Die Philosophie, welche die Amerikaner leben (im Gegensatz zu den Philosophien, die sie bekennen), ist naturalistisch. Man mag seinem Credo nach Fundamentalist sein oder Katholik oder Idealist; denn die amerikanischen Ideologien sind zu einem guten Teil voramerikanisch. Im Herzen aber und im Leben ist man Pragmatist. Das wird ganz besonders durch den Geist bewiesen, in dem man zu jenen Traditionen hält: man ist nicht aus spekulativer Leidenschaft für sie, sondern weil diese Anhänglichkeit Sicherheit gegen die Zersetzung der Moral verspricht, eine Garantie für das intakte Funktionieren der Gesellschaft und den praktischen Erfolg. Die wahre Philosophie der Amerikaner ist der Glaube ans Unternehmen *(enterprise)*... Es ist Deweys Verdienst, sie ans Licht gehoben zu haben.› George Santayana

Also wäre der an breiter, bunter Front geführte Kampf gegen John Dewey nur eine lange Serie von Schein-Gefechten — von gleichen Brüdern ohne gleiche Kappen? Denn unter der Oberfläche einer vielfältigen (von Europa produzierten) Bildung (meinte Santayana) huldigten sie doch alle demselben Bild: dem unternehmenden Menschen?

Vielleicht ist kein anderer Amerikaner des zwanzigsten Jahrhunderts von soviel verschiedenen Positionen aus attackiert worden wie Dewey, der dieses Bild vom unternehmenden Menschen herausgestellt und geweiht hat — und nicht nur gelegentlich attackiert, sondern sehr oft als der Erzfeind: vom philosophischen Idealisten, vom Thomisten, vom Neo-Protestanten, vom dialektischen Materialisten, auch vom Pragmatisten, der dann abgefallen war. Die lange Anti-Dewey-Front hat wenig Gemeinsames — und nur diese eine gemeinsame Zielscheibe. Wurde hier (nach der Auslegung Santayanas) nie gekämpft — nur Lärm gemacht, weil man doch eins ist in dem Glauben, daß der Mensch vor allem ein Unternehmer ist, ein Plänemacher und Konstrukteur?

Wahrscheinlich würde man bei einer statistischen Erhebung finden, daß die meisten Anti-Dewey-Federn in Bewegung gesetzt worden sind, um den pragmatischen Begriff der Wahrheit zu treffen; man könnte, mit Anspielung auf die Sätze Santayanas, sagen: um die Identifizierung von Mensch und Unternehmer zu widerlegen. Der philosophische Idealismus hatte fünfzig Jahre lang die Universitäten Amerikas beherrscht, als die Pragmatisten versuchten, ihn im Allerheiligsten der Theorie zu treffen: im (vielfältig gestalteten) *A priori*. Die Gegen-Argumente, die von den Aprioristen aufgeboten wurden, waren durch Jahrhunderte entwickelt worden — im Kampf gegen alle Systeme, die nicht von Gott, vom Geist, von der Idee ihren Ausgang genommen hatten. Das stattliche Plädoyer, nun gegen den Pragmatismus zugeschnitten, kann nicht hergesetzt werden. In unserem Zusammenhang soll ein mehr spezifisches Ereignis zur Sprache kommen: daß selbst der Pragmatismus, der von Deutschen entwickelt worden war, sich weigerte, die Vorstellung von einer nicht-instrumentalen Wahrheit aufzugeben.

Als der deutsch-tschechische Philosoph WILHELM JERUSALEM 1905 sein Buch ‹Der kritische Idealismus und die reine Logik, ein Ruf im Streit› veröffentlichte, fand er besondere Zustimmung unter englischen und amerikanischen Pragmatisten. F. C. SCHILLER schrieb aus Oxford: der deutsche Autor käme zu ähnlichen Schlüssen wie JAMES und er. JERUSALEM übersetzte dann JAMES' Buch ‹Pragmatismus› ins Deutsche; machte JAMES in Deutschland bekannt und trug die amerikanische Philosophie auf internationalen Philosophen-Kongressen vor — zum Beispiel 1908 in Heidelberg. Er propagierte in ihr eine Form des Evolutionismus: ‹Für den Evolutionisten ist alle geistige Tätigkeit Lebensfunktion, das Leben ist sein Zentralbegriff, von dem aus er Erkenntnis und Sittlichkeit, Wahrheit und Schönheit zu verstehen sucht.›

Aber JERUSALEM zog auch sofort den Grenzstrich: die Amerikaner hätten die ‹Unentbehrlichkeit des theoretischen Wahrheitsbegriffs› für die Wissenschaft nicht erkannt ‹und sich deshalb viel unnütze Streitigkeiten zugezogen›. Dieser abgeschwächte Pragmatismus unterstrich, daß die Wahrheit zwar als eine Funktion des Lebens entstanden sei, sich dann aber freigemacht habe: daß es also eine ‹Wahrheit um ihrer selbst willen› gäbe. Im Jahre 1913 forderte JERUSALEM in dem Artikel: ‹Zur Weiterentwicklung des Pragmatismus› eine bisher nicht vorhandene Soziologie des Wissens, die den Weg von der dienenden zur unabhängigen Wissenschaft zu beschreiben habe. Damit war der führende deutsche Pragmatist wieder beim Begriff einer unabhängigen (sagen wir mit SANTAYANA: vom unternehmenden Menschen unabhängigen) Wahrheit angelangt — einer Vorstellung, gegen die gerade der Pragmatismus des CHARLES PEIRCE, WILLIAM JAMES und JOHN DEWEY ins Leben gekommen war.

Im Jahre 1912 zeigte JERUSALEM in HARDENS ‹Zukunft› eine Neuerscheinung unter dem Titel ‹Logik des Unlogischen› an, die mit größtem Erfolg pragmatische Gedanken in Deutschland verbreiten sollte: HANS VAIHINGERS ‹Philosophie des Als Ob. System der theoretischen, praktischen und religiösen Fiktionen der Menschheit›. Dies

Buch war bereits in den siebziger Jahren konzipiert und größtenteils niedergeschrieben worden. Es war also entstanden zu einer Zeit, in der PEIRCE gegen die idealistische Vorstellung von der Wahrheit seine zum Pragmatismus führenden Gedanken entwickelt hatte. Die enorme Wirkung des amerikanischen Pragmatismus im ersten Jahrzehnt des neuen Jahrhunderts veranlaßte nun VAIHINGER, sein Jugendwerk herauszugeben — nicht, ohne Zuneigung und Gegensatz zum Pragmatismus in einem einzigen Satz zu mischen: man müsse ‹die unkritischen Übertreibungen von dem Wertvollen scheiden›. Das ‹Wertvolle›, was er unabhängig von ihnen (aber abhängig von SCHOPENHAUER) gefunden hatte, war: daß Denken ‹ursprünglich nur ein Mittel im Kampf ums Dasein› gewesen war. Die ‹unkritischen Übertreibungen› aber sah er wohl in der These, daß Denken nichts sei als ‹ein Mittel›. Wie JERUSALEM bemühte er sich darum zu erklären, wie dies ‹Mittel› sich zur autonomen Wissenschaft wandeln konnte; die Erklärung fand er im ‹Gesetz der Überwucherung des Mittels über den Zweck›; ein Gesetz übrigens, das SCHOPENHAUERS Sichlosreißen der Vernunft vom Gängelband des Willens ins Unscheinbare übersetzte. So rettete VAIHINGER (wie JERUSALEM) die vom unternehmenden Menschen unabhängige Wahrheit. Sehr viel verband ihn mit den Pragmatisten: zum Beispiel die Gleichgültigkeit gegen die ‹unlösbaren› Fragen: es genüge, zu beantworten, ‹wie diese Fragen psychologisch in uns entstanden seien›. Und wie die Pragmatisten interessierte ihn weniger, was ist, als was wir machen können. In diesem Zusammenhang zitierte er SCHILLERS ‹Huldigung der Künste›:

‹... Wisset,
Ein erhabener Sinn,
Legt das Große in das Leben,
Und er sucht es nicht darin.›

Besonders interessierte sich VAIHINGER für eine Operation des menschlichen Geistes, die er unter dem Namen ‹Fiktion› sehr ausführlich sichtbar machte. Aber diese ‹Fiktionen› gehörten für ihn zu den Schleichwegen des Denkens. So setzten sie, dem Worte nach, legitime Wege voraus. Auch der deutsche Pragmatist VAIHINGER gab den alten Wahrheitsbegriff nicht auf. Im letzten Kapitel seines Buchs zitierte er den großen Kronzeugen: NIETZSCHE, der auch in den Siebzigern (wie PEIRCE und VAIHINGER) Pragmatisches entwickelt hatte.

Sagte VAIHINGER ‹Fiktion›, so sagte NIETZSCHE ‹Illusion› oder ‹Irrtum›. Das Denk-Gesetz der Identität, das Gesetz des ausgeschlossenen Dritten, ‹Realität›, ‹Freiheit› — ‹Illusionen› im Dienste des Lebenden, nicht Darstellung des Seienden. Aber mit Recht wies MAX

Scheler in der Abhandlung ‹Erkenntnis und Arbeit› darauf hin, daß Nietzsches Pragmatismus (er hätte auch Jerusalem und Vaihinger einbeziehen können) sich vom amerikanischen darin unterscheidet, daß die kontemplative Wahrheits-Idee nicht preisgegeben wird. Auch der Schopenhauerianer Nietzsche entlarvte die Denk-Kategorien als Werkzeuge des Herrschaftswillens. Ja, er denunzierte die ‹Wahrheit› als eine Gestalt des ‹asketischen Ideals›. Aber er leugnete nie: daß eine vom Herrschaftswillen unabhängige Wahrheit eine sinnvolle Vorstellung sei. Er fragte nur: ‹Ist Wahrheit erstrebenswert?› — womit sie vorausgesetzt wird. Sogar die drei deutschen Pragmatisten lehnten eine Deutung ab, welche die Wahrheit als Instrument sieht — und sonst nichts. Sie waren nur die unmilitanteste Gruppe im Kampf gegen den amerikanischen Pragmatismus.

Im Jahre 1940 denunzierte der nicht-katholische Thomist Professor Mortimer Adler, damals Philosophie-Professor in Chicago, den ‹korrupten pragmatischen Liberalismus› als die große Quelle aller zeitgenössischen Demoralisierung. Auf einer New Yorker Konferenz von Gelehrten erklärte er im selben Jahre (im Jahr, in dem Hitler Frankreich besiegte und England in Lebensgefahr brachte — allerdings noch vor Pearl Harbour): ‹Wir haben mehr von unseren Professoren zu fürchten als von Hitler›; denn Hitler ‹sei aufrichtiger und konsequenter›. Die ‹Professoren› wurden auch ‹Positivisten› genannt — in höflicher Umgehung des Wortes ‹Pragmatisten› und des Eigennamens John Dewey. Diese ‹Professoren› hätten das amerikanische Volk verführt, von der Wahrheit weggeführt. Von welcher Wahrheit?

Sie bestehe aus acht philosophischen und acht religiösen Wahrheiten, die hier (etwas verkürzt) wiedergegeben werden.

Die ersten acht lauten:
1. Philosophie ist nicht Privatmeinung.
2. Philosophie beantwortet, was Wissenschaft nicht beantworten kann.
3. Philosophische und wissenschaftliche Methoden sind voneinander unabhängig.
4. Philosophie ist der Wissenschaft überlegen, in der Theorie und im Feld der Moral.
5. Ein Konflikt zwischen Philosophie und Wissenschaft ist nicht möglich.
6. Es gibt keine Typen der Philosophie, so daß jeder eine Philosophie habe nach seinem Typ.
7. Die Metaphysik hat das letzte Wort, im Reich der Erfahrung wie jenseits.
8. Die Metaphysik beweist das Dasein Gottes.

Die acht religiösen Wahrheiten lauten:
1. Die Religion hat eine über-wissenschaftliche und über-philosophische Kenntnis von Gott und dem Schicksal des Menschen.
2. Religiöser Glaube ist ein übernatürlicher Akt des menschlichen Intellekts, ein Geschenk Gottes.
3. Deshalb ist der Glaube zuverlässiger als das Wissen.
4. Was man durch Glauben weiß, ist mehr als das, was man durch Erfahrung weiß.
5. Die Heilige Theologie ist unabhängig von der Philosophie.
6. Es kann keinen Konflikt geben zwischen dieser Theologie und der Philosophie.
7. Diese Theologie ist den theoretischen und moralischen Wahrheiten der Philosophie überlegen.
8. Es gibt nur eine einzige wahre Religion.

‹Professoren› also, welche diese sechzehn Wahrheiten nicht anerkennen, sind ‹Positivisten› (lies: ‹Pragmatisten›) oder ‹Negativisten›. Und dann kam noch, im Jahre 1940! – die demagogische Anzeige: diese ‹Professoren› sind keine Demokraten. Worauf der Pragmatist SIDNEY HOOK erwiderte: eher als die Lehren der angegriffenen ‹Professoren› seien die Doktrinen des mittelalterlichen Professors, der «die Schutzfarbe des Demokraten» angenommen habe, Geist vom HITLER-Geist.

In dem Vortrag des Professors ADLER, der als Pamphlet unter dem Titel ‹Gott und die Professoren› erschien, war tatsächlich das von DEWEY hart getroffene mittelalterliche Denken auferstanden – nicht schüchtern, nicht abwehrend, sondern streitbar die maximalen Ansprüche des dreizehnten Jahrhunderts verkündend: daß man von den Vorgängen im Himmel und auf Erden ganz genaue Kenntnis habe – die Kenntnis einer ewigen Wahrheit, die nicht berührt worden sei von allen Entdeckungen der letzten sieben Jahrhunderte und nicht berührt werde von allen Einsichten aller Zukunft. Die pragmatische Ketzerei sei die zeitgenössische Form des Abfalls von dieser Wahrheit und der Herd alles gegenwärtigen Unglücks. Deshalb – übersetzen wir die Aussagen ins Konkrete! – erschienen die deutschen Konzentrationslager und die deutschen Blitzkriege dem Thomisten MORTIMER ADLER nicht so schlimm wie DEWEYS Bücher. Kein Dokument wie dieses ‹Gott und die Professoren› beweist, daß der Alte Glaube noch in seiner kompromißlosesten Form am Leben war, als DEWEY ihn angriff. Mit diesem Gegner verband ihn nichts als ein undifferenziertes Nein. Jede Debatte ist unmöglich; wer die endgültige Wahrheit fest in Händen hält, und alle, die sie nur suchen, als Ketzer denunziert – nur nicht ‹so ehrlich und konsequent wie HITLER›, mit dem gibt es kein Gespräch.

Aber dieses ‹Gott und die Professoren› ist sehr aufschlußreich. Die Liste der Sechzehn Wahrheiten könnte benutzt werden, um an Hand dieser Dogmen zu zeigen, welche Restbestände Dewey ausmerzen wollte aus den Gehirnen der Zeitgenossen; allerdings traf er die Vergangenheit nur selten in dieser grellen Über-Helle an. Die philosophische Befehls-Ausgabe Mortimer Adlers war nicht so sehr eine Illustration jener Gewesenheiten, die Dewey begraben wollte; eher eine Stilisierung, die erst recht ins Licht setzte, was gewöhnlich nur abgeblaßt wahrzunehmen ist.

Mit seinem Kritiker Reinhold Niebuhr, heute dem bekanntesten Theologen Amerikas, verband Dewey sehr viel — vor allem der gemeinsame Kampf gegen jene ‹herrschenden sozialen Klassen, die›, wie der Protestant sagt, ‹an ihren Privilegien festhalten›. Dieser Kampf ist nicht mehr mit einer religiösen und metaphysischen Dogmatik verknüpft, sondern wird überhöht von sehr verschiedenen Philosophien. Wenn Paul Tillich in dem Buch ‹Interpretation of History› schreibt: ‹Die Kirche ist nicht imstande, die Gesellschaft zu erlösen› — so ist mit einem solchen Satz der politische Kampf aus der theologischen Vormundschaft entlassen. Niebuhr war nicht gegen Dewey, sondern gegen die philosophische Musik dazu.

Der amerikanische Protestantismus des neunzehnten Jahrhunderts war ein Sektor des viktorianischen Liberalismus. Auch er hatte eine Art von pantheistischem Evolutionismus entwickelt — in vielen Varianten, mehr rationalistisch präzisiert oder mehr emotionell besungen. In den Jahren des ‹Transzendentalismus› brachte der ‹*Christian Examiner*› viele Verkündungen, die etwa diesen Wortlaut hatten: ‹Es wird in alle Zukunft einen Fortschritt geben, wie es in aller Vergangenheit einen gegeben hat.› Der Neo-Protestantismus Amerikas richtet sich heute auch gegen diese Vertrauensseligkeit. Man könnte, heißt es in Niebuhrs ‹*Faith and History*›, die Fehlschläge seit 1914 geradezu so sehen, als sollten sie solche Illusionen zerstören; hundert Jahre zuvor hatte man alle Rückschläge als unerhebliche Schwankungen verkleinert. Niebuhr sprach laut gegen die ‹höchst absurden Hoffnungen auf die Möglichkeiten des irdischen Menschen›: ‹Der religiöse Liberalismus hat sich eingebildet, die gesellschaftlichen Beziehungen würden immer mehr unter das Gesetz Christi gebracht.›

Er aber sieht in der geschichtlichen Welt weder ‹das Gesetz Christi› wirksam noch das Gesetz des immer wissenschaftlicher, immer vernünftiger werdenden Modernen. Er läßt Dewey, den repräsentativen Gegner, in den Sätzen seines starken Vertrauens zu Wort kommen: unser Menschenverstand und unser Mut haben sich zu bewähren; man kann nicht glauben, daß wir, die wir Erfindungen von solchem Ausmaß gemacht haben, vor den viel wichtigeren Aufgaben der

Humanisierung halt machen werden; es liegt schließlich nur an unserem Benehmen als Raubtier und an unseren veralteten Phrasen. Wir brauchen aber nur unser Wissen und unsere Fertigkeiten zu gebrauchen... Nur! NIEBUHR erwidert: ich glaube nicht, daß ‹der soziale Konservativismus› nur durch ‹Ignoranz› hervorgebracht wird; eher durch die harte Entschlossenheit, festzuhalten an dem, was man hat. Man überkommt soziale ‹Trägheit› nicht mit DEWEY-Mitteln, weil sie immer noch mehr als Trägheit ist.

Womit überkommt man sie? Eine Erlösung durch den Glauben an die Zukunft der Gesellschaft ist nicht möglich. Der einzelne kann, lehrt der Protestant, nur erlöst werden auf dem Weg, den die Christologie zeigt: durch den Glauben an das ‹Zweite Kommen CHRISTI›. Und wer diesen Glauben nicht hat? Diese Frage entwertet nicht NIEBUHRS anti-utopischen Blick auf den Menschen und seine Gesellschaft. Er wird auch nicht entwertet durch die billigste Weise, auf die man heute mit diesem neo-protestantischen Unglauben fertig zu werden sucht: indem man die anti-utopische Haltung entweder als eine Verteidigung der schlechten Ordnung verdächtigt — oder ihr wenigstens die Funktion zuweist, dieser Verteidigung zu dienen. Dieses Argument ist gerade im Falle NIEBUHR besonders grotesk. Es ist zu beachten, daß er im politischen Kampf auf derselben Seite kämpfte wie DEWEY; daß aber sein Blick auf die gesellschaftliche Wirklichkeit radikaler, weniger viktorianisch war. Die Sympathie, die in NIEBUHRS Polemik mitklingt, zeigt, daß er in DEWEY den großen Kampfgenossen gegen gemeinsame Feinde ehrte. Was NIEBUHR ablehnt, ist: nicht DEWEYS Kampf, nur sein Vertrauen, das grundlos sei und gefährlich wie jede Vertrauensseligkeit. NIEBUHR sieht schärfer, daß Sozialwissenschaft es weniger mit der ‹Ignoranz› zu tun hat (wie einst die Naturwissenschaft) als mit den Privilegien, die gerade durch die Forschung, die DEWEY zum ‹Erlöser› macht, aufgedeckt werden. Man könnte auch sagen: der christliche Theologe wirft dem anti-christlichen radikalen Liberalen eine zu geringe Radikalität im Denken vor — ‹Mittelstands-Vorurteile›. Die nicht-rationalen Mächte sind unterschätzt: ‹Konflikte sind unvermeidlich; in diesen Konflikten muß der Macht Macht entgegengesetzt werden.› Da aber NIEBUHR nicht an die Erlösung durch Macht glaubt — führt dies nicht zu skeptischer Abdankung?

NIEBUHRS anti-utopische Abdankung hindert ihn nicht, zu kämpfen — auch für die sozialwissenschaftliche Forschung im Dienste des Kampfs: ‹Sie mag dazu dienen, die brutalen Folgen des sozialen Konflikts abzuschwächen.› Aber: ‹den Konflikt selbst kann sie nicht aus der Welt schaffen›. Jeder solcher Versuch scheitert ‹an den Grenzen der menschlichen Natur›. Diese ‹Natur› hat KANT am kürzesten und anschaulichsten in die Worte gebracht: der Mensch sei aus krummem Holz gemacht. Auch Niebuhr schildert ‹die Enge der menschlichen Phantasie›, die ‹schnelle Unterordnung der Vernunft unter Vorurteil und Leidenschaft›, den ‹sinnlosen Egoismus, vor allem die Selbstsucht der Gruppen›. Gegen eine solche Darstellung wird immer wieder die Karte aller Karten ausgespielt: man sei damit auf seiten aller Fronvögte. Weniger hingegen wird beachtet, daß Schwärmerei den fruchtbarsten Boden für Desillusionen schafft, die den Dunkelmännern viel mehr nützen als eine nur bescheidene Militanz.

In der Einsicht, daß jene gesellschaftlichen Mächte, die nicht zu humanisieren sind, nur stärkeren Mächten weichen, steht Niebuhr dem Dialektischen Materialismus nahe. Er sieht in ihm ‹eine Form des Humanismus, der die Illusionen und Schändlichkeiten aller Kulturen entdeckt hat›. Für ‹falsch› aber hält er ihn in seiner ‹utopischen Lehre›. So bekämpft er Marx und Dewey aus demselben Grunde. Dewey verbindet mit dem Marxismus diese Siegesgewißheit; vor allem aber der Wille, das Interpretieren zu ersetzen durch das Agieren (es gibt fast gleichlautende Sätze), die Philosophie zu ersetzen durch sozialwissenschaftliche Analyse und politischen Kampf. Dieses Gemeinsame ist so mächtig, daß man erwartet, die Materialisten würden auf Dewey mindestens mit demselben (herablassenden) Wohlwollen blicken, das sie schon oft bürgerlich-fortschrittlichen Männern gegönnt haben: von Heine bis Thomas Mann.

Aber gerade Dewey ist die *Bête Noire* des Marxismus; und der Pragmatismus wird als ‹reaktionärste aller gegenwärtigen Philosophien› angeprangert. Weshalb? Man hat in der Psychologie ein Gesetz der kleinen Differenzen formuliert, nach dem winzige Abweichungen mehr Feindschaft erregen als große Gegensätze. Unter den ‹gegenwärtigen Philosophien› sind kaum zwei einander so nahe wie Pragmatismus und Marxismus. Was sie noch trennt, wird aber als so entscheidend empfunden, daß das Trennende zum Superlativ aufgeblasen und die gemeinsame Haltung gegen die gemeinsamen Gegner ignoriert wird. Während ein amerikanischer Marxist Dewey noch bescheiden charakterisiert: ‹in einer subtilen Weise reaktionär›, wird er von einem Engländer als ein tückischer Dunkelmann hingestellt, der ‹vorgibt, gewisse Schulen des Idealismus anzugreifen, tatsächlich aber unter diesem Vorwand dem Materialismus zu Leibe geht›. Dewey und sein Pragmatismus werden nicht in einem Irrtum attackiert, sondern in ihrer bösen Absicht; die amerikanische Lehre diene hauptsächlich dazu, das Ziel menschlichen Wissens zu verdunkeln.

Es ist offenbar, daß dieser Ausbruch von Gehässigkeit nicht allein mit dem Gesetz der kleinen Differenzen erklärt werden kann. Dewey trifft der volle Zorn der Partei: nicht, weil er gegen die Sowjet-Union schrieb — sondern, weil er einmal für sie gewesen war. Er gehört zu denen, die das Ideal gegen den Abfall von ihm verteidigten. Er war besonders unbequem, weil er nicht zu den natürlichen Gegnern gehörte, sondern zu denen, vor denen man sich nicht rechtfertigen kann. Seine moralische Kraft machte Dewey zum gefährlichen Feind; deshalb bekämpfte man ihn so rücksichtslos. Nirgends wurde Deweys Lehre so schamlos gefälscht wie hier: ‹als die eifrige Suche nach Maximal-Profiten›, ‹als der beste Weg zur Erledigung von Mitbewerbern›, ‹als die kapitalistischste unter allen Philosophien des Kapitalismus›. Die Philosophie Deweys sei ‹völlig brutal, zynisch, rücksichtslos in seiner Verkündung eines kapitalistischen Individualismus›. Das Vokabular der Schimpfworte ist in den verschiedensten Zeiten verschieden gefärbt; in unserer Zeit soziologisch, vor allem bei den kleinen Schülern des großen Marx.

Nicht ohne Heiterkeit liest man die sogenannten sachlichen Argumente der Marxisten gegen ihn; man fand das alles schon im bürgerlich-idealistischen Lager. Vor allem dies: ‹Die Pragmatisten sind überzeugt, daß Erfolg im Geschäft identisch ist mit dem Fortschritt der Menschheit›, die Materialisten werfen Dewey — Materialismus vor. Wie der Idealist bekämpft der Marxist Deweys Agnostizismus als defaitistisch. Wie der Thomist Adler (und ebenso im Besitz einer überirdischen Wahrheit) verurteilt der Marxist Deweys Lehre als ‹eine Spielart des Positivismus› — was gleich falsch ist, ob es vom himmlischen oder irdischen Utopisten gesagt wird; denn Dewey war mehr als alles andere: Moralist. Wie der protestantische Theologe wirft der Marxist dem liberalen Dewey vor: er sähe nicht ‹die unversöhnlichen sozialen Kräfte›; und wenn der Christ Deweys Rationalismus als ‹Mittelstands-Denken› brandmarkt, übersetzt der Marxist denselben Rationalismus in den ‹grundlegenden Vernunftglauben der kapitalistischen Ordnung›.

Der wirkliche große Gegensatz zwischen Dewey und dem Dialektischen Materialismus wird diskret verschleiert: die Hoffnung auf die Pädagogik — gegen die Erziehung zum letzten Gefecht. Hier liegt Deweys Schwäche: die Nichtbeantwortung der Frage, was soll mit jenen anti-humanen Mächten geschehen, die sich nicht der Humanisierung unterwerfen lassen — mit Hilfe der Dewey-Schule? Und hier liegt die Schwäche von Deweys terroristischem Gegner: er hätte Rede und Antwort zu stehen auf die Frage der Zeitgenossen, wieweit sich die kontinuierliche Tötung von Führer-Gruppen bewährt hat als Weg zu einer humaneren Gesellschaft.

Dewey ist also von weit-auseinanderliegenden theologischen, philosophischen und politischen Positionen angegriffen worden — aus vielen Motiven; die Argumente waren weniger vielfältig. Der breiteste Anti-Dewey Front-Abschnitt kann aber nicht sosehr mit dem

Namen eines feindlichen Glaubens oder Unglaubens benannt werden wie als anonyme Unzufriedenheit, als ein leidenschaftliches Ungenügen. Es sind Ex-Pragmatisten, welche die Kerntruppe dieser etwas undefinierbaren Gruppe bilden.

Lewis Mumford, einer von ihnen, gab ihnen in dem Buch ‹The Golden Day› (1926) den Namen «die undankbaren Erben von William James' ‚großer Befreiung'›; mit Mit-Unzufriedenen, die er nannte, heißen Bourne, Van Wyck Brooks, Waldo Frank. Ein großer Teil jener Generation begann als Pragmatist. Mumford studierte James früher als Platon, Aristoteles und Spinoza. In der biographischen Notiz, die er seinem ersten Artikel im Jahre 1914 beigab, nannte er sich stolz ‹Pragmatist›. Und noch im Moment des schärfsten Angriffs pries der abgefallene Schüler die große Leistung Deweys: den Respekt für intellektuelle Zusammenarbeit, die Rehabilitierung manueller Arbeit nach ihrer abergläubischen Degradierung durch die Klasse der Nicht-Arbeiter, die Entakademisierung der Vorstellung vom Denken. Er pries James und Dewey für ihre Revolution gegen das akademische Provinzlertum ihrer Tage mit den engen Theorien, die nicht viel von der Welt einließen. Er feierte sie, weil sie sowohl einer leeren Spekulation als auch einem öden Positivismus ein Ende gemacht hatten. Dieser Gegner Deweys stimmt nicht nur mit dem und jenem überein, er ist Blut von seinem Blut.

Tatsächlich ist denn auch das entscheidende Verdikt so milde wie: ‹nicht falsch, aber unzulänglich›. ‹Unzulänglich› — worin? ‹Unzulänglich›: ‹als eine komplette philosophische Orientierung›. Oder — wie es deutlicher und pompöser heißt: ‹unzulänglich› als ‹Weltanschauung›. Diese zentrale Kritik ist richtig — und trifft den Pragmatismus überhaupt nicht, ganz und gar nicht Dewey. Eine ‹Weltanschauung› hat der Hegelianer, der Thomist, der Protestant, der an eine Wiederkunft Christi glaubt, der materialistische Idealist, der weiß, daß die Dialektik die Menschheit zur Erlösung durch die vollkommene Gesellschaft vorwärts zerrt. Es ist aber schwer, sich vorzustellen, wie Mumford, der als Pragmatist großgeworden ist, nicht bemerkt haben soll: diese Philosophie will sowenig eine ‹Weltanschauung› sein, daß sie gerade mit ihrer Zerstörung der Vorstellung von der Einheit der Welt jede ‹Weltanschauung› unmöglich gemacht hat.

Vielleicht darf man sagen, daß alle drei Pragmatisten zeitweise den Umriß eines Universums skizzierten. Peirce mischte dann einen vor-kantischen metaphysischen Rationalismus in seine Forschungen ein. James ließ sich dann auf die Vorstellung von einem ozeanhaften Über-Ich ein, von dem der einzelne ein abgeschnürter, winziger Teich sei. Und aus Deweys Werk könnte man eine ‹Naturalistische Metaphysik› herauspräparieren, die er sich zuschrieb, aber kaum entwickelt hat. Doch weit entscheidender waren WILLIAM JAMES' und DEWEYS Verkündung eines offenen Universums, eines pluralistischen, eines ‹Multiversums›, einer Welt, dominiert vom Zufall, von der ungesicherten Entscheidung, von der Überraschung, vom ganz Neuen. Wie aber kann man eine Welt ‹anschauen›, die so unfertig ist, so sehr die Überraschung eines jeden Tages. Eher wäre zu sagen, daß das Wort ‹Welt-Anschauung› alle Philosophien verbindet — den ‹Dialektischen Materialismus› eingeschlossen: im Gegensatz zur Lehre des JAMES und des DEWEY. Die ehemaligen Pragmatisten loben viel an ihren Lehrern — und werfen ihnen vor, daß sie nicht leisteten, was sie nicht nur nicht leisten wollten, sondern was sie radikal zerstörten, soweit es vor ihnen geleistet worden war: nämlich eine ‹Weltanschauung›.

Die Apostaten gehen so weit, den Pragmatismus mit den bösesten Namen zu überschütten — als da sind: ‹Paralyse›; ‹ein gesegnetes Anästhetikum›; ‹die Haltung des Kompromisses und der Schlappheit›. Niemand kann auf eine Lehre und einen Lehrer so böse sein wie der Anhänger von einst. Man spürt das Ressentiment des Abgefallenen. Nur PEIRCE wird ausgenommen; wahrscheinlich aus zwei Gründen: er hat nie eine Wirkung außerhalb des Fachs gehabt; auch kann man ihm eine Weltanschauung nicht absprechen, da der große Kritiker auch einem recht unkritischen, naiven Rationalismus huldigte.

Der nach ‹Weltanschauung› lechzende und keine besitzende LEWIS MUMFORD klagt beweglich: ‹Wehe über den Wahrheitssucher, der versucht, mit der Lehre des WILLIAM JAMES zu leben oder in ihm den Schlüssel zu einer sinnvollen Existenz zu finden.› Aber kann man mit der Lehre KIERKEGAARDS leben oder mit der Lehre NIETZSCHES oder mit irgendeiner modernen philosophischen Theorie? Und: wäre man im System HEGELS oder SPINOZAS oder ARISTOTELES' zu Hause gewesen, dann wäre der Pragmatismus nie in die Welt gekommen. Er entstand ja gerade, weil die geistigen Asyle baufällig waren — und welcher neue wohnliche Bau ist errichtet worden während seines Daseins? Der Ex-Pragmatist, der nach ‹Weltanschauung› schreit, gehe zu den herrschenden Theologien, die eine haben, oder zum ‹Diamat› oder zur *Christian Science* oder zu einigen lokaleren europäischen, amerikanischen, asiatischen ‹Welten›, die angeschaut werden können. Aber selbst hier ist die Frage: gibt es Menschen, die wirklich in ihnen leben?

Der amerikanische Ex-Pragmatist geht noch einen Schritt weiter im Eifer der Verdammung: er setzt Pragmatismus gleich — Amerika. Das ist sehr oft geschehen, aus sehr verschiedenen Motiven; hier scheint es eine Art von patriotischem Masochismus zu sein. Es bleibt bei solcher Identifizierung ewig unerklärlich, daß auch in

Europa die ‹Weltanschauungen› von der philosophischen Szene und aus dem Leben der Nicht-Philosophen verschwunden sind; daß die beiden größten philosophischen Ereignisse der letzten hundert europäischen Jahre (KIERKEGAARD und NIETZSCHE) außerordentlich viel ans Licht gehoben — aber keine Welt angeschaut und abgebildet haben. Die Formel: in JAMES sei das Pionier-Amerika, in DEWEY seien die goldenen Tage der amerikanischen Industrie Philosophie geworden, ist aus einem zu engen Gesichtswinkel gesehen; natürlich ist PLATON auch ein Abschnitt in der Geschichte Athens. In Sachsen gab es nie Rocky Mountains, die zu überwinden waren — und trotzdem hat NIETZSCHE das schöne, runde harmonische All in ebensoviele Teile zerschlagen wie WILLIAM JAMES und, wie er, den Kosmos in einen wilden Ozean verwandelt.

DEWEY aber als ideologischen Index der Industrie zu beschreiben, ist, erstens, in Übereinstimmung mit seinem Selbstporträt; und zweitens, tückisch, ob es nun der Marxist sagt oder der Ex-Pragmatist. DEWEY war nicht so sehr enthusiastisch für die ‹Industrie› (die Assoziation geht sofort zu den Profiten) wie für eine Industrie, die Menschen nährt, wie er sie mit Hilfe der Erziehung zu schaffen hoffte. DEWEY pries nicht ‹den› Erfolg, sondern den Erfolg — auf dem Wege zu seinem Ideal. DEWEY schwärmte nicht für Anpassung, sondern für Anpassung — an den idealeren Zustand. Der Vorwurf, daß er noch zu überschwenglich-gläubig war, ist kaum abzuweisen. Der Vorwurf, daß er das ausbeutende Amerika ideologisch beglänzte, ist infam... wer immer ihn ausspricht. Wahrscheinlich gab es keinen Amerikaner im zwanzigsten Jahrhundert, der soviel guten Willen, soviel aufbauende Hoffnung hervorgebracht hat wie DEWEY. ‹Nicht alle›, schrieb er, ‹die plappern: Ideale! Ideale! werden ins Himmelreich des Ideals einziehen — wohl aber die, welche die Wege, die dahin führen, kennen und respektieren.› Es ist heute ein Gemeinplatz, daß er die Erziehung zum wissenschaftlichen Denken überschätzt hat. Darf man darüber vergessen, daß er wußte, nicht mit Predigten und nicht mit Morden kommt man in den Himmel, sondern nur auf dem Wege der geduldigen Arbeit?

Alle Kritiker waren in dem einen Punkt klüger: sie überschätzten die Wissenschaft nicht — was aber gaben sie außer Kapuziner-Predigten mit den Themen: Gott, Moral und Bildung?

Um auf das Eingangs-Zitat SANTAYANAS zurückzukommen: er hielt also alle die hier skizzierten Kämpfe für Vordergründe vor der Gemeinsamkeit im amerikanischen Glauben an den unternehmenden Menschen — mit seiner Vorstellung von einer natürlichen (‹naturalistischen›) Welt. Ist dieser Glaube wirklich amerikanisch oder nicht eher das Klima der letzten Jahrhunderte innerhalb der westlichen Welt? und nicht nur der westlichen? Und ist diese Unternehmungslust (in Amerika wie in Europa) nicht bereits in ein neues Stadium getreten, von dem man sagen kann: die anonymen Unternehmungen spannen einen Menschen ein, der immer weniger unternehmungslustig wird? Kann man vielleicht sagen, daß man heute nach der Leidenschaft, zu meditieren und sein Heil zu betreiben, nach der Leidenschaft, die Welt zu erobern ... bereits eine dritte ‹Leidenschaft› sichtet: die Sehnsucht, in Ruhe gelassen zu werden? So daß die Funktion der Philosophie nicht abstirbt, weil alle Kräfte den Unternehmungen zufließen — sondern der Verteidigung gegen sie? In Amerika und in Europa?

So daß der ‹faustische Mensch› beider Kontinente (*Faust* endete mit der Sehnsucht des amerikanischen Pioniers) kein Visier-Punkt mehr ist für eine entengte Lehre vom Menschen?

ENZYKLOPÄDISCHES STICHWORT

‹FRÜH-GESCHICHTE DES AMERIKANISCHEN DENKENS›

Die Geschichte Nord-Amerikas ist die Fortsetzung der europäischen — auf kolonialem Boden. Sie ist fast dreiundeinhalb Jahrhunderte alt. In den ersten zwei wurde sie wesentlich mitbestimmt von Vergangenheit und Gegenwart der Alten Welt. Im letzten Jahrhundert wurde sie wesentlich mitbestimmend für die Wandlung Europas.

Das gilt auch von der Geschichte des Denkens auf dem Boden Amerikas. Im siebzehnten und achtzehnten Jahrhundert nicht viel mehr als ein Echo der Theologien und Metaphysiken jenseits des Ozeans — zuerst der englischen, dann der französischen, seit 1820 (etwa) vornehmlich der deutschen — wurde die amerikanische Philosophie der letzten hundert Jahre in einer Reihe von Denkern zum klassischen Ausdruck wesentlicher Motive der westlichen Welt. Das vorliegende Buch hat es vor allem mit diesem gegenwärtigen, das heißt: nach-theologischen und nach-metaphysischen Denken zu tun.

Was vorausging, wird nun hier als Vor-Geschichte skizziert: die Dämonologie COTTON MATHERS; die kalvinistische Metaphysik JONATHAN EDWARDS'; die Aufklärung JEFFERSONS, FRANKLINS und PAINES; die romantische Philosophie der ‹Transzendentalisten› und die St. Louis School, der Beginn des amerikanischen Hegelianismus. Ihr Denken bildet den Hintergrund für jene Philosophien, die sich seit dem Civil War (1861–1865) in Amerika entfalteten.

Die Gründer Nord-Amerikas waren nicht nur, was sie in der Legende sind: der Sklaverei Entlaufene, die dann, auf jungfräulichem Boden, Siedlungen der Freiheit gründeten. Sie waren auch Lumpenproletarier, Ausgepowerte, Abenteurer, Verbrecher, die in den winzigen Stadt-Staaten Neu-Englands nicht als Freie zusammenlebten — sondern in einigen der ausgesprochensten theokratischen Diktaturen, von denen die Weltgeschichte weiß.

Das Leben war geregelt, vierundzwanzig Stunden am Tag. Jedem war vorgeschrieben, was er zu essen, zu tragen, zu tun, zu glauben und zu genießen hatte. Der englische Puritanismus konnte sich hier ungehinderter durchsetzen als in der Heimat.

Eine der repräsentativsten Familien waren die MATHERS-Pfarrer, die sich in drei Generationen vor nichts mehr fürchteten als vor dem Teufel: ihn anzeigten, bekämpften und ihm philosophisch ein Denkmal setzten. Ihr Christentum war mehr eine Lehre des Unheils als des Heils. RICHARD (1596–1669), der 1635 nach Amerika kam, sah in den Kometen Unheil-verkündende Zeichen. Seine ‹Psalmenübersetzung› war das erste Buch, das in Neu-England gedruckt wurde. Es war bestimmt, mit den ‹glatten und eitlen Versuchen› des anglikanischen Gebetbuchs aufzuräumen.

Sein Sohn, INCREASE MATHER (1639–1723), kämpfte für die Theokratie gegen liberalere Tendenzen des Tages, glaubte an Hexen, war der erste Präsident von Harvard College und wird zu den hervorragendsten Amerikanern der kolonialen Periode gerechnet. Sein Sohn, COTTON MATHER[1] (1663–1728), schrieb dann das klassische Buch des Unheils, ‹Wonders of the Invisible World› (1693). Diese Schrift war auch, ein Jahr nach dem Hexen-Prozeß in Salem (1692), eine Rechtfertigung der berühmtesten Hexenverfolgung Amerikas. Die ‹Wunder›, die COTTON MATHER beschrieb, waren zum Beispiel die Kometen, ‹Schwänze des gräulichen Satan›. Der mußte von MATHER besonders bekämpft werden, weil kein Land in der Welt vom Teufel so sehr geplagt wurde wie Neu-England. Er war ein Philosoph vielleicht darin, daß er die Philosophie als ‹Narrenweisheit› und die Metaphysik im besonderen als ein *Disciplinarum omnium excrementum* verfemte; die Ethik aber sei ‹reine Tandelei und Zeitverlust›. Den Studenten von Harvard und Yale riet er, nicht ‹auf den Rauch verkaufenden Seifensieder, den kothirnigen ARISTOTELES› zu hören. Seine Ansichten über das Irdische waren ebenso unabhängig von der Wissenschaft wie seine Ansichten über das Überirdische von der Philosophie. Er lehrte, daß die Kröten einer Mischung von Schlamm und Wasser entspringen, die Vögel aber auf Bäumen wüchsen, was durch die leeren Eierschalen, die man in der Baumrinde findet, bewiesen sei. Es gibt von ihm mehr als 400 Veröffentlichungen. Er war einer der einflußreichsten ‹Denker› seiner Tage. Die Historiker urteilen: ‹Es war innerhalb der Geschichte Amerikas eine der denkwürdigsten Mischungen aus Wissen, wissenschaftlichen Kenntnissen, Täuschungen und Eselei.›

Soweit er der Methode folgte, die Bibel als die große Quelle aller Erkenntnisse zu betrachten, war er in Harmonie mit vielen Gelehrten seiner Epoche. Noch am Ende des achtzehnten Jahrhunderts sagte Harvards Präsident CHARLES CHAUNCY zu seinen Studenten: daß Physik, Astronomie und Politik ‹in ihrer wahren Bedeutung theologisches Wissen sind, Wissen, das aus den Heiligen Schriften stammt, nicht menschliches Wissen›. Und auch der Philosoph ETHAN ALLEN war stolz darauf, daß die Bibel und ein Wörterbuch die einzige Quelle seiner Philosophie seien.

Der größte unter ihnen, JONATHAN EDWARDS[2] (1702–1758), hatte

---

[1] *The Diary of Cotton Mather, 1681–1708. Essais to do Good; Addressed to all Christians, whether in public or private capacities.* 1710.

[2] *A Treatise concerning religious affections.* 1746; *The great Christian doctrine of Original Sin defended.* 1758.

schon mehr Quellen. Er hat in unseren Tagen eine Renaissance in Amerika. Sein Gesamtwerk begann im Jahre 1957 zu erscheinen, mit der Schrift ‹Freedom of the Will› (1754), in der EDWARDS zwischen Zwang und Motiviertheit unterscheidet. Noch vor einer Generation, in den Zwanzigern, hatte man über ihn geschrieben: ‹Der große Fehler, den EDWARDS beging, der uns wie ein böser Traum in seinen Schriften verfolgt, war sein Stehen zu Gott auf Kosten der Humanität.› Und das war aus der Feder des Dekans einer Theologischen Fakultät gekommen. Heute, in der Ära des Neo-Protestantismus, im Jahrzehnt des amerikanischen Theologen und Philosophen NIEBUHR, ist JONATHANS Anti-Liberalismus, Anti-Modernismus höchst aktuell. Der Herausgeber seiner Werke nennt ihn ‹den größten Philosophen und Theologen, mit dem Amerika gesegnet war›. Ein Historiker nannte ihn schon vor Jahren ‹vielleicht den größten amerikanischen Philosophen›. JONATHAN EDWARDS errichtete aus den Motiven des kalvinistischen Christentums, das bis ins neunzehnte Jahrhundert hinein amerikanisches Denken beherrschte — und nun wieder beherrscht, einen weiten, logischen Bau.

JONATHAN EDWARDS fand poetische Worte für die Schönheit der Welt; aber hinter dieser Schönheit verbirgt sich ein Gott von furchteinflößender Majestät: ‹Ich pflegte oft zu sitzen und den Mond zu betrachten, und tagsüber verwandte ich viel Zeit darauf, die Wolken und den Himmel anzuschauen, und darin den süßen Ruhm Gottes zu erblicken, während ich mit leiser Stimme meine Kontemplationen über Gott, den Schöpfer und Erlöser sang. *Und kaum etwas war mir so süß unter all den Naturgebilden als wie Donner und Blitz... Ich hörte im Donner die schreckliche majestätische Stimme Gottes.*› In denselben Jahren erfand, wie der Philosophie-Historiker GUSTAV MÜLLER kommentierte, FRANKLIN den Blitzableiter.

JONATHAN EDWARDS' Gott wurde sehr anschaulich in Sätzen wie: ‹Der Gott, der Dich über den Höllenschlund hält, so wie einer eine Spinne oder irgendein ekelhaftes Insekt über ein Feuer hält, verabscheut Dich und fühlt sich gräßlich herausgefordert; sein Zorn gegen Dich brennt wie Feuer.› Dieser Gott ist unerforschlich, so kann man ihn nicht versöhnen. Er gibt nicht Sicherheit, sondern das ewige Gefühl des Ausgeliefertseins: ‹Wir sind Kinder in einem brennenden Haus, keiner kann sich in Sicherheit wiegen auf Grund weltlicher Tugenden oder orthodoxer Bekenntnisse.›

EDWARDS' Leben war einer der unerforschlichsten Wege; das war ihm schon, wie sein Tagebuch zeigt, am Beginn seines Weges klar. Sechsundzwanzig Jahre war er Pfarrer einer kleinen neu-englischen Gemeinde, die aus 200 Familien bestand. Er liebte sie und sie liebte ihn, bis man seiner müde wurde. Da sandte ihn eine Londoner Missions-Gesellschaft an die Westgrenze von Massachusetts, um den

Indianern das Evangelium zu bringen. Er missionierte mit großem Eifer; denn in einem Punkt mindestens war er mit COTTON MATHER einig: daß der Teufel es in dieser Gegend besonders arg treibe. Erschreckt über die Fortschritte, die das Christentum zur Zeit KONSTANTINS gemacht habe, hätte er damals Scharen der Seinen in Sicherheit gebracht: hierher nach Amerika. COTTON MATHERS und JONATHAN EDWARDS' düstere Porträts vom Teufel-verfallenen Amerika sind die Ahnen vieler Amerika-Bilder, die nur an der Oberfläche vernünftiger sind. Kurz vor seinem Tode wurde er Präsident des College von New Jersey (später University of Princeton).

Auch er war ein Zusammen von rigorosem Rationalismus und vielen Ammenmärchen. Er war noch nicht zwölf, als er schon wie VOLTAIRE witzelte, über das Thema: daß die Seele greifbar sei. Er fragte: dreieckig oder viereckig? Mit vierzehn las er JOHN LOCKE mit mehr Vergnügen ‹als der geizigste Geizhals findet, wenn er eine Handvoll Gold oder Silber von einem neu-entdeckten Schatz zusammenbringt›. Ein Zeitgenosse der Aufklärung, kannte er sie sehr gut und stellte einige ihrer Elemente in den Dienst seiner kalvinistischen Philosophie. Am Ende seines Lebens erkannte er, daß seine Welt sich überlebt hatte. Er salutierte ‹in diesem glücklichen Zeitalter von Licht und Freiheit› ‹eine Reihe von Männern mit generöser und liberaler Mentalität› — ohne zu vergessen, daß er selbst zu den ‹alten Christen› gehörte.

Die liberalen Denker, die JONATHAN EDWARDS grüßte (die JEFFERSONS und FRANKLINS und PAINES), waren keine Philosophen im technischen Sinne des Wortes. Sie schufen keine Kosmologien wie COTTON MATHER und JONATHAN EDWARDS. Sie hatten LOCKE und HUME gelesen, SHAFTESBURY und CONDORCET und schufen innerhalb dieser geistigen Welt nicht so sehr Essays, Abhandlungen, systematische Aufrisse als Verfassungen, Staatsdokumente, Institutionen. Die Aufklärung wurde hier mehr Praxis als irgendwo in Europa; auch unvermischter, weil nicht soviel Vergangenheit da war, mit der sie sich zu mischen hatte. Deshalb entstand wohl auch nirgends ein so schweres Trauma wie in Amerika, als man später erkannte, wie weit man von den Hoffnungen weggetrieben worden war. Denn sie waren nicht nur von Enzyklopädisten gelehrt und von einer kurzlebigen Partei durchgesetzt worden. Die führenden Männer des neuen Staates, die Präsidenten und Gesandten des Landes, schienen die Ideen der amerikanischen Revolution auf diesem Kontinent für die Ewigkeit verankert zu haben. JEFFERSON (1743—1826) ist vielleicht das Nächste zu einem Philosophen-König gewesen, was die Welt gesehen hat.

Sein Staat war nicht mehr geformt aus besitzlosen, ungebildeten Ausreißern. Schon 1690 war Massachusetts gezwungen gewesen, politische Rechte von armen Kirchenangehörigen auf wirtschaftlich Mächtige auszudehnen, die ‹nicht um der Religion willen hergekommen sind, sondern um Fische zu fangen›. Aus ihnen wurde, in Nord und Süd, in drei Generationen eine Schicht wohlhabender Bürger, die den europäischen Kultur-Standard für verbindlich hielten. So forderte Jefferson, Gründer und erster Rektor der Universität Virginia: kein Kandidat soll ein Diplom erhalten, der nicht soviel Latein beherrscht, daß er die Klassiker lesen kann; kann er auch Griechisch, so möge das im Diplom vermerkt werden. Es war der Ehrgeiz dieses Universitäts-Stifters, ‹die Grundlagen guter Erziehung zu geben›; sie bestanden in der Vertrautheit mit der Antike. Sein humanistisches Ideal war: ‹den Charakter eines wohlerzogenen Mannes zu runden›.

Jefferson, beim Ausbruch der Französischen Revolution amerikanischer Gesandter in Paris, gehörte zu jenen Aufklärern, für die Verstand und Religion, Religion und Moral, Moral und Lebensgenuß nicht in unerbittlichen Positionen einander konfrontieren. Er war ‹Materialist›, die Amerikaner sagen lieber ‹Naturalist›; er hielt die Moral für einen Natur-gegebenen Instinkt. Er war ein Deist, der in Jesus einen zwar unwissenden, aber beachtenswert begabten Menschenfreund sah. Er war ein Epikureer, der das Recht auf Glück in das Dokument hineinschrieb, das er 1776 entwarf und das die Grundlage der Konstitution und die Bibel wurde, die man dann in Tausenden von ethischen Traktaten auslegte: die ‹*Declaration of Independence*›. Jeffersons kodifizierte Philosophie ist wirksam bis zu diesem Tage; wenn auch, zu einem guten Teil, nur als unverlierbare Sehnsucht. Generationen von Amerikanern kamen nicht darüber hinweg, daß der Staat, der auf Grund seines Bildes vom Menschen errichtet wurde, eines Tages so verändert aussah. Lincoln schrieb, 1859: ‹Die Prinzipien Jeffersons sind die Definitionen und Axiome der freien Gesellschaft... und doch werden sie mit ziemlichem Erfolg verleugnet und außer Kraft gesetzt. Einer schilt sie ‚glänzende Phrasen'. Ein anderer hält sie für ‚ganz augenscheinliche Lügen' und wieder andere argumentieren, daß sie nur ‚für überlegene Rassen' gut sind›... Vielleicht wurde in Amerika der Untergang des ‹Zeitalters der Vernunft› eine lebendigere, unvergeßlichere Erfahrung als in Europa, weil es in der amerikanischen Gesellschaft tiefere Wurzeln gefaßt hatte.

Jefferson war ein Landedelmann, Benjamin Franklin (1706 bis 1790) ein Selfmademan, ein erfolgreicher Handwerker. Beide aber hatten dasselbe stoisch-epikureische Ideal vom Weisen, vom Inbegriff des Glücks: Selbstbewußtsein, Disziplin, Toleranz, Leidenschaftslosigkeit. Benjamin Franklin, der im Jahre 1725 die ‹Dialoge über Lust und Vergnügen› veröffentlichte, gab in seiner Autobiographie dem Vorbild noch die Tugenden des strebsamen Bürgers: ‹Ich bekam die Überzeugung, daß Wahrheitsliebe, Ehrlichkeit und Integrität von äußerster Bedeutung für das Glück eines Lebens sind.› Er hatte nichts dagegen, daß diese Moral einmal ein Teil der Theologie gewesen war; aber auch nichts dafür. Er brauchte die transzendente Begründung nicht mehr. Diese amerikanische Aufklärung war weniger in Gegensatz zur Religion als uninteressiert an ihr. Ihn beschäftigten viel mehr Weisheitsregeln für das persönliche Leben und Maxime für die Lenkung eines vernünftigen Staats. 1727 gründete er den Diskussionsklub *Junto*, aus dem dann (1743) die *American Philosophical Society* wurde. Er war ein Philosoph im nicht-technischen Sinne des Wortes; in einer Zeit, in welcher der Ausdruck Philosophie noch für die verschiedensten geistigen Abenteuer verwandt wurde.

THOMAS JEFFERSONS Aufklärung ist inkorporiert in der Verfassung des Landes, in Staats-Dokumenten, in der Gründungs-Urkunde seiner Universität. BENJAMIN FRANKLINS Aufklärung manifestierte sich am deutlichsten in dem vorbildlich bürgerlichen Leben, das er führte, beschrieb und lehrte. THOMAS PAINE[1] (1737–1809), der während des englisch-amerikanischen Krieges (1776–1783) zwölf Nummern der Zeitung ‹Crisis› herausgegeben hatte, wurde der Polemiker und Hymniker der Aufklärung: kein Repräsentant wie JEFFERSON und FRANKLIN, sondern ein Oppositioneller; ein Streiter, ein Verfolgter, der außer Landes gehen mußte und dann wieder zurückkehrte, weil sein Asylland Frankreich, für das er so leidenschaftlich eingetreten war, seinerseits ihn verfolgte. Sein Pathos klang so: ‹Manche sagen: wo ist der König von Amerika? Ich antworte Dir, mein Freund, er regiert dort droben und bringt doch nicht die Menschen durcheinander wie das königliche Biest in Groß-Britannien. Damit aber auch wir nicht den Eindruck machen, als kennten wir keine Ehrerbietung, setzen wir einen Tag für die Proklamation der Verfassung fest, errichten sie auf dem göttlichen Gesetz, dem Wort Gottes; schmücken sie mit einer Krone, auf daß die Welt wisse: soweit wir für die Monarchie sind, ist das Gesetz — Gott.› *(‹Common Sense›)*. Sein Werk, ‹The Age of Reason›, ist am nächsten dem, was man allgemein ein philosophisches Buch nennt; es enthält die Darstellung seines Deismus. ‹Common Sense› wurde in einer halben Million Exemplaren verbreitet. Alle seine Schriften hatten zu seiner Zeit eine große Auflage.

Es kamen die Jahre der Restauration. In Amerika hatte es keinen NAPOLEON gegeben und keine Könige, die zurückkehren konnten. Aber es zeigten sich auch hier Erscheinungen, die charakteristisch wurden für das Nachlassen des revolutionären Enthusiasmus. EMERSON schrieb

---

[1] 1776: *Common Sense*. 1791/2: *The Rights of Man*. 1794–1796: *The Age of Reason*.

über einen der amerikanischen Staaten: ‹Von 1790 bis 1820 gab es nicht ein nennenswertes Buch, nicht eine nennenswerte Rede oder Unterhaltung, nicht einen nennenswerten Gedanken.› Dann aber machte sich die Bewegung geltend, die später den Namen ‹Transzendentalismus› erhielt; sie kam in den vierziger Jahren des neunzehnten Jahrhunderts zur Blüte. Sie wird als amerikanische Romantik bezeichnet und überlebte das Jahrzehnt, mit Ausnahme von EMERSON und THOREAU, nur als Gruppe – nicht so sehr in den Leistungen der Einzelnen. Sie war zugleich auch, was man in Parallele zum ‹Jungen Deutschland› das ‹Junge Amerika› nennen könnte. Ihr repräsentativer Denker war RALPH WALDO EMERSON[1] (1803–1882), sein repräsentativster Essay hatte den Titel ‹Nature› (1836). Neben ihm dachten, diskutierten, schrieben, organisierten und dichteten (um nur einige zu nennen):

AMOS BRONSON ALCOTT (1799–1888)[2], GEORGE RIPLEY (1802 bis 1880)[3], MARGARET FULLER (1810–1850)[4], THEODORE PARKER (1810 bis 1860)[5], HENRY DAVID THOREAU (1817–1862)[6].

Die Transzendentalisten waren Abkömmlinge der ‹Unitarier› – der ‹Freunde des freien religiösen Denkens›; eines Christentums, das anti-dogmatisch war, vor allem anti-kalvinistisch. Gott und das Individuum kamen einander nahe und wurden miteinander befreundet; der härteste theologische Dualismus und der aufklärerische Deismus wurden abgelöst von einem empfindsamen Theismus. Der milde große Priester dieser Unitarier, den alle Transzendentalisten verehrten, war der Bischof WILLIAM ELLERY CHANNING (1780–1842)[7]. EMERSON nannte ihn ‹unseren Bischof›.

Die amerikanischen Romantiker fanden Gleichgesinnte in vielen Ländern Europas: WORDSWORTH, COLERIDGE, SHELLEY und CARLYLE; COUSIN, Madame DE STAËL und FOURIER; GOETHE, KANT und FICHTE. Die jungen Amerikaner, ein bis zwei Jahrzehnte jünger als die deutschen Frühromantiker, nahmen englische, französische, deutsche Poesien, Theorien und Politiken auf, soweit sie ausdrückten, was einen bewegte. Sie waren nicht Kopien. Sie stellten aber auch keine großen originalen Dichtungen, Systeme und sozialen Experimente neben die europäischen.

Der deutsche Leser wird sich vom ‹Transzendentalismus› am klar-

---

1 *The Complete Works of Ralph Waldo Emerson.* 12 Vol. 1903–1904.
2 *The Journals of Bronson Alcott.* 1938.
3 Übersetzung von HERDERS ‹Vom Geiste der Ebräischen Poesie›.
4 *The Writings of Margaret Fuller.* 1941.
5 *The Works of Theodore Parker.* 15 Vol. 1907–1913.
6 *The Writings of Henry David Thoreau.* 20 Vol. 1906.
7 *The Works of William E. Channing.* 6 Vol. 1841–1843.

sten und schnellsten einen Begriff machen können durch einen Vergleich mit der deutschen Romantik. Er kann im folgenden Schema nicht sehr subtil sein und hat nur die Funktion einer einführenden Orientierung:

1. Beide waren anti-aufklärerisch in ihrem Anti-Rationalismus. Sie lehnten sowohl den theologisch-theistischen als auch den anti-theologisch-deistischen Rationalismus ab.
2. Beide waren anti-sensualistisch. In Deutschland spielte dieser Gegensatz nicht dieselbe Rolle wie im angelsächsischen Amerika, wo Lockes und Humes Analysen einen großen Einfluß gehabt hatten. (‹Die Engländer gewährten mir keine Hilfe›, schrieb Parker.)
3. Beide waren anti-mechanistisch und anti-deterministisch; Feinde der neuen Technik.
4. Beide beschäftigten sich mit ‹Schlafwandeln, Träumen, Visionen, Prophezeiungen, dem zweiten Gesicht, Orakel, Ekstasen, Hexerei, Magie, Wunder, Teufels- und Gespenster-Erscheinungen› (um die Liste eines Transzendentalisten herzusetzen).
5. Beide waren voll Vertrauen. (Emerson: ‹Geschichte ist die Lebensbeschreibung der Größe›.) Die Worte ‹Leben› und ‹Gefühl› spielten eine große Rolle. In Amerika hatte dieses Vertrauen eine anti-kalvinistische Note.
6. Beide hatten eine Tendenz zu einem gottgefälligen Anarchismus. (‹Die Schul-Theologie ist tot, die neue erscheint mit Engelszungen›; ‹Wahre Religion ist im Herzen und ist keiner Form und keiner Sprache verbunden›.)

Hier endet das Gemeinsame. Die wesentlichen Differenzen können (ebenfalls nur schematisch) so beschrieben werden:

1. Die deutschen Romantiker waren vor allem Poeten, die amerikanischen (wenn man von dem einen Thoreau absieht) Pastoren, Lehrer, Organisatoren.
2. Eine wesentliche Differenz zwischen der deutschen und amerikanischen Romantik liegt in ihrer gesellschaftlich-politischen Funktion:
   a) ein guter Teil der Deutschen tendierte zur Restauration, der politischen und religiösen;
   b) der größte Teil der Amerikaner war Teil der liberalen Bewegung (Befreiung der Frau, des Kindes, der Neger, unterdrückter Völker wie der Italiener).
3. Die nihilistischen Motive, die sich schon in der deutschen Frühromantik finden (beim jungen Schlegel, in den philosophischen Fragmenten des Novalis) hatten kein Pendant in Amerika.

Der Transzendentalismus war keine Schul-Philosophie. Die Transzendentalisten waren nicht geeinigt in dem Bekenntnis zu einem Begriffs-System. Sie waren eher, wie die deutschen Frühromantiker, ein Kreis gleichgesinnter befreundeter Männer und Frauen, in dem es allerdings nicht so hoch herging wie bei den Deutschen. Auch sie hatten ihren literarischen Mittelpunkt in einer Zeitschrift: in dem (1840 gegründeten) ‹Dial› und in ‹The Harbinger›, der den ‹Dial› ablöste. Während die Deutschen von einer Mustersiedlung träumten, aber keine schufen, gründeten die Amerikaner (nach französischem Vorbild) Brook Farm (bei Boston) — den anti-sozialistischen Ahn vieler kommender sozialistischer Muster-Gründungen in Amerika. Brook Farm begann mit 20 Mitgliedern und brachte es, in der Blütezeit, auf 150. Es lebte 8 Jahre.

In diesen Umriß wären nun die speziellen Züge der einzelnen einzuzeichnen. So war zum Beispiel der allgemeine Enthusiasmus für GOETHE und KANT bei einigen gemischt mit schärfster Kritik. THEODORE PARKER präludierte schon SANTAYANA — in den Worten: ‹GOETHE war ein großer Heide. Sein Ziel war, Herrn VON GOETHE zu bilden. Er führt einen zu Anstrengungen, aber nicht zu den höchsten... Seine Anschauung ist selbstisch, der Christ war nicht in ihm.› Auch SCHLEIERMACHER, der erkorene Theologe dieser anti-theologischen Amerikaner, blieb nicht ungerupft. GEORGE RIPLEY schrieb: er ‹wäre auf den rechten Weg gekommen, wenn er sein ‚Unendliches' in die menschliche Seele verlegt hätte›. Und von KANT heißt es bei PARKER: dieser Denker wäre sein Gott, ‹obgleich auch einer der übelsten Schreiber, selbst in Deutschland›.

Die Amerikaner waren — mehr als die Deutschen — Aktivisten, Organisatoren; aber oft verschmolzen in demselben Menschen harte, zielbewußte Tätigkeit und überschwenglichste Gefühlsseligkeit. Ein gutes Beispiel ist MARGARET FULLER, die sehr gewandte Herausgeberin der Transzendentalisten-Zeitschrift, die energische Vorkämpferin für die Rechte der Frau. Sie schrieb, eine amerikanische BETTINA, an den gemeinsamen Gott, BEETHOVEN, nach einem Konzert: ‹Du bist für mich unvergleichlich. Du bist alles, was mich erfüllt. Keine himmlische Süße von Heiligen und Märtyrern, kein vielseitiger RAFFAEL, kein goldener PLATON gilt mir irgend etwas, verglichen mit Dir. Der unendliche SHAKESPEARE, der strenge ANGELO, DANTE — bittersüß wie Du — verschwinden außer Sicht in Deiner Gegenwart. Und außer diesen Namen gibt es keine, die in Deinen kristallenen Bereichen vibrieren können. Du hast alles in Dir und jene schwellende Lebensfülle zudem, jenes großbeschwingte Sein, von dem sie nur träumten.›

Vielleicht kann man diese Spannung zwischen realistisch-organisatorischer Praxis und ausschweifendster Lyrik — bisweilen in derselben Person — als das spezifisch Amerikanische dieser Romantik bezeichnen. So wandte sich ALCOTT, den man den amerikanischen PESTALOZZI nannte, der Mann, welcher in seiner Schule die Prügelstrafe abschaffte, die langen Bänke durch individuelle Pulte ersetzte und die Schüler um der Selbst-Therapie willen zum Führen von Tagebüchern anhielt, mit diesem Satz an EMERSON: ‹Du schreibst über den Genius PLATONS, PYTHAGORAS' und JESUS', warum schreibst Du nicht über mich?› Da jede einzelne Seele Genie und Gott ist, wollte er auch in sich die heilige Menschheit angebetet sehen.

Es ist wohl dieses Zusammen von hohem Flug und praktisch-zweckmäßigem Handeln, das manchen Amerikanern heute die Ära des ‹Transzendentalismus› als ‹Die goldenen Tage Amerikas› (MUMFORD) erscheinen läßt.

Die Transzendentalisten waren Kantianer einer besonderen Art. Sie sahen in KANT den großen Sieger über die Theorie vom Maschinen-Universum. Sie zitierten bisweilen auch einige goldene Worte, um ihren Empfindungen Ausdruck zu geben. Viel Sympathie stammte aus dem Mißverständnis. Man sentimentalisierte ihn, schon zum Beispiel in dem Wort ‹transzendental›; in seinen subtilen Argumentationen wurde man nie heimisch. HEGELS Entdeckung war in fachphilosophischer Beziehung folgenreicher. Man studierte ihn, wie KANT nie von den Transzendentalisten studiert worden ist. Man lernte die schwierige Sprache und schrieb HEGELsch. Der berühmteste und einflußreichste Hegelianer auf einem amerikanischen Katheder wurde JOSIAH ROYCE[1] (1855–1916); er war dreißig Jahre lang Harvard-Professor. Es gibt eine gewaltige Literatur über HEGELS Eindringen und Herrschaft in Amerika; vielleicht hat hier kein anderer nicht-amerikanischer Denker eine solche Wirkung ausgeübt.

HEGELS Ideen sind in vielen Ländern viele Verbindungen mit vielen politischen Tendenzen eingegangen; am bekanntesten wurden die konservativen und marxistischen Ideologien in der Nachfolge. Spezifisch amerikanisch ist vielleicht die Verschmelzung HEGELscher Philosophie mit demokratischen Idealen, wie sie zum Beispiel in dem HEGEL-Enthusiasmus WALT WHITMANS zum Ausdruck kam. Er schrieb ein Gedicht mit dem Untertitel ‹Nachdem ich Hegel las›; die Historiker bezweifeln, daß er ihn je gelesen – können aber nicht bezweifeln, daß er ihn glühend verehrt hat. Für WHITMAN hat HEGEL, ‹der echteste Religiöse und tiefste Philosoph›, ‹das Letzte und Beste› gesagt, was bisher über die Beziehungen zwischen der Welt und dem Einzelnen, dem letzten Element der Demokratie, je gesagt worden ist.

Es waren die sechziger Jahre. Es war die Zeit nach dem Civil War (1861–1865), als auch die radikalsten Individualisten den Wunsch hatten, den Staat zu stärken – ohne dem Einzelnen Abbruch zu tun. Das schien ihnen HEGEL zu leisten. In der ersten Nummer des ‹*Journal of Speculative Philosophy*›, das den deutschen philosophischen Idea-

---

[1] *The Spirit of Modern Philosophy*, 1892. *The World and the Individual*, 1900. *The Problem of Christianity*, 2 Vol. 1913.

lismus propagierte und große Stücke aus HEGELs Werken zum erstenmal in Amerika veröffentlichte, heißt es (im Jahre 1867): ‹Die Idee, die unserer Regierungsform zugrunde liegt, hat bisher nur einen wesentlichen Zug entwickelt: einen spröden Individualismus, für den völkische Einheit als ein äußerlicher Mechanismus erschien, den man bald überhaupt entbehren und der durch Privatunternehmen oder durch Korporationen ersetzt werden könne. Jetzt aber haben wir das Bewußtsein eines ebenso wesentlichen Zuges entwickelt, und jeder einzelne anerkennt im Staat eine substantielle Erfüllung seines eigenen Willens. Die Freiheit des einzelnen ist nicht bloße Willkür, sondern besteht in der Verwirklichung einer vernünftigen Überzeugung, die in einem anerkannten Gesetz ausgedrückt ist. *Daß dieser neue Zug verstanden und aufgenommen werden muß, ist ein weiterer Anlaß, spekulatives Denken zu pflegen.*› So wurde HEGELs objektiver Geist in den Dienst der neuen Ehe zwischen Nord- und Süd-Staaten gestellt. So diente HEGEL den Liberalen, das Staatsbewußtsein in jenen Jahren zu stärken, in denen die beiden Staaten-Gruppen erst langsam wieder zu einer Einheit zusammenwuchsen.

Damals, als HEGEL diese wichtige politische Rolle zugewiesen wurde, war die Geschichte seiner Philosophie auf dem Boden Amerikas bereits dreißig Jahre alt. Der erste Hegelianer in der Neuen Welt hieß F. A. RAUCH (1806–1841). Er hatte noch unter dem Meister studiert und war im Jahre vor seinem Tode (1831) nach Amerika gekommen; er nahm sich vor, ‹deutsche und amerikanische Philosophie des Geistes zu vereinen›. Die Vereinigung im Namen HEGELs war dann in St. Louis erfolgt: die Hauptstadt der deutschen Einwanderung nach 1848, das große Tor zum Westen, eine blühende Grenz-Siedlung, bevölkert von Goldsuchern und anderen Abenteurern. Unter den vielen Sprachen, die hier gesprochen wurden, konnte man in der St. Louis School nun auch die HEGELsche lernen. HENRY CONRAD BROCKMEYER (1826–1906), ein Outsider, übersetzte die ‹Logik› Sein Freund WILLIAM TORREY HARRIS gründete das ‹*Journal of Speculative Philosophy*›, das die Leser mit Texten der deutschen Philosophen bekannt machte. Die Folgen waren sehr bald in der philosophischen Literatur Amerikas zu bemerken; vor allem auch bei den Historikern, die nicht nur die Weltgeschichte, auch die amerikanische mit Hilfe von HEGELschen Kategorien gliederten und deuteten.

HEGELs Einfluß, der um die Mitte des neunzehnten Jahrhunderts kulminierte, kam also in Amerika zur Blüte, als er in Deutschland den Naturwissenschaften, dem metaphysischen Materialismus und dann den großen Anti-Hegelianern SCHOPENHAUER, KIERKEGAARD und NIETZSCHE weichen mußte. Auch in Amerika wurde dann der philosophische Idealismus vor allem in HEGEL bekämpft — zum Teil, wie in Deutschland, von Denkern, die (wie die Pragmatisten) in seiner Schule herangewachsen waren. Auch hier sah man in ihm vor allem das große Hindernis auf dem Wege der exakten Forschung, als das ihn zum Beispiel noch in unseren Tagen der amerikanische Professor HANS REICHENBACH in seinem Buch ‹The Rise of Scientific Philosophy› dargestellt hat. Vor allem aber befeindete man ihn als Schöpfer eines ‹Blockuniversums› (JAMES), gegen das sich der lebende Einzelne auflehnen müsse.

Die Werke der amerikanischen Pragmatisten, Polytheisten, Tragiker, denen dies Buch gewidmet ist, sind im wesentlichen: nach-kalvinistisch, nach-romantisch, nach-hegelsch.

ÜBER DEN VERFASSER

Meine Erinnerungen reichen nicht weiter zurück als bis zum sechsten Jahr; und auch sie machen keinen großen Eindruck auf mich. Hingegen bleibt mir vom Friedrichs-Werderschen Gymnasium in Berlin unvergeßlich: erstens die phantastischen Figuren der ‹Pauker›, lauter Erfindungen E. TH. A. HOFFMANNS — und zweitens, daß ich nie im Ernst glaubte, es gäbe so etwas wie Kegelschnitte, Perserkriege, die Legionen des VARUS, die Länder auf den Landkarten, Bauern und Adlige. Alles hatte für mich die gleiche Unglaubwürdigkeit.

Ich ging zur Universität, weil ich mir Illusionen über die ‹Philosophie› machte. An der Wand des Lehrsaals von CARL STUMPF, dem berühmten Psychologen, hingen Tafeln, die das Ohr-Labyrinth zeigten, überlebensgroß. Und der Philosoph ALOIS RIEHL teilte uns mit, daß die Marburger Neu-Kantianer behaupteten: das Buch, das er gerade vorzeige, existiere gar nicht. Das war alles überwältigend komisch. Aber der alte Hegelianer ADOLF LASSON, der das Gesicht schmerzlich verzog, wenn er das Wort ‹Materialismus› auszusprechen hatte, und GEORG SIMMEL, halb STEFAN GEORGE und halb ein Chirurg, der vor uns meisterhaft Begriffe mit der Lanzette tranchierte, hielten mich bei der Philosophie.

In Freiburg lernte ich die philosophische Tyrannis kennen, bei HEINRICH RICKERT. Ich war hingerissen und wurde ein wilder Parteigänger, Neu-Kantianer exklusiv südwestdeutscher Färbung. Ich wollte den Scharfsinn des Meisters propagieren, als der wundervolle ERNST TROELTSCH mir anbot, mich an der Berliner Universität zu habilitieren. Nur wandte ich ein: ich bin kein Diplomat und ängstige mich vor der akademischen Kamorra. Der vitale Bajuvar erwiderte: die überlassen Sie mir. Dann starb er in seinem 58. Jahr, an seiner ersten Krankheit.

Was wird man, wenn man nicht gelernt hat, zu gehorchen? Freier Schriftsteller! So frei war ich bis zu meinem 39. Jahr, als ich so frei war, Deutschland verlassen zu müssen. Ich rechne mir die Emigration nicht als Verdienst an; sie war ein Göttergeschenk. Unter den vielen Gaben, die sie mir bescherte, genieße ich bis heute meinen Enthusiasmus für die deutsche Sprache und meine Sehnsucht nach Helgoland, dem ostpreußischen Samland und einigen anderen Hauptstädten meiner früheren Existenz: zum Beispiel nach dem Berliner Hansaviertel. Sechs Jahre in Sanary (1933–1939), dem kleinen französischen Fischerdorf an der Côte d'Azur, beschäftigte ich mich mit Griechenland 399 v. Chr. und Spanien um 1600; wirklich jedoch nur, leicht verdeckt, mit Deutschland. An den Abenden, im kleinen Café am Hafen, traf ich alle deutschen Schriftsteller.

Zur Zeit von München (1938) kam ich zu dem Resultat, daß

Frankreich mich nicht verteidigen kann — nicht einmal mit meiner Hilfe. Ich fuhr nach Amerika, wohin ich durchaus nicht wollte; ich hatte die Vorstellung, daß es so ist, wie gekränkte Ex-Amerikaner es heute zu verleumden lieben. In Hollywood, in den Vierzigern, fand ich ganz Sanary aus den Dreißigern wieder. Es gab keine Gelegenheit, Englisch zu lernen. Als ich 1945 amerikanischer Staatsbürger wurde und einen Ruf an die *University of Southern California* bekam, lernte ich es auf ‹dem harten Weg› (wie man hierzulande sagt) von den Studenten. Was sie von mir lernten, weiß ich nicht. Ich aber vergaß nie mein Gymnasium und meine Universitäten: ein Lehrer hat vor allem anderen — nicht langweilig zu sein. Auch soll er nicht nur erzählen, was in den Büchern der andern steht. Ich lehre vor allem dies: es gibt nichts Göttlicheres als das Rätsel. Philosophie kann es nicht lösen — aber immer heller machen in seiner Rätselhaftigkeit. Die *consolatio philosophiae* ist nur für ängstliche Kinder.

Man gebe auf die hartnäckigen Versuche, die Moral aus der Logik in taschenspielerischer Seriosität herauszuziehen. Wozu Moral beweisen wollen? Es ist besser, ein Beispiel zu geben. Beispiel für was? Daß der Mensch verwöhnt werden soll. Daß man nicht nur den Fernsten lieben soll, auch den Nächsten. Daß man sich nicht weniger lieben soll als ihn. Daß nicht jede Generation für die kommende geopfert werden soll, weil es dann vor lauter Zukunft nie eine Gegenwart gibt.

Wichtigste Veröffentlichungen:

Georg Büchner, Berlin 1921 / Die Welt der Tragödie, Berlin 1923 / Strindberg: Das Leben der tragischen Seele, Berlin 1924 / Revolutionär und Patriot. Das Leben Ludwig Börnes, Leipzig 1929 / Heinrich Heine: Ein Leben zwischen gestern und morgen, Hamburg 1932, 1951 (Übersetzungen: London, New York, Jerusalem) / Ignatius von Loyola, Amsterdam 1937, Hamburg 1956 (Übersetzungen: Paris, London, New York, Prag, Buenos Aires) / Philosophie des Glücks, Zürich 1949 / Der Philosoph und der Diktator. Platon und Dionys, Berlin 1950 (Übersetzungen: London, Paris, New York) / Pessimismus. Ein Stadium der Reife. Hamburg 1953 (Übersetzung: Buenos Aires).
Herausgegeben: Gerhart Hauptmann und sein Werk, Berlin 1923 / Welt-Literatur. Zwei Bände, Berlin 1924.

CHRONOLOGIE

1620	Landung der ‹Pilgerväter› (Mayflower) in Plymouth.
1636	Harvard College gegründet.
1651	Hobbes ‹Leviathan›.
1673	John Locke entwirft die Konstitution des amerikanischen Staates Carolina.
1690	John Locke: ‹Two Treatises of Government›.
1692	Hexenverfolgungen in Salem.
1693	Cotton Mather: ‹Wonders of the Invisible World›.
1728	George Berkeley kommt nach Amerika.
1743	Gründung der ‹American Philosophical Society›.
1749	Swedenborg: ‹Himmlische Arcana›.
1757	David Hume: ‹Natural History of Religion›. Benjamin Franklin: ‹Poor Richard's Almanach›.
1758	Jonathan Edward: ‹The Great Christian doctrine of Original Sin defended›.
1762	Jean Jacques Rousseau: ‹Contrat Social›.
1776	Declaration of Independence (Entwurf von Thomas Jefferson). Thomas Paine: ‹Common Sense›.
1784	Immanuel Kant: ‹Was ist Aufklärung?›
1794—1796	Thomas Paine: ‹The Age of Reason›.
1801	Thomas Jefferson: Präsident der USA.
1803	Friedrich Schleiermacher: ‹Der christliche Glaube›.
1819	William Ellery Channing: ‹Unitarian Christianity›.
1831	G. W. Hegel stirbt.
1836	Ralph Waldo Emerson: ‹Nature›. Erste Zusammenkunft Emersons und einiger Freunde, die zur Gründung des ‹Klub der Transzendentalisten› führt.
1841—1847	Die Mustersiedlung Brook Farm.
1854	Henry David Thoreau: ‹Walden›.
1861—1865	Civil War.
1882	Todesjahr Emersons und Henry James, Sr.
1838—1918	Henry Adams.
1839—1914	Charles S. Peirce.
1842—1910	William James.
1855—1916	Josiah Royce.
1859—1954	John Dewey.
1863—1952	George Santayana.
1867—1893	‹Journal of Speculative Philosophy›.
1878	Charles S. Peirce: ‹How to make our ideas clear?›
1878—1880	Friedrich Nietzsche: ‹Menschliches-Allzumenschliches›.
1883—1890	Carl Stumpf: Tonpsychologie.
1906	Henry Adams: ‹The Education of Henry Adams›.
1907	William James: ‹Pragmatism›.
1908	Wilhelm Jerusalem: ‹Apriorismus und Evolutionismus›. Henri Bergson: ‹Evolution créatrice›.
1911	Hans Vaihinger: ‹Die Philosophie des Als Ob›.
1920	John Dewey: ‹Reconstruction in Philosophy›.

LITERATURHINWEISE

1. Im Text verarbeitete Literatur

zu Kapitel I:

De Tocqueville, Alexis, Democracy in America (Vol. I 1835, Vol. II 1849)
Gorer, Geoffrey, Die Amerikaner, 1947, und rde Bd. 9, 3. Aufl. 1958
Kennedy, Gail (Hg.), Problems in American Civilisation, 1950
Winn, Ralph B. (Hg.), American Philosophy, 1955
Hook, Sidney (Hg.), American Philosophers at Work, 1956
Marcuse, Ludwig, Eine Theorie der Praxis, ›Der Monat‹, Januar 1956
—, Amerika-Europa, Europa-Amerika. Eine Anthologie (Unveröffentlicht)

zu Kapitel II:

Peirce, Charles S., Collected Papers, 6 Vol. Edited by Charles Hartshorne and Paul Weiss, 1931–1935
Weiss, Paul, Dictionary of American Biography, XIV, 398
Buchler, Justus, Charles Peirce's Empiricism, 1939
Feibleman, James, An Introduction to Peirce's Philosophy with Foreword by Bertrand Russell, 1946
Goudge, Thomas A., The Thought of C. S. Peirce, 1950
Studies in the Philosophy of Charles Sanders Peirce, edited by Philip. P. Wiener and Frederic H. Young, 1952
Gallie, W. B., Peirce and Pragmatism
Kempski, Jürgen von, Charles S. Peirce und der Pragmatismus, 1952

zu Kapitel III:

James Sr. Henry, Moralism and Christianity; or Man's Experience and Destiny, 1850
—, Lectures and Miscellanies, 1852
—, The Church of Christ Not an Ecclesiasticism, 1854
—, The Nature of Evil, Considered in a Letter to the Rev. Edward Beecher D. D., Author of ›The Conflict of Ages‹, 1855
—, Christianity the Logic of Creation, 1857
—, Substance and Shadow; or Morality and Religion in Their Relation to Life, 1863
—, The Secret of Swedenborg, being an elucidation of his Doctrine of the Divine Natural Humanity, 1869
—, Society the Redeemed Form of Man, and the Earnest of God's Omnipotence in Human Nature, Affirmed in Letters to a Friend, 1879

James, Henry, Notes of a Son and Brother, 1914
James, William, The Literary Remains of the Late Henry James, 1885

JAMES, WILLIAM, The Principles of Psychology, 1890
—, The Will to Believe, and other Essays, 1897
—, Human Immortality, 1898
—, The Varieties of Religious Experience, 1902
—, Pragmatism: A New Name for Some Old Ways of Thinking, 1907
—, The Meaning of Truth, 1909
—, A Pluralistic Universe, 1909
—, Essays in Radical Empiricism, 1912

PERRY, RALPH BARTON, The Thought and Character of William James. 2 Vol., 1935

zu Kapitel IV:

ADAMS, HENRY BROOKS, The Life of Albert Gallatin, 3 Vol., 1879
—, History of the United States, 9 Vol., 1889–1891
—, Mont-Saint-Michel and Chartres, 1904
—, The Education of Henry Adams, 1906
—, Letter to American Teachers of History, 1910

STEVENSON, ElIZABETH, Henry Adams. A Biography, 1955
PREUSCHEN, KARL ADALBERT, Das Problem der ›Unity‹ und ›Multiplicity‹ in seiner literarischen Gestaltung bei Henry Adams, Frankf. Arbeiten aus dem Gebiet der Anglistik und der Amerika-Studien, 1955
MARCUSE, LUDWIG, Pessimismus. Ein Stadium der Reife, 1954

zu Kapitel V:

SCHLIPP, PAUL ARTHUR (Hg.), The Philosophy of John Dewey, 1951 (Das Buch enthält auf den letzten 75 Druckseiten die Titel aller Bücher und Artikel Deweys, chronologisch geordnet.)
DEWEY, JOHN, Essays in Experimental Logic, 1916
—, Problems of Men, 1946
—, Reconstruction in Philosophy, 1950
RATNER, JOSEPH, The Philosophy of John Dewey, 1928
KENNEDY, GAIL (Hg.), Pragmatism and American Culture, 1950
CORNFORTH, MAURICE, In Defense of Philosophy. Against Positivism and Pragmatism, 1950
WHITE, MORTON, The Age of Analysis, 1955
CHILDS, JOHN L., American Pragmatism and Education, 1956

zum Enzyklopädischen Stichwort:

PARRINGTON, V. L., Main Currents in American Thought, 1930
BEARD, CHARLES A., The Rise of American Civilisation, 1937
WOODWARD, W. E., A New American History, 1938

SCHNEIDER, HERBERT W., A History of American Philosophy, 1947
MUELLER, GUSTAV E., Amerikanische Philosophie, 1950
MILLER, PERRY (Hg.), The Transcendentalists. An Anthology, 1950

2. ERGÄNZENDE LITERATUR IN DEUTSCHER SPRACHE

ADAMS, J. T., Der Aufstieg Amerikas vom Land der Indianer zum Weltreich, 1946
BOVERI, MARGRET, Amerikafibel, 1946
MAUROIS, A., Die Geschichte Amerikas, 1947
PERRY, R. B., Amerikanische Ideale, 2 Bde., 1947
BROGAN, D. W., Der amerikanische Charakter, 1947
BORN, F., So wurde Nord-Amerika, 1948
ROURKE, C., Die Ursprünge der amerikanischen Kultur, 1948
BEARD, CH. A., Geschichte der Vereinigten Staaten von Amerika, 1949
MORISON, S. A., und H. ST. COMMAGER, Das Werden der amerikanischen Republik, Bd. I 1949, Bd. II 1950
BECKER, C. L., Freiheit und Verantwortlichkeit in der amerikanischen Lebensweise, 1950
DE TOCQUEVILLE, A., Demokratie in Amerika, 1950
GABRIEL, R. H., Die Entwicklung des demokratischen Gedankens in den Vereinigten Staaten. Eine geistesgeschichtliche Betrachtung seit 1815, 1951
BAUMGARTEN, E., Amerikakunde, 1952
COMMAGER, H. ST., Der Geist Amerikas, 1952
CARTER, R., Achtundvierzigmal Amerika, 1954
SLODWOWER, H., Die Philosophie in den Vereinigten Staaten. (Reichls philosophischer Almanach), 1927
MUELLER, G. E., Amerikanische Philosophie, 1950
SCHNEIDER, H. W., Geschichte der amerikanischen Philosophie, 1957

EMERSON, R.W., Gesammelte Werke, 1902 ff.
LINZ, F., Emerson als Religionsphilosoph, (Dissertation) 1911
BERTLING, K. O., Studien zur Philosophie Emersons, (Dissertation) 1911
SAKMANN, P., Emerson, 1927
SIMON, J., R W. Emerson in Deutschland (1851–1932), 1937
BAUMGARTEN, E., Nietzsche und Emerson (Jahrbuch für Amerikastudien I) 1956
KEMPSKI, J. v., Charles S. Peirce und der Pragmatismus, 1952

JAMES, W., Psychologie, 1900
—, Die religiöse Erfahrung, 1907 (4. Aufl. 1925)
—, Pragmatismus, 1908
—, Das pluralistische Universum, 1913
GÜNTHER, J., Der Pragmatismus, 1909
BOUTROUX, E., William James, 1912
BLOCH, W., Der Pragmatismus von James und Schiller, 1913
STUMPF, C., William James nach seinen Briefen, 1928
FLOURNOY, TH., Die Philosophie von William James, 1930

ADAMS, H., Die Erziehung des Henry Adams, 1953
SEYPELT, J., Dekadenz oder Fortschritt. Eine Studie amerikanischer Geschichtsphilosophie, 1951
DEWEY, J., Schule und Gesellschaft, 1905
—, Demokratie und Erziehung, 1930
DEWEY, J., Natur und Benehmen des Menschen, 1931
BOGGS, L.W., Über John Deweys Theorie des Interesses, (Dissertation) 1901
RIPPE, F., Die Pädagogik Deweys, (Dissertation) 1934
RICHEY, H. G., Die Überwindung der Subjektivität in der empirischen Philosophie Diltheys und Deweys, (Dissertation) 1935
BAUMGARTEN, E., Der Pragmatismus, 1938
BRANDENBURG, K. H., Kunst als Qualität der Handlung. John Deweys Grundlegung der Ästhetik, (Dissertation) 1942
MARCUSE, L., Amerikanischer und deutscher Pragmatismus (Zeitschrift für philosophische Forschung), 1955
—, Eine Theorie der Praxis, ›Der Monat‹ 1956

3. Erweiterte und aktualisierte Literaturhinweise zur Neuausgabe 1994

Charles S. Peirce

Schriften in Originalsprache
PEIRCE, CHARLES S., Collected Papers, 8 Vol., Vol. 1–6, edited by Charles Hartshorne and Paul Weiss, Cambridge/Mass. 1931–1935, Vol. 7–8, edited by Arthur W. Burks, Cambridge/Mass. 1958. (Diese Ausgabe ist seit ihrem Erscheinen die Standard-Edition, obwohl sie nicht vollständig ist.)
   Vol. 1: Principles of Philosophy. 1931; Vol. 2: Elements of Logic. 1932; Vol. 3: Exact Logic. 1933; Vol. 4: The Simplest Mathematics. 1933; Vol. 5: Pragmatism and Pragmaticism. 1934 Vol. 6: Scientific Metaphysics. 1935; Vol. 7: Science and Philosophy. 1958; Vol. 8 Reviews, Corrrespondence, and Bibilography. 1958.
—, Writings of Charles S. Peirce. A Chronological Edition, Max H. Fisch, general editor, Bloomington/Ind. 1982ff. (Die bisher erschienenen ersten 5 Bände dieser auf 20 Bände angelegten chronologischen Ausgabe umfassen die Schriften von 1857 bis 1886)

Schriften in deutscher Übersetzung
PEIRCE, CHARLES S., Über die Klarheit unserer Gedanken, Einleitung, Übersetzung, Kommentar von Klaus Oehler, Frankfurt/Main 1968, 3. Aufl. 1985
—, Schriften zum Pragmatismus und Pragmatizismus, hrsg. v. Karl Otto Apel, übers. v. Gert Wartenberg, Frankfurt/Main 1991
—, Phänomen und Logik der Zeichen, hrsg. und übers. v. Helmut Pape, Frankfurt/Main 1983
—, Semiotische Schriften, Bd. I und Bd. II, hrsg. und übers. v. Christian Kloesel und Helmut Pape, Frankfurt/Main 1986/1990

—, Naturordnung und Zeichenprozeß. Schriften über Semiotik und Naturphilosophie, hrsg. und eingel. v. Helmut Pape, übers. v. Bertram Kienzle, Frankfurt/Main 1991

—, Lectures on Pragmatism/Vorlesungen über den Pragmatismus, (engl./dt.) mit einer Einleihng u. Anmerkungen hrsg. u. übers. v. Elisabeth Walther, Hamburg 1973

Sekundärliteratur

APEL, KARL-OTTO, Der Denkweg von Charles S. Peirce. Eine Einführung in den amerikanischen Pragmatismus, Frankfurt/Main 1975

BERNSTEIN, RICHARD J. (Ed.), Perspectives on Peirce: Critical Essays on Charles Sanders Peirce, Westport/Conn. 1980

FISCH, MAX H., Peirce, Semiotic and Pragmatism, Bloomington 1986

HABERMAS, JÜRGEN, Erkenntnis und Interesse, Frankfurt/Main 1908, S. 116–178

HOOKWAY, CHRISTOPHER, Peirce, London 1985

PAPE, HELMUT, Erfahrung und Wirklichkeit als Zeichenprozeß. Charles S. Peirces Entwurf einer Spekulativen Grammatik des Seins, Frankfurt/Main 1989

NAGL, LUDWIG, Charles Sanders Peirce, Frankfurt/Main 1992

WALTHER, ELISABETH, Charles Sanders Peirce. Leben und Werk, Baden-Baden 1989

William James

Schriften in Originalsprache

The Works of William James, edited by Frederick H. Burkhardt, Fredson Bowers and Ignas K. Skrupskelis, Cambridge/Mass. 1975–1988

Pragmatism. 1975; The Meaning of Truth. 1975; Essays in Radical Empiricism. 1976; A Pluralistic Universe. 1977; Essays in Philosophy. 1978; The Will to Believe. 1979; Some Problems of Philosophy. 1979; The Principles of Psychology. 3 Vol. 1981; Essays in Religion and Morality. 1982; Talk to Teachers on Psychology. 1983; Essays in Psychology. 1983; Psychology: Briefer course. 1984; Varieties of Religious Experience. 1985; Essays in Psychical Research. 1986; Essays, Comments, and Reviews. 1987; Manuscript Essays and Notes. 1988; Manuscript Lectures. 1988.

Schriften in deutscher Übersetzung

JAMES, WILLIAM, Der Pragmatismus. Ein neuer Name für alte Denkmethoden, übers. v. Wilhelm Jerusalem, mit einer Einleitung hrsg. v. Klaus Oehler, Hamburg 1977

—, Die Vielfalt religiöser Erfahrung. Eine Studie über die menschliche Natur, übers., hrsg. und mit einem Nachwort versehen v. Eilert Herms, Olten 1979

—, Der Wille zum Glauben, in: Pragmatismus. Ausgewählte Texte von Charles Sanders Peirce, William James, Ferdinand Canning Scott Schiller, John Dewey, mit einer Einleitung hrsg. v. Ekkehard Martens, Stuttgart 1975 (Nachdruck 1992), S. 128–160

Sekundärliteratur

BIRD, GRAHAM, William James, New York 1987
CORTI, WALTER R. (Hg.), The Philosophy of William James, Hamburg 1976
HERMS, EILERT, Radical Empiricism. Studien zur Psychologie, Metaphysik und Religionstheorie William James', Gütersloh 1977
HORKHEIMER, MAX, Zum Problem der Wahrheit, in: Horkheimer, M., Kritische Theorie, Bd. 1, Frankfurt/Main 1968 (geschrieben 1935), S. 228–276
—, Zur Kritik der instrumentellen Vernunft, Frankfurt/Main 1967, (New York 1947), S. 15–62
MYERS, GERALD E., William James. His Life and Thought, New Haven 1986
SUCKIEL, ELLEN K., The Pragmatic Philosophy of William James, Notre Dame 1985

Henry Adams

Schriften in Originalsprache (Auswahl)

Adams, Henry: The Life of Albert Gallatin, New York 1943 (reprint)
—, The Degradation of the Democratic Dogma, New York 1949 (reprint)
—, The Great Secession Winter of 1860–61 and Other Essays by Henry Adams, ed. by George Hochfield, New York 1958
—, Democracy, Esther, Mont Saint-Michel and Chartres, The Education of Henry Adams, Poems, ed. by Ernest Samuels and Jayne N. Samuels, New York 1983
—, History of the United States during the Administrations of Thomas Jefferson, ed. by Earl N. Harbert, New York 1986
—, History of the United States during the Administrations of James Madison, ed. by Earl N. Harbert, New York 1986
The Letters of Henry Adams, 6 Vol., ed. by J. C. Levenson, Ernest Samuels, Charles Vandersee, and Viola Hopkins Winner, Cambridge/Mass. 1982–1988

Schriften in deutscher Übersetzung

Adams, Henry, Die Erziehung von Henry Adams, übers. v. Jonas Lesser, Zürich 1953

Sekundärliteratur

BRUMM, URSULA, Henry Adams als Historiker. Seine Bedeutung für die amerikanische Literatur- und Geistesgeschichte, in: Archiv für das Studium der neueren Sprachen und Literaturen 199 (1963), S. 209–228
FABIAN, BERNHARD, Henry Adams. Ein Forschungsbericht 1918–1958, in: Archiv für Kulturgeschichte 41 (1959), S. 218–259
FRIEDL, HERWIG, The Education of Henry Adams oder Ein interesseloses Mißfallen, in: Schubert, Karl/Müller-Richter, Ursula (Hg.): Geschichte und Gesellschaft in der amerikanischen Literatur, Heidelberg 1975, S. 86–101
O'TOOLE, PATRICIA, The Five of Hearts. An Intimate Portrait of Henry Adams and His Friends 1880–1918, New York 1990
SAMUELS, ERNEST, Henry Adams, Cambridge/Mass. 1989, (Zusammenfassung einer dreibändigen Biographie, die 1948–1964 erschienen ist)

John Dewey

Schriften in Originalsprache

DEWEY, JOHN, The Early Works. 1882–1898 (5 Vol.), edited by Jo Ann Boydston, Carbondale 1967–1972 (darunter: *Psychology* [Vol. 2])

—, The Middle Works. 1899–1924 (15 vols.), edited by Jo Ann Boydston, Carbondale 1970-1983 (darunter: *How We Think* [Vol. 6], *Democracy and Education* [Vol. 9], *Reconstruction in Philosophy* [Vol. 12], *Human Nature and Conduct* [Vol. 14])

—, The Later Works, 1925–1953 [17 Vol.], edited by Jo Ann Boydston, Carbondale 1981–1990 (darunter: *Experience and Nature* [Vol. 1], *The Quest of Certainty* [Vol. 4], *Art as Experience* [Vol. 10], *Logic: The Theory of Inquiry* [Vol. 12], *Theory of Valuation* [Vol. 13])

Schriften in deutscher Übersetzung

DEWEY, JOHN, Wie wir denken. Eine Untersuchung über die Beziehung des reflektiven Denkens zum Prozeß der Erziehung, übers. v. Alice Burgeni, Zürich 1951

—, Deutsche Philosophie und deutsche Politik, übers. v. Hermann Kogge, Meisenheim/Glan 1954

—, Mensch oder Masse, übers. v. J. N. Lorenz, Wien 1956

—, Demokratie und Erziehung. Eine Einleitung in die philosophische Pädagogik, übers. v. Erich Hylla, Braunschweig 3. Aufl. 1964

—, Psycholgische Grundfragen der Erziehung. Der Mensch und sein Verhalten. Erfahrung und Erziehung, übers., eingel. und hrsg. v. Werner Corell, München 1974

—, Erziehung durch und für Erfahrung, eingel., ausgewählt und kommentiert v. Helmut Schreier, Stuttgart 1986

—, Kunst als Erfahrung, übers. v. Christa Velten, Gerhard vom Hofe und Dieter Sulzer, Frankfurt/Main 1988

—, Die Erneuerung der Philosophie, übers. v. Martin Suhr, Hamburg 1989

Sekundärliteratur

BOHNSACK, FRITZ, Erziehung zur Demokratie. John Deweys Pädagogik und ihre Bedeutung für die Reform unserer Schule, Ravensburg 1976

CAHN, STEVEN (ed.), New Studies in the Philosophy of John Dewey, Hanover/N. H. 1977

ENGLER, ULRICH, Kritik der Erfahrung. Die Bedeutung der ästhetischen Erfahrung in der Philosophie John Deweys, Würzburg 1992

GÖTZ, BERND, Erfahrung und Erziehung. Prinzipien einer pragmatistischen Erziehungstheorie, Freiburg 1973

SCHNEIDER, HANS J., Die Leibhaftigkeit ästhetischer Erfahrung. Ein Hinweis auf John Dewey und Francis Bacon, in: Perspektiven der Kunstphilosophie. Texte und Diskussionen, hrsg. v. Franz Koppe, Frankfurt/Main 1991, S. 104–108

SCHREIER, HELMUT, Einleitung, in: Dewey, John: Erziehung durch und für Erfahrung, eingel., ausgewählt und kommentiert von Helmut Schreier, Stuttgart 1986, S. 9–86

TILES, J. E., Dewey, New York 1989

*Allgemeine Literatur zum Pragmatismus und
zur amerikanischen Philosophie*

Bernstein, Richard J., Praxis and Action, Philadelphia 1971 (dt.: Praxis und Handeln, übers. v. R. und R. Wiggershaus, Frankfurt/Main 1975)
Caws, Peter (Ed.), Two Centuries of Philosophy in America, Guildford 1980
Dahms, Hans Joachim, Positivismus und Pragmatismus, in: Wissenschaft und Subjektivität. Der Wiener Kreis und die Philosophie des 20. Jahrhunderts, hrsg. v. David Bell und Wilhelm Vossenkuhl, Berlin 1992, S. 239–257
Eco, Umberto/Sebeok, Thomas A. (Hg.), Der Zirkel oder Im Zeichen der Drei. Dupin, Holmes, Peirce, übers. v. Christiane Spelsberg u. Roger Willemsen, München 1985
Freese, Peter (Ed.), Religion and Philosophy in the United States of America. Proceedings of the German American Conference at Paderborn July 29–August 1, 1986, 2 Vol., Essen 1987
Joas, Hans, Pragmatismus und Gesellschaftstheorie, Frankfurt/Main 1992 (darin u.a.: Amerikanischer Pragmatismus und deutsches Denken. Zur Geschichte eines Mißverständnisses, S. 114–145 – mit einer ausführlichen Literaturliste zur Rezeption des Pragmatismus in Deutschland)
Murphy, John P., Pragmatism. From Peirce to Davidson, Boulder 1990
Pragmatismus, Ausgewählte Texte von Charles Sanders Peirce, William James, Ferdinand Canning Scott Schiller, John Dewey, mit einer Einleitung hrsg. v. Ekkehard Martens, Stuttgart 1975; (Nachdruck 1992)
Rorty, Richard, Zur Lage der Gegenwartsphilosophie in den USA, in: Analyse & Kritik 3 (1981), S. 3–22 (siehe zu diesem Aufsatz auch die Kommentare von Jonathan Bennet, Alasdair MacIntyre und Jay F. Rosenberg in: Analyse & Kritik 4 (1982), S. 98–128)
Rorty, Richard, Consequences of Pragmatism, Minneapolis 1982
Scheffler, Israel, Four Pragmatists. A Critical Introduction to Peirce, James, Mead and Dewey, New York 1980

Weitere wichtige von Marcuse erwähnte Literatur

Bergson, Henri, L'evolution créatrice, Paris 1907, dt.: Schöpferische Entwicklung, übers. v. Gertrud Kantorowicz, Jena 1912
Russell, Bertrand, Der Pragmatismus (1909), in: Russell, B., Philosophische und politische Aufsätze, hrsg. v. Ulrich Steinvorth, Stuttgart 1971, S. 61–98
Santayana, George, The Last Puritan. A Memoir in the Form of a Novel, London 1935, dt.: Der letzte Puritaner. Erinnerungen in Form eines Romans, übers. v. Louise Laporte, Zürich 1990
Spengler, Oswald, Der Untergang des Abendlandes. Umrisse einer Morphologie der Weltgeschichte, 2 Bde., 1918–22 (neueste Ausgabe: München 1989)
Vaihinger, Hans, Die Philosophie des Als-Ob. System der theoretischen, praktischen und religiösen Fiktionen der Menschheit auf Grund eines idealistischen Positivismus, 1911 (neueste Ausgabe: Aalen 1986, Nachdruck der 9./10. Auflage von 1927)

Anmerkungen

Unter den *Schriften in Originalsprache* wird, soweit vorhanden, die Standard-Edition für den jeweiligen Autor angegeben. In den *Schriften in deutscher Übersetzung* werden deutsche Ausgaben, die nach 1950 erschienen sind, aufgelistet. Die *Sekundärliteratur* enthält eine eng umgrenzte Auswahl, wobei das Augenmerk besonders auf deutschsprachigen Publikationen liegt. Diese werden durch einige wenige wichtige englische Monographien ergänzt. Die allgemeine Literatur zum Pragmatismus und zur amerikanischen Philosophie wurde ebenfalls mit einem besonderen Augenmerk auf deutschsprachige Publikationen zusammengestellt.

NACHWORT ZUR NEUAUSGABE 1994

Am Ostersonntag 1939 traf Ludwig Marcuse, der die letzten sechs Jahre in Frankreich verbracht hatte, mit dem Schiff in New York ein; zwei Monate später reiste er weiter nach Los Angeles. Hier endete seine Flucht vor den Nazis, die unmittelbar nach dem Reichstagsbrand im Februar 1933 begonnen hatte. Erst 1962 verließ er Kalifornien wieder, um nach Deutschland zurückzukehren.

Die Jahre in Frankreich waren eine Zeit des publizistischen Engagements gewesen. Die nationalsozialistische (Kultur-)Politik fand in Marcuse einen kritischen Beobachter, der sie in Zeitschriften wie Leopold Schwarzschilds ›Neuem Tagebuch‹ oder Klaus Manns ›Sammlung‹ scharfsichtig glossierte und kommentierte. Von den drei Büchern, die er, nur scheinbar neben den Tageskämpfen, in den 30er Jahren schrieb, wurde zunächst nur eines veröffentlicht: *Ignatius von Loyola. Ein Soldat der Kirche*, seine dritte große Biographie (nach denen über Börne und Heine), die 1935 bei Querido in Amsterdam herauskam.

Die Jahre in Kalifornien wurden dagegen die Zeit der philosophischen Bücher. 1945 wurde Marcuse als Professor für deutsche Philosophie und Literatur an die University of Southern California in Los Angeles berufen, und er fand dadurch Muße für die Bücher, die ihn nach dem Krieg in Deutschland wieder bekannt machten: *Philosophie des Glücks* (1949), *Pessimismus. Ein Stadium der Reife* (1953), *Sigmund Freud. Sein Bild vom Menschen* (1956), schließlich, noch in den USA begonnen, aber erst in Deutschland fertiggestellt, *Aus den Papieren eines bejahrten Philosophie-Studenten* (1964). Zu diesen Büchern gehört auch *Amerikanisches Philosophieren. Pragmatisten, Polytheisten, Tragiker*, 1959 zuerst als Band 86 von ›rowohlts deutscher enzyklopädie‹ erschienen. Mit der vorliegenden Neuauflage, die zum 100. Geburtstag Marcuses am 8.2.1994 erscheint, ist die Ausgabe seiner Werke in Einzelbänden im Diogenes Verlag abgeschlossen.

Amerikanisches Philosophieren ist nicht einfach ein wissenschaftliches Handbuch. Wer es aufmerksam liest, dem wird nicht entgehen, daß es sich dem Schema der Reihe, in der es zuerst veröffentlicht wurde, nicht ganz fügt. Das Manuskript war zu lang und mußte gekürzt werden; das Kapitel ›Früh-Geschichte des amerikanischen Denkens‹, das von der Sache her seinen Platz zwischen dem ersten und dem zweiten Kapitel haben müßte, wurde als ›Enzyklopädisches Stichwort‹ ans Ende gestellt. Die einzelnen Kapitel sind oft mehr anregend als informativ; die Texte, auf die Marcuse sich bezieht, werden nicht selten nur ganz summarisch in den Fußnoten genannt. Die ›Literaturhinweise‹ schließlich sind nicht eben ein bibliographisches Meisterwerk. Einen Marcuse-Leser kann das alles jedoch nicht überraschen.

Der Ehrgeiz des Autors ging in eine andere Richtung, und das kann dem, der ihn aufmerksam liest, gleichfalls nicht entgehen. Marcuse ist auch mit diesem Buch seinen Prinzipien treu geblieben – etwa dem, »nicht langweilig zu sein«, oder dem, sich nicht um eine falsche Objektivität zu bemühen und Philosophieren als ein subjektives Geschäft kenntlich zu machen.

Auf den ersten Blick scheint *Amerikanisches Philosophieren* allerdings, vom Thema her, das speziellste, vielleicht auch das zeitgebundenste der philosophischen Bücher Marcuses zu sein: es versuchte dem deutschen Publikum einige seinerzeit hierzulande wenig bekannte Denker der Neuen Welt vorzustellen. Tatsächlich ist es jedoch, gerade von seinem Thema her, nicht nur typisch, sondern in gewisser Weise sogar zentral für ein Anliegen Marcuses nach dem Ende des 2. Weltkriegs: In den 50er und frühen 60er Jahren ist er in die Rolle eines Vermittlers zwischen deutscher und amerikanischer Kultur hineingewachsen.

Auch in Kalifornien lebte Marcuse, wie in Frankreich, zunächst in einer deutschen Künstler-Kolonie, zu der außer Thomas und Heinrich, Klaus und Erika Mann etwa Lion Feuchtwanger, Bruno Frank oder Franz Werfel gehörten. Die amerikanische Philosophie lernte er sozusagen auf dem Dienstweg kennen, als Philosophie-Professor. Sie nötigte ihm anfangs wenig Respekt ab. In seiner Autobiographie *Mein zwanzigstes Jahrhundert* hat er beschrieben, daß er sich in der ersten Zeit »auch philosophisch« nicht recht ›einlebte‹: »nicht in den theologischen Hegelianismus, der in Amerika noch am Leben ist, und nicht in den Bezirk, den man die amerikanische Erweiterung des neo-positivistischen Wiener Kreises nennen könnte«. Das änderte sich erst, als Marcuse »spät« (wie er betonte) »William James, den Pluralisten, und Henry Adams, den Tragiker, zwei meiner großen, tief verehrten amerikanischen Ahnen«, entdeckte.

Es muß tatsächlich spät gewesen sein. In einem ›Der philosophische Fragebogen‹ betitelten Artikel, der Anfang Januar 1957 in der ›Zeit‹ erschien, hat Marcuse einige Fragen amerikanischer Studenten beantwortet – unter anderem auch die, mit welchen Philosophen er »am ehesten übereinstimmen« könne. Kant, Schopenhauer, Kierkegaard, Marx, Nietzsche und Freud hat er genannt, doch keinen der amerikanischen Denker, die er, zwei Jahre später, in seinem Buch behandelt hat.

Der Weg zu ihnen war aber wohl philosophisch nicht so weit, wie es zunächst biographisch erscheinen mag. Marcuse selbst hatte, während des 1. Weltkriegs, Philosophie vor allem bei Georg Simmel und Adolf Lasson in Berlin und bei Heinrich Rickert in Freiburg studiert. Bei Ernst Troeltsch promovierte er 1917 mit einer Dissertation über ›Die Individualität als Wert und die Philosophie Friedrich Nietzsches‹. Nietzsche ist für Marcuse zeitlebens einer der wichtigsten, vielleicht der wichtigste Philosoph geblieben. Von Nietzsche her hat er auch die amerikanische Philosophie des 19. und 20. Jahrhunderts verstanden. Für ihn hat Nietzsche, der mit seinem Lob Emersons die amerikanische Philosophie gleichsam nobilitierte, mit seinem ›Perspektivismus‹ den Pragmatismus der Amerikaner ›vorgeformt‹.

Marcuse hat diesen Gedanken erstmals in seinem – 1950 in der ›Neuen Schweizer Rundschau‹ veröffentlichten – Essay ›Nietzsche in Amerika‹ entwickelt und fünf Jahre später in seinem – in ›Der Monat‹ erschienenen – Artikel ›Eine Theorie der Praxis. Amerikanischer und deutscher Pragmatismus‹ wiederaufgegriffen. Dabei hat er, als Gegenstück zu der früher beschriebenen amerikanischen Nietzsche-Rezeption, auch die deutsche Rezeption des amerikanischen Pragmatismus skizziert. Es sind nach Marcuse vor allem zwei deutsche Philosophen gewesen, die »eine Brücke schlugen zwischen der amerikanischen und der deutschen nachidealistischen Philosophie«: Wilhelm Jerusalem und Hans Vaihinger (von denen heute bezeichnenderweise der eine ganz und der andere weitgehend vergessen ist). Vaihinger gebührt außerdem, wie Marcuse in den *Papieren eines bejahrten Philosophie-Studenten* festgestellt hat, das Verdienst, »die Aufmerksamkeit auf den größten Pragmatisten gelenkt« zu haben, »den Deutschland hervorgebracht hatte: Nietzsche«.

Vor diesem Hintergrund sind die zahlreichen Verweise auf Nietzsche in *Amerikanisches Philosophieren* zu verstehen, insbesondere im Porträt des William James, den Marcuse noch im 8. Kapitel der *Papiere eines bejahrten Philosophie-Studenten* den »amerikanischen Nietzsche« genannt hat. Wie sehr Marcuse Peirce, James, Adams und Nietzsche zusammengesehen hat, verdeutlicht gerade dieses Kapitel, in dem er eine Linie von Voltaire u.a. über Schopenhauer, Nietzsche und Simmel zu Peirce und James zieht. Es ist im übrigen eines der persönlichsten Kapitel des Buchs – erkennbar schon daran, daß Marcuse in ihm nicht nur fast alle seine »großen Ahnen« aufruft, sondern es außerdem noch mit einem Selbstzitat (aus *Pessimismus*) als Motto einleitet: »Der Sinn des Lebens ist ein sinnvolles Wort, aber es läßt sich nichts Sinnvolles aussagen.«

In den zahlreichen Verweisen auf Nietzsche (denen die auf Kant und Hegel an die Seite zu stellen wären) drückt sich die komparative Perspektive aus, die *Amerikanisches Philosophieren* bestimmt. Es ist ein Buch über amerikanische Philosophen, geschrieben von einem in Amerika lebenden Deutschen für ein deutsches Publikum unter ständiger Bezugnahme auf deutsche Philosophie und Literatur. Die doppelte Perspektive des Autors zeigt sich bis in einzelne Formulierungen hinein – etwa wenn er Henry Adams den »Hanno Buddenbrook der Familie Adams« nennt. Wie produktiv dieses dauernde Vergleichen ist, verdeutlicht gerade das Nietzsche-Bild, das Marcuse, sozusagen nebenbei, entwirft. Von Nietzsche her hat sich ihm nicht nur der amerikanische Pragmatismus erhellt; vom amerikanischen Pragmatismus her hat sich ihm auch Nietzsche neu dargestellt – als (erster deutscher) Pragmatist nämlich.

Wenn man *Amerikanisches Philosophieren* recht würdigen will, muß man es allerdings in einem größeren Zusammenhang sehen: Es ist nur ein Teil der Bemühungen Marcuses um eine Vermittlung deutscher und amerikanischer Philosophie und Literatur. Marcuse war zwar zutiefst ein deutscher Philosoph und Schriftsteller, der noch in seiner Autobiographie bekannte, er habe sich, auch in Amerika, »nie sehr weit vom Berliner Tiergarten entfernt«. Seine Liebe gehörte der deutschen Philosophie, zumal des 19. Jahrhunderts, und der deutschen Literatur, zumal des 20. Jahrhunderts. Aber er war frei von intellektuellem Hochmut und kultureller Blindheit. Amerika wurde für ihn, in den 23 Jahren, die er dort lebte, zu einer »Entdeckung« (wie er in *Mein zwanzigstes Jahrhundert* bemerkt hat), und er wurde nicht müde, das seinen deutschen Lesern mitzuteilen.

Amerikanisches Philosophieren ist das erste große Zeugnis dieser Entdeckung. Doch hat sie auch in allen späteren Büchern Marcuses Spuren hinterlassen: natürlich in den beiden autobiographischen Werken, *Mein zwanzigstes Jahrhundert* und *Nachruf auf Ludwig Marcuse*, in den *Papieren eines bejahrten Philosophie-Studenten*, etwa im letzten Kapitel über Massenkultur, ja selbst noch in *Obszön*, in dem dem Fall Comstock und dem Fall Henry Miller jeweils ein eigenes Kapitel gewidmet sind. Außer in diesen Büchern hat Marcuse sich auch in zahlreichen Artikeln über Amerika und Amerikanisches geäußert.

Der erste, ›Was ist amerikanisch?‹ betitelte Teil des ersten Kapitels von *Amerikanisches Philosophieren* ist die gekürzte Fassung zweier Artikel, die 1957 in der ›Zeit‹ erschienen sind. Außerdem hat Marcuse z.B., 1952 in der ›Welt‹, einen Essay über George Santayana und, 1957 in der ›Zeit‹, einen über Ralph Waldo Emerson veröffentlicht. Und er hat, vor allem für die ›Zeit‹, häufig amerikanische Literatur rezensiert: z.B. Aldous Huxleys Meskalin-Studie, Lawrence Liptons Buch über die Beatniks, Robert Govers Roman *Ein Hundertdollar-Mißverständnis* und, immer wieder, Henry Miller.

Marcuse hat aber nicht nur versucht, den Deutschen amerikanische Philosophie und Literatur nahezubringen, sondern auch den Amerikanern deutsche Philosophie und Literatur. 1959 hat er, mit einer Einleitung, Heines ›Zur Geschichte der Religion und Philosophie in Deutschland‹ in einer englischen Übersetzung *(A Contribution to the History of Religion and Philosophy in Germany)* herausgegeben – eine Parallelaktion zu *Amerikanisches Philosophieren*: deutsche Philosophie für Amerikaner. In amerikanischen Fachzeitschriften hat er über andere deutsche Literaten und Philosophen (und philosophierende Literaten) geschrieben: über Hebbel und Hegel etwa, über Marx und Freud. Außerdem hat Marcuse in den 50er Jahren für die Zeitschrift ›Books Abroad‹ regelmäßig deutsche Autoren porträtiert, etwa Heinrich Mann oder Alfred Döblin, aber auch Neuerscheinungen rezensiert, etwa von Arnolt Bronnen oder Hans Habe.

Diese doppelte Orientierung erklärt sich natürlich aus der Exilsituation Marcuses. Wenn er sich auch nicht als »Berliner Amerikaner« verstand (wie er in *Mein zwanzigstes Jahrhundert* schrieb), war er doch ein Berliner in Amerika. Mehr als viele andere Exilanten hat er versucht, Amerika für sich zu entdecken, philosophisch und literarisch, ohne Deutschland aufzugeben. Für ihn waren die Jahre in Kalifornien jedenfalls eine wichtige Erfahrung. In seiner Autobiographie hat er an einer Stelle sein Leben eingeteilt in die Zeit vor und die nach seiner »Entdeckung Amerikas«. Wer Marcuses Bücher, Essays und Kritiken liest, wird die Berechtigung dieser Einteilung bestätigen können: das französische Exil hat in seinen Werken weniger tiefe Spuren hinterlassen als das kalifornische. Das ist nicht nur durch die unterschiedliche Dauer des einen (sechsjährigen) und des anderen (dreiundzwanzigjährigen) Exils begründet, sondern ebenso durch die Tiefe des Einschnitts, den die Emigration in die USA bedeutet hat. Gerade die Fremdheit der amerikanischen Kultur hat Marcuse zu einer intensiveren Beschäftigung gezwungen. Daß diese Auseinandersetzung auch eine »Entdeckung«, also produktiv wurde, ist – verglichen mit der Haltung mancher anderer deutscher Exilanten – zumindest bemerkenswert.

Wieweit Marcuse seine Entdeckung des *Amerikanischen Philosophierens* deutschen Lesern weiterzugeben vermochte, ist schwer zu sagen. Festzuhalten ist jedenfalls, daß es auch ihm nicht gelungen ist, William James, Henry Adams und John Dewey hierzulande im Gedächtnis eines größeren Publikums zu verankern. Etwas anders liegt der Fall des vierten Philosophen, den Marcuse porträtiert hat. Charles S. Peirce ist inzwischen auch in Deutschland ein vielgelesener und -diskutierter Philosoph. Im Mittelpunkt des Interesses steht allerdings seine Zeichentheorie, die Marcuse nicht erwähnt. Das Ergebnis dieser neuen Peirce-Rezeption, die nicht seinen Spuren folgt, hätte Marcuse allerdings kaum angefochten, wenn er sie noch erlebt hätte. In *Mein zwanzigstes Jahrhundert* schreibt er einmal: »Ich würde nie ein Amerika-Buch schreiben. Dazu weiß ich zu wenig. Ich würde erst recht nicht das endgültige Amerika-Buch schreiben. Dafür weiß ich zu viel«. Das gilt, entsprechend, wohl auch für *Amerikanisches Philosophieren*: es ist nicht das endgültige Buch zu diesem Thema – und will es auch gar nicht sein. Es ist vielmehr das Zeugnis der Entdeckung amerikanischen Philosophierens, das der »unike« deutsche Schriftsteller Ludwig Marcuse in seinem amerikanischen Exil gemacht hat.

Dieter Lamping

PERSONEN- UND SACHREGISTER

Personenregister

Abaelard 110
Adams, Charles Francis 106
—, Brooks 27, 105
—, Henry 11, 14, 19 ff, 27, 99 f, 105 ff, 167
—, John 106
—, Quincy 106
Adler, Mortimer J. 143 ff
Alcott, Amos Bronson 159, 161
Alexander d. Gr. 115
Allen, Ethan 154
Aristoteles 17, 30, 46, 50, 56, 149 f, 154
Augustinus, hl. 64

Bacon, Sir Francis 115, 122
Bain, Alexander 36
Balfour 43
Bancroft, George 100 ff, 105
Baudelaire, Charles 41
Beard, Charles A. 100, 105 f, 121
Bechterev, Wladimir 89
Beethoven, Ludwig van 12, 161
Benn, Gottfried 42
Bergson, Henri 36, 58, 167
Berkeley, George 35, 167
Berthelot, René 126
Bethmann-Hollweg, Theobald v. 124
Bismarck, Otto v. 123
Böhme, Jakob 45
Bourne 149
Bradley, Francis Herbert 60, 83
Braid, James 89
Breuer, Josef 89
Brockmeyer, Henry Conrad 163
Brownson, Orestes A. 105 (Fußn. 1)
Bülow, Bernhard v. 124
Bunsen, Christian Karl Josias Frh. v. 69
Burckhardt, Jacob 100, 113, 116
Burke, Edmund 21
Byron, Lord George 10

Caesar 115
Calvin, Jean 102, 114
Cantor, Georg 29

Carlyle, Thomas 15, 52, 159
Channing, William Ellery 16, 159, 167
Charcot, Jean Martin 89
Chauncy, Charles 154
Clemenceau, Georges 8
Coing, Helmut 138
Coleridge, Samuel Taylor 15, 159
Comte, Auguste 100 f
de Condorcet, Antoine Marquis 101, 103, 135, 156
Cousin, Victor 15, 159

Dante Alighieri 161
Darwin, Charles 35, 64, 91, 136
Dedekind, Richard 29
Degas, Edgar 41
Descartes, René 16, 38, 109, 138
Dewey, John 12, 26 f, 29, 36 f, 44 f, 53 f, 95, 121 ff, 167
Diogenes Laertius 57
Dreiser, Theodore 101
Dreyfuss, A. 74
Dumas, Alexandre 113

Eckhart (Meister Eckhart) 131
Edwards, Jonathan 153 ff, 167
Einstein, Albert 31, 58, 123
Emerson, Ralph Waldo 15 f, 18, 29, 31, 45, 52, 54, 98, 102 f, 138, 158 ff, 167
Epikur 79, 93
Erasmus von Rotterdam 22
Etzler, J. A. 104 (Fußn. 2)
Eucken, Rudolf 88
Evans, Glendower 96

Fechner, Gustav Theodor 85, 88
Fichte, Johann Gottlieb 13 f, 16, 22, 48, 70, 75, 103, 115 f, 131, 159
Fisk, John 35, 102, 105
Ford, Henry 100
Forel, Auguste 89
Fourier, Charles 159
Frank, Waldo 149

Franklin, Benjamin 13, 101, 154, 156 ff, 167
Franziscus, hl. 110
Freud, Sigmund 56 f, 67, 72, 74, 76, 85, 88 ff, 113, 118, 125, 132 f
Fuller, Margaret 159, 161

Galilei, Galileo 115
Gauguin, Paul 110
Gentile, Giovanni 22
George, Henry 105 f
George, Stefan 94, 165
Gide, André 124
Goethe, Johann Wolfgang v. 13, 15, 52, 93, 159, 161
Gorer, Geoffrey 12
Grant, Ulysses S. 115

Haeckel, Ernst 79 ff
Hall, Granville Stanley 31 ff, 90
Harden, Maximilian 141
Harris, William Torrey 163
Hegel, Georg Wilhelm Friedrich 7, 11, 13 ff, 30, 39 f, 45, 48 f, 56, 75, 81, 83, 98, 101, 114, 116, 128, 131, 135, 150, 162 f, 167
Heine, Heinrich 7, 47, 69, 72, 93, 95, 124, 147
Helmholtz, Hermann v. 60
Herder, Johann Gottfried 16, 100, 135
Hiob (A. T.) 19
Hitler, Adolf 19, 22, 69, 143 f
Hobbes, Thomas 36, 167
Hocking, William Ernest 104 (Fußn. 1)
Hölderlin, Friedrich 9, 17, 73
Hoffmann, E. Th. A. 165
Hofmannsthal, Hugo v. 100
Holmes, Oliver Wendell 23, 35, 73
Homer 93
Hook, Sidney 18, 128, 144
Humboldt, Wilhelm v. 138
Hume, David 35, 50, 156, 160, 167
Husserl, Edmund 45 f
Hutchins, Robert 133
Huxley, Aldous 88
—, Thomas 32, 85

Ibsen, Henrik 97
Irving, Washington 100

Jacobi, Friedrich Heinrich 93
James, Alice 55, 93
—, Henry 11, 33, 52 ff, 56, 59
—, Henry sr. 52 ff, 60, 62, 167
—, William 11 ff, 19 f, 26 f, 29 f, 33 ff, 44 f, 52 ff, 107, 121, 127, 129, 141, 149 ff, 167
Jefferson, Thomas 22, 24, 101, 113 f, 153, 156 ff, 167
Jerusalem, Wilhelm 12, 36, 141 f, 149, 167
Jesus Christus 22, 37, 145 f, 157, 162
Jung, C. G. 8

Kallen, Horace M. 21 f, 135
Kant, Immanuel 7, 13, 15 f, 30, 36, 40, 43, 45 ff, 52, 64, 66, 69 f, 73, 79, 122, 124, 131 f, 146, 159, 161 f, 167
Kierkegaard, Sören 17, 19, 41 f, 56, 72, 80, 83, 119, 131, 150 f, 163
Kleist, Heinrich v. 47
Konstantin d. Gr. 156
Krutch, Joseph Wood 11 f

de Lafayette, Marie Joseph de Motier, Marquis 102
Langley, Samuel Pierpont 109
Laski, Harold 14
Lasson, Adolf 165
Leibniz, Gottfried Wilhelm 29, 38, 56
Lenin, Wladimir Iljitsch 125
Lessing, Gotthold Ephraim 131
Liébeault, A. A. 89
Lincoln, Abraham 157
Locke, John 35, 156, 160, 167
London, Jack 101
Lotze, Rudolf Hermann 85, 88
Lunatscharsky, Anatolij W. 125

Mach, Ernst 84
Mann, Thomas 147

183

Maria, Jungfrau 81, 111 ff
Marx, Karl 18, 45, 80, 116, 126, 132, 147 f
Mather, Cotton 153 f, 156, 167
—, Increase 154
—, Richard 153
McCarthy, Joseph R. 11
Mencken, Henry Louis 19, 58
Menoikus 79
Mesmer, Franz A. 89
Michelangelo Buonarroti 13, 161
Milhaud 36
Mill, John Stuart 122
Moses (A.T.) 69
Mosley, Sir Oswald 14, 69
Mueller, Gustav E. 155
Müller-Freienfels, Richard 12
Mumford, Lewis 149 f, 162
Munthe, Axel 90
Mussolini, Benito 22
Myers, Frederick 90

Napoleon I. 29
Newton, Sir Isaac 39, 64, 109
Niebuhr, Reinhold 145 ff, 155
Nietzsche, Friedrich 9 f, 14, 19, 27, 30, 36, 41 f, 56 ff, 61, 67, 74, 83, 93 f, 97 f, 102, 130, 138, 142 f, 150 f, 163, 167
Norton, Andrews 16
Novalis 14, 73, 112, 160

Ostwald, Wilhelm 36

Paine, Thomas 153, 156, 158, 167
Palaladino, Eusapia 90
Papini, Giovanni 36
Parker, Theodore 13, 159 ff
Paulus, Apostel 50
Peirce, Charles S. 18, 26 f, 29 ff, 53, 56, 72, 82, 90, 122, 129, 141 f, 149 f, 167
Pestalozzi, Johann Heinrich 161
Planck, Max 39, 109
Platon 14, 17, 23, 52, 69, 122, 134, 149, 151, 161 f
Plotin 45
Poincaré, Henri 36

Price, H. H. 26
Prometheus 19
Pythagoras 162

Raffael (Raffaello Santi) 161
Rauch, F. A. 163
Reichenbach, Hans 84, 164
Renouvier, Charles 64
Rickert, Heinrich 82, 165
Riehl, Alois 165
Riley, Woodbridge 161
Ripley, George 159
Roosevelt, Theodore 59
Rousseau, Jean Jacques 72, 167
Royce, Josiah 11, 29, 45, 65, 98, 162, 167
Rubens, Peter Paul 13
Russell, Bertrand 12 ff, 29, 45 ff, 69, 121

Santayana, George 29, 36, 45, 59, 61, 65 f, 113, 140 f, 151, 161, 167
Scott, Walter 113
Shaftesbury, Anthony Ashley Cooper, Earl of 156
Shakespeare, William 161
Shaw, George Bernard 73
Sheldon, Wilmon H. 24
Shelley, Percy Bysshe 10, 159
Simmel, Georg 36, 56, 77, 165
Smith, T. V. 23
Sokrates 19, 33, 35
Spencer, Herbert 35, 101 f
Spengler, Oswald 7, 20, 116, 120
de Spinoza, Baruch 17, 38, 46, 50, 56 f, 79, 149 f
Swedenborg, Emanuel 52, 167

Scheler, Max 35, 142 f
Schelling, Friedrich Wilhelm 17, 19, 40, 45
—, Ferdinand C. 36, 88, 141
Schiller, Friedrich v. 15, 142
Schinz 60
Schlegel, Friedrich v. 52, 160
Schleiermacher, Friedrich 16, 161, 167

Schopenhauer, Arthur 10, 19, 34, 76, 98 f, 119, 142, 163
Schurz, Carl 10

de Staël, Anne-Louise-Germaine 159
Stalin, Josef 136
Strindberg, August 41 f, 64
Stumpf, Carl 165, 167

Tardieu, André 8
Thomas von Aquino 30, 110, 117
Thomasius, Christian 79
Thoreau, Henry David 104, 159 f, 167
Tillich, Paul 145
de Tocqueville, Alexis Clérel 14 ff, 103
Toynbee, Arnold Joseph 20, 120
Troeltsch, Ernst 165
Trotzki, Leo 121

de Unamuno, Miguel 92

Vaihinger, Hans 36, 141 ff, 167
Valéry, Paul 41
Van Wyck Brooks 149
Veblen, Thorstein 106
Voltaire, François Marie 37, 156

Wagner, Richard 10, 12
Whitehead, Alfred North 29
Whitman, Walt 162
Wieland, Christoph Martin 46
Wilhelm II. (Kaiser) 19
Wilson, T. Woodrow 121
Win, Ralph B. 16 (Fußn.)
Wolff, Christian 79
Wordsworth, William 159
Wundt, Wilhelm 46, 56, 65, 132

Zola, Emile 41

Sachregister

Akademie der Wissenschaften, Berlin 43
Aktion, Primat der 43, 58
Altruismus 25
American Philosophical Association 134
American Philosophical Society 158, 167
Amerikanismus 9 ff, 31
Anarchie 58, 69, 73, 99, 108, 112, 118 f, 128
Angst 20
Anthropologie, philosophische 19
Askese 25, 76, 93
Astronomie 29 f, 82
Atheismus 16, 30, 78 ff
Aufklärung 20, 22, 37 f, 52, 153, 158, 167
Axiologie 20, 24, 31

Bewußtsein 92 f
Bildung 31 f, 137 f
Blockuniversum (James) 164

British Association 43
Brook Farm 161, 167
Bürokratie 58

Cambridge, Mass. 15, 29, 54
Chaos 66, 119, 126, 128
China 121, 123
Christentum 22, 79, 111 f, 156, 159, s. a. Kalvinismus, Puritanismus, Unitarier
Civil war (Sezessionskrieg) 108, 153, 162, 167

Dämonologie 153
Darwinismus 85
Declaration of Independence 20 ff, 157, 167
Dekadenz 63, 108
Demokratie 20, 23, 25, 52, 73, 109, 124 f, 163
Denken 91, 142 f, 149
—, demokratisches 22
—, wissenschaftliches 39 ff, 113, 133 f

Denktradition 18, 27, 68, 99
Determinismus 63 f
Deutschland 12, 36, 121, 124, 153, 160 f, 163, 165
Dewey-Schule s. Progressive School
Dialektischer Materialismus s. Materialismus

élan vital (Bergson) 58
Empirismus 35, 72, 82, 84, 88, 90
Endzeit 115 f
Energie 114, 129
England 7, 15, 36, 89, 143, 153, 158
Englisch-amerikanischer Krieg s. Unabhängigkeitskrieg
Enzyklopädisten 122, 156
Epikureismus 78 f
Erfahrung 40, 44, 50, 127, 143
Erfolg 13, 103
Erkenntnistheorie 18, 33, 45, 47, 83, 96, 122
Erziehung 26, 40, 108 f, 133, 137 ff, 148, 157, s. a. Pädagogik
Ethik 20, 24 f, 33, 47, 57, 76 f, 79, 122, 154
Europa 7, 9 f, 15, 18 f, 25, 27, 49, 54 f, 60, 84, 89, 102 f, 110, 119, 123, 138, 140, 153, 157
Evolutionismus 32, 141, 167
Ewigkeit 69, 87, 93, 128
Existentialismus 18 f, 41
Experiment 38, 40, 42 f

fallibilism 46
Faschismus 126
Fiktion (Vaihinger) 142
Fortschritt 99, 100 ff, 113, 115, 118, 131, 145, 148
Frage, philosophische 43 ff, 131 f, 142
Frankreich 36, 143, 158, 165 ff
Französische Revolution 24, 101, 157
Freiheit 20 ff, 24, 63, 65, 68, 70, 72, 77, 88, 118, 124, 135, 163
Frühromantik, deutsche 15, 159

Gehirn-Physiologie 91 ff
Geist und Materie 37

George-Schule 77
Geschichte 59, 75, 115, 128
Geschichtsphilosophie 27, 100 ff, 113, 116, 119, 135
— -wissenschaft 46, 113 f
Gesellschaft 19, 76, 103, 105, 109, 126, 137, 146, 157
—, archaische 108, 110
—, feudale 127
—, industrielle 7, 127
Gesetzgebung 69, 158
Glaube 22, 27, 37 ff, 49, 52, 85, 87, 94, 96 f, 120, 126 f, 129, 131, 144 f
Glück 21, 24, 157 f
Gottesbegriff 16, 24, 31, 33, 48 ff, 58, 63, 68 f, 71 f, 75, 79 ff, 86, 92, 94 f, 102, 108 f, 144, 155, 158 f
Großindividuum 74 f
Gute, das 70 f

Hedonismus 24 f
Hegelianismus 35, 153
Heidentum, modernes 93
Heroismus 67
Hexenverfolgung 154, 167
Humanismus (F. C. Schiller) 36
Hypnotismus 89

Ideal 14, 49, 71
Idealismus 15, 23, 35, 40 f, 65, 72, 98, 140 f, 162 f
Identitätssatz 48, 142
Illusion (Nietzsche) 142
Individualismus 74, 76, 136, 163
Individuum 72 ff, 78, 92, 104 f, 136 f, 159
Industrielles Zeitalter 104, 118, 127
Institute of Technology, Mass. 138
Instrumentalismus 36, 129
Intellekt 54, 90, 144
Intellektualismus 58, 81
Internationaler Philosophenkongreß, Heidelberg 1908 141
Internationaler Psychologenkongreß, 5., Rom 58
Irrationalismus 81

Irrtum (Nietzsche) 143
Italien 36, 55

Japan 110, 121, 123
Journal of Speculative Philosophie 162 f, 167

Kalvinismus 16, 52 ff, 98 f, 155
Kategorischer Imperativ 48, 64, 66
Kathedralen, frz. 110
Kirche 22, 38, 54, 59, 69, 73, 119, 145
Klarheit 38, 82
Klassenkampf 126
Kollektivismus 136
Kommerzialismus 12 f
Kommunismus 126
Kommunistisches Manifest 21
Kompromiß 23 f
Kultur 12, 73, 75 f, 96, 102 f
—, griechische 138
— -kritik 66, 75 f
— -philosophie 26
— -seele (Spengler) 7

Leben 97 f
Lebensphilosophie 73
Lernen 54
Liberalismus, radikaler 130, 134 ff
—, viktorianischer 134, 145
Literatur, amerikanische 25, 41
Logik 18 f, 29, 33, 37 f, 42, 45, 47 ff, 56 f, 70, 82, 122, 166
London 89, 107
Lyrik 41, 58

Macht 114, 136, 146 f
Malerei 41, 58
Marxismus 85, 147
Materialismus 10 ff, 32, 147 f
—, Dialektischer 80, 102, 147 f, 150
Mathematik 29, 46, 57, 82
Meliorismus 93, 129
Metaphysik 14, 19, 23, 29, 35, 42 ff, 47 ff, 58, 80, 83 ff, 92, 111, 130 f, 144, 153 f

Metaphysiker-Club (Alt-Cambridge) 34 f
Mexiko 123, 126
Milford (Penn.) 29
Mittelalter 108, 121
Monismus 27, 87 f
Monotheismus 27
Moral 33, 47 ff, 62, 64, 66 ff, 70, 72, 77, 80, 133, 135, 157 f, 166
— -philosophie 67, 69 ff, 78
Multiversum 150, 162
Mutter-See (James) 89, 91
Mystik 19, 45, 86

Nationalsozialismus 136
Natur 104, 108, 119
—, menschliche 21 f, 32, 37, 72, 118, 146
— -gesetz 118
— -wissenschaft 46, 132, 163
Neopositivismus 19
Neoprotestantismus 145 f, 155
Neu-England 15, 54, 153 f
Nihilismus 20, 52
Nominalismus 35, 129

Ökonomie s. Sozialwissenschaft
Optimismus 93

Pädagogik 134, 137 f, 148, s. a. Erziehung, Schule
Parapsychologie 81, 89 f, 92, 160
Paris 33, 55, 89, 108, 157
Patriotismus 9 f
Peirce-Gesellschaft 45
Perspektive, Perspektivismus 36, 56 ff
Pessimismus 93, 98
Philosophie 7, pass.
— u. Politik 23
— u. Wissenschaft 19, 26, 46, 83, 143 f
Phrenologie 89
Physik 114, 118, 132
Pluralismus 36, 82, 84, 86 ff, 92, 95, 150
Politik 18, 23, 26, 73, 99, 134

Polytheismus 52 ff, 86, 92
Polyversum (James) 58
Positivismus 35, 72, 84, 148 f
Pragmatische Sanktion (Codex Justinianus) 35
Pragmatismus 12 pass.
—, vulgärer 43, 129
Pragmatizismus 34 ff
Praxis u. Theorie 35 f, 42 f, 58
Progressive School 137 ff, 148
Prosperität 105
Protestantismus 145
Psychologie 7, 29, 32, 46, 65, 84, 89, 92, 114, 121
Puritanismus 91, 153 f

Rationalismus 26, 44, 81
Relativität 128
Religion 29, 47, 53, 64, 80, 86, 92 ff, 99, 103, 109, 111, 133, 144, 157
Romantik, amerikanische s. Transzendentalismus
—, deutsche 10, 13, 19, 160
‹rugged individualism› 136

Saint Simonismus 15
Seele 32, 80
Semantik 18, 51, 131
Sensualismus 40
Skepsis 15, 25, 94
Skeptizismus 69 f
Sklaverei 103, 106, 124
Social Philosophy 20
Society for Psychical Research 89
Sozialismus, funktioneller 136 f
Sozialkritik 77, 105
— -wissenschaft 31, 33, 46, 125, 132 ff, 146 f
Sprache, philosophische 13, 46, 61, 82
Scholastik 16, 18, 41, 82
Schule 59, 121, 137 ff, s. a. Progressive School
Schweiz 54, 89

Staat 38, 54, 73
St. Louis School 153, 163

Theologie 15 f, 19, 48 ff, 72, 80, 92, 94, 96, 119 f, 144, 153, 158 f
— u. Wissenschaft 31, 48
Transzendentalismus 13 ff, 105, 145, 153, 159 ff
Transzendentalisten, Klub der 15, 167
Transzendenz 42, 84, 92 f, 97 f
Triebverzicht 76
Türkei 123
Tychismus 75
Tyrannei 22, 69 f, 73

UdSSR 89, 123 ff, 136 f, 147
Über-Ich 77, 114
Unabhängigkeitserklärung s. Declaration of Independence
Unabhängigkeitskrieg 158
Unitarier 15 f, 111, 159, 167
Universität Berlin 36
— Boston 54, 107
— Chicago 133, 143
— Harvard 15, 29 f, 33 f, 45, 55, 59 f, 65, 107, 154, 162, 167
— John Hopkins 31 ff, 121
— Oxford 107
— Princeton 156
— Yale 154
Universum 60, 64, 68, 80 ff, 87 ff, 108 f, 150
Utilitarismus 35, 64, 135

Verlangen 70 f, 76
Vernunftbegriff 21, 37, 42 f, 48, 69 f, 71 f, 81, 86 f, 98, 101, 114, 127 f, 135, 147
Vertrauen 94
Virginia 101, 157
Völkerpsychologie 7 f
Volksgeist (Hegel) 7

Wahrheitsbegriff 13, 17, 20 f, 23, 26, 35, 38, 42, 44, 46, 63, 76, 82 f, 86 ff, 92, 95 f, 99, 108, 112, 119, 123, 128, 130 f, 140 ff, 148
Wahrscheinlichkeit 49

Weltanschauung 56, 149 f
Weltgeist (Hegel) 13, 45, 69, 75, 89, 119
Weltkrieg, Erster 9, 12, 35, 58, 110, 113, 121, 123 f, 134
—, Zweiter 134
Wertlehre s. Axiologie
Wiener Kreis s. Neopositivismus
Wille 127 ff, 155
—, Freier 64

Wissenschaft 19, 39, 43 f, 47, 51, 64, 83 ff, 99, 114, 117 ff, 133 ff, 142
Wissenschaftsreligion 113, 119, 133

Yale, Philosophenclub 97

Zukunftsglaube 25, 103 ff, 135, s. a. Fortschritt
Zweifel 37 ff, 70, 84, 87
Zyklentheorie 117 f

Ludwig Marcuse
im Diogenes Verlag

Philosophie des Glücks
Von Hiob bis Freud. Vom Autor revidierter und erweiterter Text nach der Erstausgabe von 1948. Mit Register

Sigmund Freud
Sein Bild vom Menschen. Mit Register und Literaturverzeichnis

Argumente und Rezepte
Ein Wörterbuch für Zeitgenossen

Ignatius von Loyola
Ein Soldat der Kirche. Mit Zeittafel

Briefe von und an Ludwig Marcuse
Herausgegeben und eingeleitet von Harold von Hofe

Mein zwanzigstes Jahrhundert
Auf dem Weg zu einer Autobiographie. Mit Personenregister

Nachruf auf Ludwig Marcuse
Autobiographie II

Ein Panorama europäischen Geistes
Texte aus drei Jahrtausenden, ausgewählt und vorgestellt von Ludwig Marcuse. Mit einem Vorwort von Gerhard Szczesny
I. Diogenes bis Plotin
II. Augustinus bis Hegel
III. Karl Marx bis Thomas Mann

Heinrich Heine
Melancholiker, Streiter in Marx, Epikureer

Ludwig Börne
Aus der Frühzeit der deutschen Demokratie

Essays/Porträts/Polemiken
Die besten Essays aus vier Jahrzehnten. Herausgegeben und eingeleitet von Harold von Hofe

Philosophie des Un-Glücks
Pessimismus – ein Stadium der Reife

Meine Geschichte der Philosophie
Aus den Papieren eines bejahrten Philosophiestudenten

Das Märchen von der Sicherheit
oder Die unverschämte Vernunft. Ein Essay, herausgegeben und eingeleitet von Harold von Hofe

Richard Wagner
Ein denkwürdiges Leben. Mit einem Register

Obszön
Geschichte einer Entrüstung

Der Philosoph und der Diktator
Plato und Dionys. Geschichte einer Demokratie und einer Diktatur

Wie alt kann Aktuelles sein?
Literarische Porträts und Kritiken. Herausgegeben, mit einem Nachwort und einer Auswahlbibliographie von Dieter Lamping

Strindberg
Das Leben der tragischen Seele

Die Welt der Tragödie

Amerikanisches Philosophieren
Pragmatisten, Polytheisten, Tragiker

Ralph Waldo Emerson
im Diogenes Verlag

»Zu Lebzeiten als Prophet verehrt, bei seinem Tod von ganz Amerika betrauert, war Emersons Einfluß auch in Deutschland groß. Seine Theorie der Natur, des Lebendigen, der Schöpfung ist kein System der Naturwissenschaft, sondern der Versuch, alles Sichtbare in einfache Kategorien zu bringen und den Menschen in den Mittelpunkt zu stellen. Die Souveränität der Persönlichkeit, der unabhängige Mensch war sein Anliegen. Emerson zu interpretieren ist müßig. Wer *Natur* liest, wird zu den Urfragen des Lebens hingeführt, in einer Sprache, die schwierige geistige Zusammenhänge durchsichtig macht.«
Österreichischer Rundfunk, Wien

Essays
Herausgegeben, aus dem
Amerikanischen übersetzt und mit einem ausführlichen
Anhang von Harald Kiczka

Natur
Herausgegeben und übersetzt
von Harald Kiczka. Mit einem Nachruf auf
Emerson von Herman Grimm

Repräsentanten der Menschheit
Plato, Swedenborg, Montaigne,
Shakespeare, Napoleon, Goethe. Essays. Deutsch
von Karl Federn. Mit einem Nachwort
von Egon Friedell

Von der Schönheit des Guten
Betrachtungen und Beobachtungen. Ausgewählt,
übertragen und mit einem Vorwort von Egon Friedell. Mit einem
Nachwort von Wolfgang Lorenz

H. D. Thoreau
im Diogenes Verlag

Über die Pflicht
zum Ungehorsam gegen den Staat

und andere Essays
Herausgegeben, aus dem Amerikanischen
und mit einem Nachwort von
Walter E. Richartz

»Henry David Thoreau, jüngerer Freund des einflußreichen Emerson, Literat und Naturliebhaber in Concord bei Boston, hat schon 1849 verkündet, der Bürger habe ein Recht, ja sogar die Pflicht zur *civil disobedience* gegen den Staat, wenn die regierende Mehrheit Gesetze beschließt und Taten billigt, die der Bürger in seinem Gewissen für ein schweres Unrecht hält. In seinem berühmt gewordenen Essay *Über die Pflicht zum Ungehorsam gegen den Staat* stellt er Kernfragen der Demokratie.«
Der Spiegel, Hamburg

Walden oder Leben in den Wäldern

Deutsch von Emma Emmerich
und Tatjana Fischer. Mit Anmerkungen,
Chronik und Register. Vorwort von
Walter E. Richartz

Sechs Jahre nach dem ›Kommunistischen Manifest‹ lieferte Henry David Thoreau unter dem täuschend gemütvollen Titel *Leben in den Wäldern* ein Alternativprogramm zu Marx und Engels, das als zweite klassische Protestform des 19. Jahrhunderts bis heute fortwirkt. Egon Friedell nannte ihn einen neuen Franz von Assisi, die Literaturgeschichte vergleicht ihn mit Montaigne – Thoreau wollte nur »Muße zum wirklichen Leben«.

»Die amerikanische Literatur, so kühn und großartig sie ist, hat kein schöneres und tieferes Buch aufzuweisen.« *Hermann Hesse*